W0176845

Reinhard Haas
Alexander Graf Schönburg
Axel Thorer

DAS BESTE VOM BESTEN

Reinhard Haas
Alexander Graf Schönburg
Axel Thorer

DAS BESTE VOM BESTEN

Ein Almanach
der feinen Lebensart

ECON Verlag
Düsseldorf · Wien · New York

CIP-Titelaufnahme der Deutschen Bibliothek
Haas, Reinhard:
Das Beste vom Besten: Ein Almanach der feinen Lebensart/Reinhard Haas; Alexander Graf Schönburg; Axel Thorer. – Düsseldorf; Wien; New York: ECON Verl., 1989
ISBN 3-430-13733-0
NE: Schönburg, Alexander Graf:; Thorer, Axel:

Copyright © 1989 by ECON Verlag GmbH, Düsseldorf, Wien und New York
Alle Rechte der Verbreitung, auch durch Film, Funk und Fernsehen, fotomechanische Wiedergabe, Tonträger jeder Art, auszugsweisen Nachdruck oder Einspeicherung und Rückgewinnung in Datenverarbeitungsanlagen aller Art, sind vorbehalten.
Lektorat: Ulrike Preußiger-Meiser
Gesetzt aus der Futura, Linotype
Satz: Typoteam GmbH, Düsseldorf
Papier: Papierfabrik Schleipen GmbH, Bad Dürkheim
Druck und Bindearbeiten: Pustet, Regensburg
Printed in Germany
ISBN 3-430-13733-0

Bildquellenverzeichnis:
Abendkleid, *Keystone Pressedienst;* Armbanduhr, *Cartier;* Auto für Frauen, *Honda;* BH, *Sammlung Menningen;* Bleistiftspitzer, *Wiemer Fototeam;* Champagner, *Hanseatisches Wein- und Sekt-Kontor (Peter Schmetzer);* Cognac, *Seagram Deutschland GmbH;* Comic-strip, *Axel Thorer;* Duft für Damen, *Prescriptives;* Duft für Herren, *Knize;* Einkaufsstraße, *Public Relations & News Agency Stoll;* Fälscher, *Kurt Laubscher;* Fernsehsessel, *Vitra;* Feuerzeug, *Quintessenz, Popa Verlag München;* Filmplakat, *Movie Posters, New York;* Freizeitschuh, *Timberland;* Füllfederhalter, *Color Team Conventhaus (TEAM/BBDO HAMBURG);* Geländewagen, *Austin Rover;* Gepäck, *Traveller MP Design;* Gutschein, *Only the best, New York;* Handgepäck, *Banana Republic;* Handtasche, *Hermès;* Hi-Fi-Anlage, *Bang & Olufsen;* Kaffeehaus, *Wiemer Fototeam;* Kathedrale von Albi, *Französisches Fremdenverkehrsamt, Foto: YAN;* Flügel, *Steinway & Sons;* Kleinbildkamera, *Leica (Brieke);* Kochtopf, *Alessi (Aldo Ballo);* Korkenzieher, *Wiemer Fototeam;* Likör, *Olaf Reifflin Import;* Lippenstift, *Etienne Aigner;* Mineralwasser, *Volvic;* Model, *Chanel;* Motorrad, *Harley-Davidson;* Mundharmonika, *Hohner;* Münze, *Esquire;* Nagellack, *Laura Biagiotti;* Nationalflagge, *Botschaft von Papua-Neuguinea;* Orden, *Esquire;* Pflastermaler, *Kurt Wenner;* Plakat, *Deutsches Plakat Forum e.V.;* Porzellan, *Esquire (Josef Liedke);* Privatdetektiv, *Keystone Pressedienst;* Puder, *Chanel;* Reitsattel, *Wiemer Fototeam;* Restaurant, *Foto aus dem Fredy-Girardet-Buch »La Cuisine Spontanée«;* Schachcomputer, *Esquire;* Schnaps, *Gebr. Ziegler;* Schraubenschlüssel, *Bahco Verktyg;* Sportwagen, *Porsche;* Steakmesser, *PUMA (K.P. Exner);* Teeservice, *Wedgwood;* Telefonzelle, *dpa;* Tennisschläger, *Karres;* Tischleuchte, *Artemide (Aldo Ballo);* Transistorradio, *Esquire;* Trockenrasierer, *Braun AG;* Videorecorder, *Panasonic;* Wasserfall, *Esquire;* Vor- und Nachsatzkarte, *Uwe Hildebrand, Esquire.*

Inhalt

Dank

Auf der Suche nach dem Besten halfen uns:

Marietta Andreae,
Richard Bangs,
Corinna Bastian,
Helga und Fred Baumgärtel,
Rolf Berckhemer,
John Berendt,
Prinz Bertil von Schweden,
Erika Bollweg,
Günther Bosch,
Randolph Braumann,
B. H. Breslauer,
Charles Bukowski,
Josef Bulva,
Guillermo Cabrera Infante,
König Carl Gustav von Schweden,
Jacques Chirac,
Bill Deck,
Claus Deutelmoser,
Johannes von Dohnanyi,
Katrin Dröge,
Peter Dziki,
August Everding,
Douglas Fairbanks jr.,
Sascha Faul,
Heinz Fehring,
Andras von Ferenczy,
Inès de la Fressange,
Michael Geffken,
Gloria, Fürstin von Thurn und Taxis,
Karel Gott,
Heidi Graf,
Rosemarie Grone,
Ingrid Gujral,
Nadja Haas,
Gunter-Eckart Hackemesser,
Elisabeth Hammer,
Heidi Harder,
Heike Harder,
Carina und Heinrich Harrer,
Stefan Heym,
Rolf Hochhuth,
Julio Iglesias,
Dieter A. Irion,
Otto Jägersberg,
Viktor Kahr,
Jürgen Kaminski,
Ewald Kapal,
Monika Kind,
Annelene Kirch,
Dieter Klemme,
Ulrich Klever,
Kurt König,
Carola Koubek,
Peter Lanz,
Paul Levy,
Paul Limbach,
Wolfgang Lotz,
Richard Mahkorn,
Erika Mahkorn-Berger,
Gunter Marks,
Henry Marx,
Norris McWhirter,
Richard Meier,
Peter Meleghy,
Hans Günther Meyer,
Jürgen Michalak,
Markus del Monego,
Angela Müller-Hausser,
Toni Münnix,
Martina Navratilova,
Tom Niedermaier,
Robert Noah,
Heinz van Nouhouys,
Huckbald Ostermann,
Peter Passell,
Luciano Pavarotti,
Emil Perauer,
Helmut Pfleger,

Philip, Herzog von Edinburgh,
Hanno Pittner,
Gerhard Polenz,
Leni Riefenstahl,
Claudia Rieger,
Raymond Sarlot,
Annelise Schaarschmidt,
Rolf Schleipfer,
Ute Schrader,
Heide Schwarzweller,
Rita Schweighöfer,
Schweizer Illustrierte,
Michael Schwelien,
Claus Seidel,
Angela Steele-Bedding,
Sandro Strauß,
Martin Strick,
Ute Thorer,
Christoph Treutwein,
Wolf Uecker,
Philipp Vandenberg,
Herbert Völker,
Helmut Werb,
Heiner Wesemann,
Hans Wichmann,
Nicola Wilke,
Karin Wirtz,
Hans-Jürgen Wischnewski,
Tom Wolfe,
Reinhard Wynands,
Gildo Zegna,
René Zey,
Urs Zondler.

Wir danken Ihnen.

Einleitung

Wer glaubt, nur das Teure sei gut, dessen Geld kann nicht alt sein. Wer dagegen annimmt, nur das Alte sei bewährt, versteckt seine Unsicherheit hinter der Attitüde eines Snobs.
Wußten Sie, daß man, um in Zürich unbelächelt einen »Rolls-Royce« fahren zu können, eine vierstellige Nummer auf dem Nummernschild vorweisen können muß? Und nicht die übliche, in den 100000ern liegende Zulassung haben darf?
Lebensart ist die Kunst, nach eigener Fasson glücklich zu werden und – vor allem – nach eigenen finanziellen Möglichkeiten. Weshalb ein schicker Punker durchaus mehr Lifestyle an den Tag zu legen vermag als ein modischer – na, was sagen wir denn? – Immobilienhändler.
Was durchaus nicht gegen den Immobilienhändler spricht, aber eine Menge gegen den Punker.
»Nicht der Besitz von Gold und Sklaven ist entscheidend, sondern die Fähigkeit, die Gedanken eines anderen für sich zu nutzen: schneller zu denken als er. Ihn nicht betrügen, aber doch überlisten – auf diese Weise häuft man Reichtum an« (Zitat aus einem seltsamen Werk, das wir in einem der vorzüglichen Antiquariate von Palma de Mallorca ausgegraben haben).

Dieses Buch soll denen helfen, die es immer schon gewußt haben, indem sie sich bestätigt sehen, und denen, die keinen blassen Schimmer besitzen, aber bisher nirgendwo nachschlagen konnten.
Stil ist, wenn ...
Ein Mann war geliebt von allen. Er besaß genügend Geld, wurde ständig um Rat gebeten, gehörte den exklusivsten Klubs an, die Welt lauschte ihm, und er hatte der Welt neue Ideen geschenkt, die Mode und das tägliche Leben betreffend. Bis er eines Tages zum König von England sagte: »Ruf doch mal den Kellner, George!« Von dieser Sekunde an sprach niemand mehr mit – Beau Brummell.
Wir haben rund fünf Jahre benötigt, um alle Informationen, die in diesem Buch stehen, auszuwählen und auf ihre Richtigkeit zu prüfen. Wobei uns das Schreiben unmöglich gewesen wäre, hätten nicht bereits *bits and pieces* in unseren Wiegen gelegen.
Und, sehr wichtig: Wir mußten uns durch eine Wüste der Verwirrung kämpfen, in der schriftstellerisch dilettierende Provinz-Parvenüs Fata Morganas in Form von zweifelhaften In- und Outlisten vorgaukeln und hechelnde Klatschkolumnisten mehr vom Schein als vom Sein berichten.
Genau das ist der Grund, warum wir uns bemüht haben, für die meisten (und die individuellsten) Stichworte einen »Paten« zu finden, einen Experten, der eine klare Meinung hat, sie plausibel begründet und uns allen damit Stoff für Diskussionen liefert, an deren Ende ein marzipanrosafarbener

Streif am Horizont der Erkenntnis leuchtet.
Denn eins wollten wir nicht:
jenen lächerlichen, von ähnlichen Büchern in englischer Sprache erhobenen Anspruch zu zelebrieren, die Blaue Blume der Ausschließlichkeit entdeckt zu haben.
O ja, wir wissen's wohl: daß einige es immer besser wissen; daß die ewigen Schulmeister des Lebens auch von diesem Buch behaupten werden: Wenn sie gefragt worden wären, hätte einiges ganz anders ausgesehen …
Wir haben diese Einäugigen im Reich der Blinden vorher nicht um ihre Meinung gebeten und tun es auch jetzt nicht (vgl. Seite 145 Stichwort KRITIK). Denn wir wollten und mußten uns freischwimmen aus den Strudeln der Industrie, wollten wegkriechen vom Leim der PR, konnten nur glaubhaft sein, wenn wir uns nicht im Dschungel der Produkte verliefen.
Obwohl wir gestehen müssen:
Es gab im Vorfeld der Recherchen massive Versuche, uns zu beeinflussen. Da hatte die Firma X gehört, wir planten, ihr Produkt Y als Ultima ratio zu beschreiben, ob wir nicht … und die Firma Z argwöhnte, ihr weltweit unbestrittenes Produkt XY komme bei uns nicht zu den Ehren, die ihm zustünden …
Nicht ein einziges Mal haben *wir* eine Firma kontaktiert, ehe dieses Buch fertig war. Kein Hotelmanager konnte wissen, ob er oder sein Haus erwähnt werden würden.
Kein »Pate« wurde um eine Expertise gebeten, vom dem wir ahnten, daß er bei irgendeiner Firma unter Vertrag steht (weshalb es uns auch so leichtfiel, auf die Schulmeister deutschen Wohllebens zu verzichten).
Unser Buch soll:
… *informieren.* Es soll ein Nachschlagewerk sein, das man ob seines ungewöhnlich umfangreichen Indexes immer mal wieder aus dem Regal zieht, um etwas nachzuschauen, um zu überprüfen oder Einkäufe zu planen.
… *unterhalten.* Deshalb haben wir die einzelnen Stichworte mit einer Fülle von außergewöhnlichen Anekdoten angereichert. Und aus diesem Grund haben wir unsere »Paten« ungebremst schreiben lassen, sofern ihre Geschichten nur amüsant waren.
Und aus diesem Grund mußten wir das eine oder andere Mal bewußt auf eine konkrete Antwort verzichten, wenn die Geschichte drumherum Spaß gemacht hat.
Natürlich hätten wir die Liste der Stichworte schier endlos fortsetzen können. Um den Begriff KAUGUMMI zum Beispiel, und sicher gibt es einige, die SURFBRETT vermissen.
Aber wenn sowohl die Recherche nach dem tatsächlich Besten als auch die Anekdote zum Thema zweifelhaft erschienen, dann haben wir es lieber ganz bleiben lassen.
Auch wenn die weltweite Meinung fatal ungeteilt war, wir haben es riskiert, sie anzuzweifeln.

Beispiel HOTEL: Wagt es einer, am »Oriental« zu rütteln? Ja, wir. Oder Beispiel FLUGGESELLSCHAFT: Wir meinen durchaus nicht, daß nur das Beste ist, was alle dafür halten.
Weil es *das* beste Hotel oder *die* beste Fluggesellschaft, derart schlicht gefragt, nicht geben kann. Das Gegenteil zu behaupten heißt, eine Lüge aufzutischen – oder eine Schimäre zu pflegen, die durch ständige Wiederholung auch nicht leibhaftiger wird.
Weshalb wir glauben, einen achtbaren Trick gefunden zu haben, um dennoch konkrete Antworten auf Fragen nach dem (un)möglichen Optimum geben zu können.
Unsere Kritiker mögen uns mit Nachsicht begegnen, wenn wir ihnen sagen, daß Wissen immer auch Komplizenschaft und Schuld bedeutet, Unwissenheit dagegen eine gewisse Würde durch Unschuld. Wir haben uns zwar bemüht, Letztendliches zu berichten, aber unsere Welt bewegt sich, Altes wird wiederentdeckt, Neues vergessen, Vorurteile werden zu Dogmen und Dogmen zu Müll.
Unsere Devise beim Verfassen unseres Buches lautete (gezwungenermaßen – sonst hätten wir es ja nicht schreiben brauchen): Nicht reich sein, sondern reich leben.
Bei der Arbeit leitete uns eine wunderbare Anekdote, mit der wir dieses Vorwort beschließen möchten:
Von 1907 bis 1924 war Rudolf Geck der Feuilleton-Chef der »Frankfurter Zeitung«, und zu seinen Verdiensten gehört es, Joseph Roth entdeckt (und als Berliner Mitarbeiter engagiert) zu haben. Ehemalige Mitarbeiter der »Frankfurter Zeitung« erinnern sich noch an viele Geschichten, die um Geck kreisen und sein Fingerspitzengefühl beweisen.
So hatte sich Geck beispielsweise einmal Urlaub genommen und war in eine entlegene Stadt gefahren. Kaum dort angekommen, warf er einen Blick in das gerade eingetroffene Exemplar der »Frankfurter Zeitung«, ahnte Ungutes, stand beunruhigt auf und eilte nach Frankfurt zurück.
Als er nämlich im Feuilleton das unzulässige Wort »nichtsdestoweniger« entdeckt hatte, hatte er sofort angenommen, seinem geschulten Mitarbeiter Benno Reifenberg, der ihn während seiner Abwesenheit vertreten sollte, sei etwas zugestoßen.
Seine Vermutung hatte ihn nicht getrogen: Der plötzlich erkrankte Reifenberg lag im Krankenhaus …
Es gibt keine bessere Geschichte, um die Lebensart, die wir meinen, zu illustrieren.

München	Reinhard Haas
London	Alexander Graf Schönburg
Grünwald	Axel Thorer

A

Abendkleid

»Die Eleganz einer Frau liegt in ihrer Kenntnis von sich selbst ...«, philosophierte der französische Modeschöpfer Guy Laroche über die Bedeutung des Abendkleides. Gehen wir also davon aus, daß die Trägerin des besten Abendkleides von allen sich selbst und ihre Wirkung auf andere exakt einschätzen kann – dann fehlt nur noch das fast unbedeutende Stück Stoff, das diese Wirkung optimal akzentuiert.
Ohne Zweifel gebührt die Auszeichnung des besten Abendkleides denn auch jenem Modell, das Laroche 1972 der französischen Schauspielerin Mireille Darc für den Film »Der große Blonde mit dem schwarzen Schuh« auf den Leib schneiderte.
Sie erinnern sich noch an diese Szene?
Die Darc empfängt Pierre Richard in einem schwarzen, eng anliegenden Krepp-Kleid, das züchtig hochgeschlossen und langärmlig geschnitten ist und natürlich bis zum Boden reicht. Und plötzlich dreht sie sich um – und gibt den Blick frei auf einen nackten Rücken bis hinunter zum Po.
Diese Faszination, hervorgerufen durch eine einzige Körperdrehung, ist unüberbietbar mit diesem besten aller Abendkleider ...

Mireille Darc in »Der große Blonde mit dem schwarzen Schuh«

Aktennotiz

Die beste Aktennotiz ist diejenige, die nicht nur den Empfänger informiert, sondern gleichzeitig den Absender schützt. Wobei durchaus statthaft ist, den Empfänger nur scheinbar zu informieren, um sich noch besser schützen zu können...

Alkohol

Die beste aller Alkoholsorten ist Wodka in Rußland, Rake in der Türkei, Whisky in Schottland, Bordeaux in Bordeaux und Pombe am Kongo.
Jenseits jeden Chauvinismus jedoch gilt, was der gute alte Fernand Point vom »Restaurant de la Pyramide« in Vienne immer sagte: »Der Champagner mag nicht die Universalmedizin gegen jede Krankheit sein, wie meine Freunde in Reims und Epernay so oft behaupten, aber er schadet einem jedenfalls weniger als jede andere Flüssigkeit.«
Wer will dem Erfinder der Restaurantkultur widersprechen?

Allheilmittel

Es ist das »Wunder aus der Dose«, und auf der Packung steht: »Fragen Sie alte Jagdfreunde!« Worauf unser alter Freund Emil P. erwiderte: »Also, ich mach' meinen grünen Salat damit an. Ich kenne allerdings Kollegen, die es als Sonnenschutzmittel verwenden.«
Reiterin Anneliese Sch. schüttelt ihr weises Haupt: »Ich bin keine Jägerin, und meinen Salat mach' ich mit Essig und Öl an. Ich weiß nur, daß dieses Mittel meinem Pferd wunderbar gegen Bremsenstiche hilft.«
»Das stimmt«, weiß auch Hundehalter Eberhard W. zu berichten. »Aber noch besser eignet es sich zur Behandlung von akutem Zahnfleischbluten. Übrigens bei Mensch und Tier.«
Salatöl? Sonnenschutzmittel? Bremsensalbe? Dental-Medizin? »Ballistol« heißt das beste Allheilmittel, und wer nicht glaubt, was wir bisher versprochen haben, der sollte einfach mal in die Gebrauchsanweisung dieses uralten Reinigungsmittels für Gewehre schauen:
»... hält Stoßstangen und Chromteile blank ...«
»... macht sprödes Leder elastisch ...«
»... wirkt sicher gegen sperrige Türschlösser ...«
»... regeneriert Naturholz ...«
»... pflegt Gartengeräte ...«
»... hilft gegen Blattläuse ...«
»... neutralisiert Handschweiß ...«
»... entfernt Zecken ...«
»... desinfiziert Schürfwunden ...«
Und das alles aus einer einzigen Dose! Aber es kommt noch besser, denn jetzt gibt es eine Neuauflage des Wundermittels, »Neo-Ballistol«, und die hilft auch noch bei/gegen ... »... innerlich und äußerlich bei Magen-, Gallen-

und Darmbeschwerden, Rheuma, Brand- und Rißwunden, Ohrenentzündungen, Fußpilz, Krampfadern, Hämorrhoiden ...«
Ums noch einmal zu betonen: »Ballistol« ist ein gelbliches Öl zur Pflege der Gewehre. Und kostet beim Waffenhändler (und in der Apotheke) so um die vier Mark.
Es ist also zu befürchten, daß der Krieg doch der Vater aller Dinge ist (worauf schon der martialisch klingende Name verweist).

Alternative

Die beste Alternative, von der wir je gehört haben, nannte der Schauspieler Walter Matthau in einer Talkshow. Er wurde gefragt, was er am ehesten aus einem brennenden Haus retten würde – die Mona Lisa, ein Rennpferd oder einen Nazibonzen.
Matthau dachte einen Moment nach und stellte dann seinerseits eine Frage an den Interviewer: »Wenn Sie bis zum Oberrand der Unterlippe in einem Faß mit flüssiger Ziegenscheiße sitzen und jemand kommt und Ihnen einen Eimer voller flüssiger Kuhscheiße ins Gesicht schüttet – ducken Sie sich?«
Besser geht's nicht.

Angelrute

Im Verlaufe dieses Buches werden wir immer mal wieder nach London zurückkehren, eine wahre Fundgrube für »Das Beste«, und das gilt auch für Angelruten.
Nichts gegen die Berufsfischer aus Gallien, von den Yankees gar nicht zu reden, aber wer sich so ausrüsten möchte, daß er es ein Leben lang nicht bereut, begibt sich nun mal in die Londoner Pall Mall (Nr. 61), zum »House of Hardy«, by appointment of course ..., weil »Supplier to Royals, from Queen Victoria to the Queen Mother and Prince Charles«.
Was man im »House of Hardy« unter *big game fishing* versteht, also Angeln im Meer, kann nur mit einem eigenen Produkt mit Stil und Erfolg bewältigt werden, der Rute mit Winde »Zane Grey«. Sie ist der *ultimate superlative* und kostet so um die 17000 Mark.
Im Süßwasser wird es etwas preiswerter. Statt Fiberglas oder Kohlefaser verwendet man selbstverständlich die klassische »Cane Rod«, also gutes altes Naturrohr. Die beste: »CC de France« (das CC steht für »Casting Club«). Die Kosten für eine Rute mit Rad belaufen sich auf rund 2500 Mark.
Am 21. April 1986 übermittelte die Queen jener Manufaktur folgende Nachricht: »Wir haben die Ehre, Sie davon in Kenntnis zu setzen, daß Ihre Majestät die Königin mit größtem Wohlwollen der Empfehlung des Premierministers nachkommt und die Königliche Auszeichnung für Exporterzeugnisse dieses Jahr dem Hause Hardy in Northumberland zukommen läßt.«

Die Angelrute von Hardy ist ein Politikum.
Doch auch im nichtbritischen Teil der Welt wird die Rute geschätzt. 1984 erhielt Hardy als erster nichtjapanischer Hersteller den »Japanese Industrial Design Award«, und mehrere Könighäuser in Kontinentaleuropa ernannten die Northumberlander zu ihren offiziellen Lieferanten.

Anti-Lampenfiebermittel

Da bei Schauspielern 100 Prozent nie 100 Prozent sind, sondern mindestens 170 Prozent, ergab unsere Lampenfieber-Umfrage ein eigenartiges, numerisch mysteriöses Ergebnis.
70 Prozent der Mimen nannten als bestes Anti-Lampenfiebermittel: »Schuldige suchen! Zum Beispiel die Bühne inspizieren und behaupten, es stünde alles am falschen Platz.«
Weitere 70 Prozent erwiderten: »Stur behaupten, das Kostüm säße weder vorne noch hinten. Bis dann mindestens die/der Garderobier(e), die/der Kostümbildner(in), der Regisseur, der Kameramann, der Produzent (und so weiter) sich beschwichtigend, das heißt begutachtend, bemühen, also in der Garderobe versammeln.«
Die restlichen 30 Prozent der Schauspieler entscheiden sich genau für das Gegenteil: »Alles, was es wagt, die Garderobe zu betreten, beschimpfen, rauswerfen und dann mit der Abreise drohen.«
Uns genügten diese Antworten nicht. Wir wollten individuelle Allheilmittel kennenlernen und hörten auf diese Weise von Tricks, die ebenso unbekannt wie amüsant sind.
»Das nächste Mauseloch suchen in der stillen Hoffnung, es hält einen jemand auf, der die Hand hält und verspricht, mit einem das nächste Flugzeug nach Rom, nach Kinshasa und noch besser an den Titicacasee zu besteigen« (Grit Böttcher).
»Jemanden finden, der mit einem über Gott und die Welt reden kann, über Kochrezepte und die neuesten Gemüsepreise, die letzten Kinder-Aussprüche und den Ärger mit der Schwiegermutter« (Ernst Stankowski).
»Auf und ab tigern, so tun, als wenn gar nichts wäre, und eine dicke lange Davidoff rauchen« (Harald Juhnke).
»Fiebernd mit erhöhtem Puls darauf warten, daß man ›abliefern‹ darf bei seinem Publikum, und nach dem Prinzip des Zen-Bogenschießens gespannt sein wie ein Bogen, um dann entspannt den Pfeil der Kunst abzuschießen« (Evelyn Hamann).
Vorhang auf.

Antiquariat

Das beste Antiquariat, und zwar allein wegen seiner unglaublichen Größe, liegt in dem südwalisischen

Dorf Hay-on-Wye. Besitzer Richard Booth hortet 1,5 Millionen Bücher auf Regalen von dreizehn Kilometern Länge und setzt pro Jahr rund 300 000 Bücher um.
Wer vor allem alte Bücher kaufen möchte, und zwar durchaus nicht nur in englischer Sprache, muß in Großbritannien bleiben. Denn in London befinden sich nicht nur das beste Einzelhandelsgeschäft – Henry Sotheran in der Sackville Street –, sondern gleich eine ganze Gasse voller winziger Antiquariate, original aus der Zeit von Charles Dickens: der Cecil Court im Stadtteil WC 2.

Antiquitätenland

Indien.
Die Inder erdachten sich zwar eine Menge banaler, oft sogar widersprüchlicher Religionen, und ihr politisches und moralisches Verhalten ist keineswegs zweifelsfrei – aber es scheint ihnen unmöglich zu sein, mit ihren Händen etwas Häßliches zu erschaffen (worin sie übrigens den Mexikanern nicht unähnlich sind).
Indien ist eigentlich kein Land, sondern ein Kontinent und in bezug auf Antiquitäten nur mit Gesamteuropa vergleichbar in der Vielfalt seiner Menschen und Kulturen.
Jedes Jahr öffnet sich irgendwo in Indien eine Schatztruhe, die bisher unbekannt war, und spuckt Schätze auf die Märkte der Vergangenheit.
In einem Folianten aus der Biedermeierzeit fanden wir folgende Bemerkung: »Indien ist die Wiege der Cultur, wie China ihr arg und Egypten ihr Grabmonument ist, – wie Europa ihr Ruhelager und England und Nordamerika ihre Werkstätte, – wie Frankreich ihr Paladin und Deutschland ihr Streitroß; Hindostan ist das Land der Wunder und der Religion; es ist der Tempel der Natur und einer phantasiereichen Naturoffenbarung ...«
Noch eins: Indien ist so reich an Talent, daß es sich erlauben kann, seine Schätze zu verschleudern.

Aphrodisiakum*

Beginnen wir mit einer Warnung. Klagte ein Ehemann: »Meine Frau nimmt Eisenpillen, ich esse wie verrückt Austern. Jetzt bin ich in höchstem Maße erregt – und sie ist eingerostet!«
Scheinbar sind luxuriöse Eßwaren nicht deshalb so teuer, weil sie nur schwer zu beschaffen sind, sondern weil sie vor allem der Steigerung des Lustgefühls dienen, also ständiger Bedarf herrscht, der nicht ausreichend befriedigt werden kann. Ökonomisch gesehen. Schauen wir uns doch die Liste der Mittelchen einmal an: Spargel (wegen seiner Sekretsteigerung), Kaviar (je nach Herkunft), Aal (Phosphor), Knoblauch (Stärke),

*Nicht zu verwechseln mit Potenzmittel

Ginseng (?), Honig (Minerale, B-Vitamine), Hummer (Phosphor), Pfirsiche (angeblich der »Saft der Venus«) und Trüffeln (Proteine).
Vor einiger Zeit bekam einer der Autoren Post aus Zimbabwe. Ein befreundeter Wildhüter schickte das braune, feingemahlene Pulver einer Baumrinde und schrieb: »Die Eingeborenen schwören auf das Mittel, nur wenige kennen allerdings sein Geheimnis, und es ist deshalb schwer zu bekommen und teuer. Bitte, nimm nie mehr als einen Teelöffel pro Tasse Tee.«
Eine Woche später rief der Wildhüter aufgeregt an und sagte: »Um Gottes willen! Der Medizinmann hat mich eben noch einmal gewarnt – ein Teelöffel pro Tag, nicht pro Tasse ...«
Leider können wir diese Empfehlung nicht weitergeben, weil uns das Mittel zu gefährlich erscheint.*
Hier jedoch zwei angeblich todsichere Tips aus Südostasien und der Karibik:
1. Die »Holothurnia«. Lateinisch »Priapus marinus«, französisch »Biche de Mer«. Die Malaien handeln seit Jahrhunderten damit, nur ist der Preis längst den Möglichkeiten der Bedürftigen enteilt. Quelle: Indonesien.
2. Die grünen Blätter des »Pegate-Weinstocks«. Sie sind ein indianisches Geheimrezept, das bereits die spanischen Eroberer interessierte. Quelle: Dominikanische Republik.

*Sollte sich dennoch ein Leser nicht bremsen können – es handelt sich um die gestampfte Rinde des Matadani-Baumes ...

Apotheke

Es ist nur eines von vielen Qualitätsmerkmalen der besten Apotheke der Welt, daß sie bereits zu Beginn des 20. Jahrhunderts einen Vierundzwanzig-Stunden-Dienst eingerichtet hatte.
Ein zweites Charakteristikum ist, daß dort kein einziges Präparat über den Ladentisch geht, das nicht jahrelang vorher auf seine Verträglichkeit und Wirksamkeit hin getestet wurde. Unnötig zu erwähnen, daß in der besten Apotheke der Welt sämtliche Produkte noch aus eigener Herstellung stammen ...
Die Apotheke heißt »Dr. Harris & Co. Ltd.« und steht in der Londoner St. James Street.
Seit 1790 wird dort von den Nachfahren eines gewissen Henry Harris zum Beispiel noch heute das »Pick-me-up«-Wasser hergestellt, ein Allheilmittel gegen fast alle Zivilisationskrankheiten. Es ist verbürgt, daß Königin Elizabeth und die Königinmutter ständig ein Fläschchen dieses Mittels bei sich tragen.
Weitere Spezialitäten des Dr. Harris sind sein Erkältungstonikum, ein antiseptisches Mundspülmittel, homöopathische Augentropfen und ein parfümierter Fußpuder.

Aquarium

Als John Steinbeck seine heruntergekommenen Helden über die »Straße der Ölsardinen« schickte, qualmten in der Cannery Row noch die Schornsteine, und es roch nach ranzigem Fischtran. Inzwischen wurde die alte Fischfabrik in Monterey, zwei Autostunden südlich von San Francisco, mit einem Aufwand von 40 Millionen Dollar in das größte Fischbecken der Welt verwandelt.
Die Besucher stehen quasi auf dem Meeresboden in einem drei Stockwerke hohen gläsernen Dom, umgeben von Haien, Tangwäldern und Thunfischschwärmen.

Argument gegen die Aufrüstung

Da werden Waffensysteme gegeneinander aufgerechnet, der Frieden wird mit Demonstrationen und blutigen Schlägereien beschworen. Dabei gibt es ein so herrliches Argument gegen die Aufrüstung – kurz, friedlich und schmerzlos.
Der Mann, der das Lied schrieb: »Es ist so schön, Soldat zu sein ...«, beging Selbstmord ...

Armbanduhr

Um es vorwegzunehmen: Die Wahl der besten Armbanduhr bedeutete für die Autoren eine

Die »Tank« von Cartier

Entscheidung zwischen Technik, Preis, Design, Geschichte und Bedeutung.
All diese Kriterien wurden schließlich beiseite gefegt zugunsten der Beantwortung der Fragen:
Welche Uhr hat am besten alle Modeströmungen unverändert überstanden und wird heute noch in derselben Form hergestellt wie zu Beginn unseres Armbanduhren-Jahrhunderts?
Und: Welche Uhr wird aller Voraussicht nach auch in den kommenden Jahrzehnten unverändert bleiben?
Die beste Armbanduhr ist demnach das Modell »Tank« der Firma »Cartier«.

1917 wurde dieser flache, rechtekkige Zeitmesser mit den römischen Zahlen von den französischen Juwelieren Louis und Pierre Cartier zu Ehren der alliierten Panzerbesatzungen entworfen. Sie ist heute das klassischste, aber auch weltweit am meisten kopierte Uhrenmodell.

PS: Diese Uhr ziert unter anderem das Handgelenk von Yves Montand, das von Alain Delon, Jean-Paul Belmondo, Sammy Davis jr., Frank Sinatra, Helmut Berger und Yves Saint Laurent.

Aussichtspunkt

Nie werden die Eintagsfliegen erfahren, was es bedeutet, an einem klaren Tag vom höchsten Punkt der Erde, dem Gipfel des Mount Everest, auf die Welt hinabzuschauen. Es muß gigantisch sein, wenn auch statisch, menschenfeindlich und eine Spur zu erhaben.
Im Lemuta Valley der Serengeti gibt es einen Punkt, von dem aus man fast hundert Kilometer unberührte afrikanische Wildnis voller friedlicher Tiere überblicken kann, bis der Blick am Horizont den Ngorongoro-Krater und die Silhouette des Ol Moti streift.
Verläßt man den offiziellen Wanderpfad und schlägt sich auf eigene Faust zum Fuß des brasilianischen Wasserwunders Iguaçu durch, gelangt man zu Aussichten, die einen beglücken, erleichtern – und völlig Zeit, Ort, Situation, Heim- plus Fernweh vergessen lassen.
Für den besten Aussichtspunkt müssen wir jedoch wieder nach Afrika zurückkehren, nach Zaire, um genau zu sein. Dort liegt der dritthöchste Berg des Kontinents, der Ruwenzori, und setzt man sich gemütlich auf seinen mit 4462 Metern 657 Meter niedrigeren Gegengipfel, den Wusuwameso, hat man das Gefühl, sein Leben beenden zu können: Man hat alles gesehen.
Es ist nicht »Neapel sehen und sterben«, sondern das Dach von Afrika. Da ist der gletscherverpackte und dennoch bis hoch hinauf mit tropischen Pflanzen bewachsene Ruwenzori. Eingebettet in Almen, aus denen bunte Seen (insgesamt zweiundfünfzig) in den abstrusesten Farben leuchten: milchig-türkis, blutrot, rabenschwarz, sandig-ocker. Richtet man den Blick in die Tiefe, aus der man emporgestiegen ist, ermißt man die zweitgrößte zusammenhängende Waldfläche der Erde, den Ituri Forest, und erahnt an geheimnisvollen Rauchsäulen, an feinen Unterschieden im Laub und entlang der glitzernden Wasseradern das geheimnisvolle Leben dieser Baumlandschaft – von Pygmäen bis Okapis.
Man benötigt als geübter Steiger mindestens drei Tage hinauf und auch drei Tage zurück, um diesen Blick vom Wusuwameso genießen

zu können, aber dieser Blick entschädigt einen ein Leben lang für alle Mühen: Afrika *on the rocks*, heißes Eis, tropische Arktis ...

Ausstellung

Die beste Ausstellung der Welt ist sicher diejenige, die eine größtmögliche Bandbreite und Vielfalt künstlerischen Schaffens aufweist und dem Besucher ein Maximum an selbständiger und stilvariabler Bewertung gestattet.
Die Autoren haben deshalb nicht die »Documenta« oder »Biennale« auserkoren, sondern eine Ausstellung, die vielleicht weniger »künstlerisch bedeutend«, dafür aber wesentlich bunter und menschlicher ist: die »Summer Exhibition« der Londoner »Royal Academy of Arts«. Alljährlich, und dies seit dem Jahr 1769, hat dort jeder Künstler die Möglichkeit, maximal drei seiner Werke (jeder Kunst- und Stilrichtung) einreichen und ausstellen zu lassen. 1988 waren es insgesamt 12543 angemeldete Gemälde, Skulpturen, Objekte und Designs, von denen schließlich 1261 Stück den hohen Ansprüchen der Begutachter genügten und der Öffentlichkeit präsentiert wurden.
1987 gab sogar Prinz Charles eines seiner königlichen Aquarelle unter falschem Namen in die Ausstellung und wurde zunächst abgelehnt. Bis die Jury den wahren Urheber herausfand ...

Austern

»Oh, ihr erlauchten Töchter des Meeres, gepriesen und geschmäht, gesucht und gemieden – wer könnte jemals das Lied singen, das euer würdig wäre! Turmhoch, himmelhoch steht ihr über allen Gaben der Götter in königlicher Vereinsamung.«
Seitenlang schwelgt Leo Graf Lanckoroński in seinen Memoiren über die göttliche Auster. Das war im Jahre 1951. Casanova pries sie als »Ansporn für Geist und Liebe«. Es ist faszinierend, wie es der Auster gelang, die Welt zu entzweien. Denn man könnte die Welt in zwei Parteien spalten: in die Austernpartei (AP) und die Anti-Austernpartei (AAP). Es ist unmöglich, einem Austern-Verächter zu erklären, welcher Gaumenfreuden er sich beraubt, und ein Mitglied der AAP wird einem Gourmet nie das surrealistische Grauen dieses glitschigen Objektes verständlich machen können.
Der Genießer sollte über das Äußerliche der Auster nicht hinwegschauen. Kenner betrachten jede Auster sogar sorgfältig, bevor sie sie (mit geschlossenen Augen) verzehren. Allerdings zahlt sich dies selten aus: Speist man zu zweit und der eine betrachtet und studiert, während der andere hastig schlemmt, kommt der Hastige meist in den Genuß doppelt so vieler Austern.
Aber zurück zu den Austerngegnern. Ihnen fehlen zumeist stichhal-

tige Argumente gegen dieses köstliche Geschöpf. Wer keine Zunge ißt, könnte argumentieren: »Ich esse nichts, was andere bereits im Mund hatten!« Aber bei der Auster? Ist sie nicht die Versinnbildlichung der Unberührtheit, der Unbeflecktheit, der Unschuld? Austern erzeugen Fernweh. Läßt man ihr Meerwasser auf der Zunge zergehen, ruft dies unwillkürlich die Sehnsucht wach nach Ferien und Strand.

Die Frage nach der »besten« Auster bietet Sprengstoff für einen Bürgerkrieg. Aber dennoch: In der Bretagne finden wir die bekanntesten Arten von gezüchteten und von wilden Austern. Die allgemein »Portugaise« genannte französische Auster ist flüssiger als die amerikanische, hat eine rauhere Schale, ist von grünlicher Farbe und besitzt einen ausgeprägten Meergeschmack. Die »Bélon«, eine nahe Verwandte der amerikanischen Auster, hat festes Fleisch, weniger Saft und eine glatte Schale. Sie ist zwar nicht so schön wie eine »Blaupunktauster«, aber von feinerem Geschmack.

Die vorzüglichste gezüchtete Auster ist wahrscheinlich die aus Arcachon, einer Stadt südlich von Bordeaux. Die Austern werden aus einer Lagune genommen, die ökologisch einwandfrei und mit dem Meer verbunden ist.

Die besten Austern, die von natürlichen Bänken gesammelt werden, findet man in der Normandie, darunter bei Isigny eine besonders große Art, die »Caien«. Sie ist weißer und fester als alle anderen natürlichen Austern.

Nicht zu empfehlen sind die Austern aus dem englischen Colchester.

Honda Civic 1,6 Liter

Auto für Frauen

Die Zeitschrift lesen Millionen – Millionen Frauen lesen »Bild der Frau«. Und wenn sich »Bild der Frau« mit Autos beschäftigt, dann wird dort Mitarbeiterin Rosemarie Grone aktiv.
Das ihrer Ansicht nach beste Auto für Frauen, das alle weiblichen Wünsche erfüllt, ist der »Honda Civic« in der 1,6-Liter-Ausführung. »Er ist sportlich und schnuckelig, leicht zu fahren und wendig, hat eine gute Ladefläche und ist günstig im Spritverbrauch. Mir persönlich gefällt er am besten in Knallrot.«

B

Bäcker

Wenn selbst ein so unbestreitbar hervorragender Feinkost-Konzern wie die Firma Käfer in München einen Großteil ihres Brotes nicht aus eigener Herstellung bezieht, sondern von einem kleinen Bäcker im oberbayerischen Miesbach, dann muß das einen triftigen Grund haben.
Richtig – es gibt keinen besseren Bäcker als diesen Kurt König (50) am Unteren Markt. Mindestens vierundzwanzig verschiedene Brotsorten verlassen jeden Morgen seine Backstube. Nicht nur in Richtung des eigenen Ladens, sondern vor allem ins nahe München und darüber hinaus in den Export bis nach Amerika.
König verwendet für seine Produkte nicht nur ökologisch einwandfreie Naturprodukte, sondern staffiert sie auch mit einer eigenen, hausbackenen Philosophie aus:
»Die Menschen wollen wieder etwas Richtiges zwischen die Zähne bekommen und zu kauen haben. Außerdem können Sie mein Brot ruhig liegenlassen – es schmeckt erst nach einer Woche richtig gut!«

Bademantel

Wenn wir heute von Bademänteln sprechen, kommen einem erstens und fast ausschließlich diese aus Frottee gewirkten handtuchartigen Mäntel in den Sinn, die meist achtlos an der Badezimmertüre hängen. Der Bade- oder besser Morgenmantel besitzt aber tatsächlich eine wesentlich größere Bedeutung als Kleidungsstück der Gesellschaft – auch heute noch.
Der beste Bademantel ist der, der nicht nur als Bekleidung vor dem Frühstück dient, sondern der durchaus auch repräsentative Funktion (beim Empfang von Gästen am Vormittag) erfüllen kann. Deshalb ist er auch nicht aus billigem Frottee, sondern aus edlen Stoffen wie Seide, Kaschmir oder aus der Wolle der südamerikanischen Vicuñas gefertigt.
Was den Schnitt betrifft, so hat der beste aller Bademäntel einen Schalkragen und große aufgesetzte Taschen, er ist knöchellang und wird durch eine Seidenkordel zusammengehalten.
Hergestellt und verkauft wird er von der Firma Pratesi in New York.

Bahnhofsbüfett

Schade eigentlich, daß in dem schweizerisch-französischen Grenzort Porrentruy nur noch zwei Züge pro Tag einlaufen. Das Bahnhofsbüfett hätte größere Beachtung verdient. Es ist das beste der Welt.
Sollte dort jemals jemand aussteigen, so hat er die Wahl zwischen der »Brasserie«, in der Bahnhofswirt Rodolphe Romano allein die Rösti in sieben Variationen anbietet, oder dem etwas nobleren »Restaurant« mit einer Karte,

die vierzig Gerichte zu maximal 40 Mark umfaßt.
Für das Tagesmenü in der »Brasserie« zahlt man hingegen nur umgerechnet 14 Mark.
Falls Sie Porrentruy auf der Landkarte vergeblich suchen – es liegt im Schweizer Neukanton Jura, und zwar in der kleinen Ausbuchtung zwischen Basel und La Chaux-de-Fonds.
Für ganz Eilige: Eine Rückfahrkarte zweiter Klasse ab Frankfurt kostet 256,20 Mark ...

Banause

Als bester Banause muß derjenige gelten, der glaubt, daß Beaujolais mit den Jahren immer besser wird.

Bank

Zum Stichwort »Bank« fällt André Kostolany folgender ungarischer Witz ein: Imre Grün hat 50000 Forint und will sie in der nächsten Sparkasse in Budapest anlegen. Vorher fragt er den Bankangestellten: »Was geschieht, wenn Ihre Bank kaputtgeht?«
Der Angestellte antwortet: »Dann tritt die Nationalbank dafür ein.«
»Ja, aber was ist, wenn die Nationalbank Pleite macht?« erkundigt sich Grün.
»Dann haftet die ungarische Regierung.«
»Und wenn die Pleite macht?«
»Dann garantiert die Sowjetische Nationalbank für Ihr Geld.«
»Na gut«, meint Grün. »Und was ist, wenn die kaputtgeht?«
»Dann steht die sowjetische Regierung dafür gerade.«
»Ja, und was ist, wenn die Regierung kaputt ist?«
Der Banker wird zornig und sagt: »Na, sagen Sie, Grün, ist Ihnen das nicht Ihre läppischen 50000 Forint wert?«

Es ist äußerst riskant, eine Bank als die beste, also die sicherste, zu bezeichnen. Es ist noch nicht lange her, daß Karl Otto Pöhl die SMH-Bank als sicherste Privatbank Deutschlands bezeichnete. Ein paar Wochen später war sie pleite, und Graf Galen, noch kurz vorher das Hätschelkind der deutschen Wirtschaft, saß im Gefängnis.

Sicherheitshalber sei also gesagt, daß alle Banken für alle ihre Kontoinhaber gleich sicher sind, denn die Notenbank steht hinter allen Banken des betreffenden Landes. Eine dänische Bank könnte also ihre Zahlungen in dänischen Kronen nie einstellen, denn die Notenbank würde ihr jeden Betrag zur Verfügung stellen, sollte sie in Schwierigkeiten geraten.
Wenn aber diese Bank auch Dollar-Verpflichtungen hätte, könnte es geschehen, daß die Notenbank nicht über genügend Dollars verfügt. Dann müßte der Staat Dänemark um ein Moratorium bitten, das heißt Devisenzwangswirtschaft einführen.

Fazit: In der eigenen Währung sind fast alle Depotbanken gleich sicher.
Die beste Bank ist also die, bei der man die Besitzer kennt. Eine Privatbank also. Fürst von Thurn und Taxis – selbst Besitzer einer Bank – erzählt gerne die Geschichte, wie einst Frau Mühnemann bei einer Cocktailparty auf ihn zukam und sagte: »Stell dir vor, mein Vater hat sich eine Bank gekauft!«
Der Fürst stellte sich dumm: »Ach, wie schön, wo werdet ihr sie denn aufstellen?«
»Nein, du verstehst nicht, Johannes«, erwiderte sie. »Eine richtige Bank!« Sie machte schwenkende Handbewegungen und meinte stotternd: »Geld, Geld, hin und her, hin und her!«
»Ach, ich verstehe, eine Hollywoodschaukel!«
Sie verzweifelte: »Aber nicht doch ... Menschen, Geld, Vermehrung!«
»Du meinst eine Samenbank?« fragte Fürst Johannes scheinheilig, während Frau Mühnemann bleich wurde und die Party fluchtartig verließ ...

Banken sind so eine Sache. Vor allem eine Sache gegenseitigen Vertrauens. Das bekam auch Nathan Rothschild einst zu spüren. Eines Tages legte er der Bank von England einen Wechsel vor, den er von seinem Bruder Amschel erhalten hatte. Die Bank sandte ihn mit der Bemerkung zurück, daß sie keine Papiere von Privatpersonen honoriere.
»Privatpersonen! Ich werde den Herren Direktoren zeigen, ob die Rothschilds Privatpersonen sind!« ließ sich Nathan drohend vernehmen, und von seiner Rache sprach wenig später die ganze Bankwelt. Denn schon am nächsten Morgen war er in der Bank von England in der Threadneelde Street und ersuchte den Kassierer höflich, ihm einen 10-Pfund-Schein in Gold umzuwechseln. Der erstaunte Schalterbeamte kam der Bitte nach.
Den ganzen Morgen, den ganzen Tag wiederholte Rothschild dies – und mit ihm neun seiner Angestellten, die ebenfalls die Taschen mit Geld gefüllt hatten. An einem einzigen Tag verminderte er die Goldreserven der Bank von England um über 100 000 Pfund.
Als die Bank am nächsten Tag ihre Schalter öffnete, war der unnachgiebige Herr wieder zur Stelle – und mit ihm seine Leute, diesmal doppelt so viele und alle beladen mit Banknoten. Einer der Direktoren nahte und fragte, nervös lächelnd, wie lange denn dieser Scherz weitergetrieben werden solle.
»Rothschild wird den Banknoten der Bank von England so lange Mißtrauen entgegenbringen, wie diese den Rothschilds nicht traut!« erwiderte Nathan. Rasch wurde eine Sondersitzung der Direktoren einberufen, und diese beschlossen, in Zukunft alle Schecks der fünf Brüder einzulösen.
Die Bank der Rothschilds in Frank-

reich galt übrigens lange als die sicherste und »eleganteste« in Frankreich.
Bis sie von Mitterrand verstaatlicht wurde.

Bar

Bars sind Legenden, und wer die »Herald Trib« so etwa auf Seite 5 aufschlägt, entdeckt dort seit mehr als einem halben Jahrhundert den Hinweis, man möge dem Taxifahrer nur schlicht und einfach sagen: »Sank Roe Doe Noo« – Nr. 5, Rue Daunou in Paris, die Adresse von »Harry's New York Bar« (wo der »Blue Lagoon«, der »Blue Ribbon«, die »Bloody Mary«, der »Coronation«, der »Double Eagle«, der »French '75«, der »Happy Youth«, »Harry's Pick-me-up«, der »James Bond«, der »K.2.«, der »L.A.D.«, der »Monkey's Gland«, der »Petrifier«, der »Side-Car«, der »Skye Boat«, der »Spirit of St. Louis«, der »Tlevesoor«, der »Volstead«, der »Welcome Stranger« und der »Winter Sunshine« erfunden wurden).
Irgendwann schrieb jemand: »... da gab es eine Bar, in der an den Wänden Geweihe hingen wie Stalaktiten und an der Bar Durstige standen wie Stalagmiten.«
Weil man, wie ein anderer feststellte, »Drinks nur im Stehen zu sich nehmen kann – dies aber nur noch in New York und San Francisco geschieht!«

Der amerikanische Professor Israel Colon (was für ein Name) untersuchte die US-Bundesstaaten nach der Anzahl von Bars pro Kopf der Bevölkerung und kam zu dem Schluß: »Je mehr Bars es gibt, desto weniger Verkehrsunfälle passieren.« Seine höchst beängstigende, alarmierende Schallgrenze: Weniger als eine Bar pro 1000 Bürger.
Das bringt uns nun endlich zu der Frage, welche denn nun wirklich die beste Bar der Welt ist.
Die Antwort: Die Bar in der Lobby des Hotels »Algonquin« in New York wäre eigentlich ein möglicher Kandidat. Aber ... da darf man zwar in jeder Aufmachung hinein, wird aber nur bedient, wenn man eine Jacke trägt (auch ohne Krawatte). Das gefällt uns allerdings nicht.
So bleibt nur der »Oak Room« des Hotels »Plaza«, ebenfalls in New York. Eine Trinkerfestung in getäfeltem Holz, Bleiglas und Messing, ein Männerklub, wie ihn nur noch die Amerikaner pflegen, und hier würde sogar »Barfly« Henk Chinaski verkehren, der einmal warnte: »Macht einen Bogen um Lokale, bei denen das Männerklo im Keller ist.«

PS: Komischerweise fühlen sich gerade deutsche »Barflies« im »Oak Room« wie zu Hause. Denn auf den Fresken, die rundherum die Räume schmücken, sind drei mittelalterliche deutsche Burgen abgebildet ...

Beistelltisch

Als bester Beistelltisch der Welt gilt die »Nr. E 1027« von Eileen Gray. Sie entwarf ihn schon 1927 für ihr Haus in Roquebrune, wo er im Gästezimmer stand: 99 Zentimeter hoch, 51 Zentimeter im Durchmesser, mit einem Gestell aus verchromtem Stahlrohr und einer Platte aus rauchfarbenem Kristallglas. Die »Nr. E 1027« findet sich in sieben Büchern, ist unter anderem im Londoner »Victoria and Albert Museum« und im New Yorker »Museum of Modern Art« zu sehen – und kann heute noch erworben werden: 1983 baute die Firma »Images« in Venedig den Beistelltisch nach, seit 1984 steht er auch in den »Vereinigten Werkstätten« (München).

Beschreibung eines Dekolletés

... dekolletiert war sie bis zum »Sohnes ...« Im Namen des Vaters, des Sohnes und des Heiligen Geistes ...

Beschwerde

Die beste Beschwerde, die wir je schriftlich fixiert gefunden haben, steht im Gästebuch des postkolonialen »Muthaiga Club« im Stadtteil Muthaiga von Nairobi.
Dieses Buch wird seit der Jahrhundertwende lückenlos geführt, und alle Größen Kenias haben sich mit irgendeinem Lob oder einer Kritik eingetragen. Und kein anderes Dokument drückt den Geist einer ganzen Epoche besser aus als dieser Foliant auf einem Bord gegenüber der Rezeption.
Die beste unter den besten Beschwerden entdeckten wir unter dem Datum Mai 1932. Da glaubte ein gewisser Mr. McDougall, Farmer am Lake Baringo, folgendes bemerken zu müssen: »Wenn ich Guano zum Frühstück essen möchte, so werde ich dies kundtun. Da ich aber Guano zum Frühstück verabscheue, bitte ich dringend, die Hühnereier vor dem Servieren zu säubern!«
Besser geht es nicht mehr.
God save the Queen und die letzten Snobs ...

BH

Die beste Definition für einen BH, die wir je gehört haben, lautet:
»Bändiger der Starken,
Stütze der Schwachen,
Sammler der Verirrten ...«
Damit wollen wir es bewenden lassen, ohne auf Howard Hughes, Jane Russell und die Methode »Cross your Heart« einzugehen.

Bier

Bier, sagt der Romancier und unheilbare Trinker Joseph Roth, ist »das Festgetränk der Biederkeit«. An dieser Behauptung muß man

Jane Russell in »Geächtet«

den Begriff »das beste ...« messen. Um den Superlativ streiten sich drei Brauereien:
1. »Büchner« in Heilmfurt in Niederbayern. Dort werden in jedem Jahr nur wenige Hektoliter eines feinen Gerstensaftes gebraut, der selbstverständlich in Flaschen mit dem guten alten Schnappverschluß geliefert wird.
2. Die »Brauerei Hürlimann« in Zürich produziert immer zum Nikolaustag ihr »Samichlaus-Bier« mit 14 Prozent Alkoholgehalt. Es lagert ein Jahr lang, ehe es ausgeschenkt wird, und kostet – tja, eben dreimal soviel wie jedes andere Bier.
3. Noch teurer ist der »Abts-Trunk« der »Klosterbrauerei Irsee« im Allgäu: Einen Viertel von einem Hunderter muß man schon anlegen für die halbe Maß. Der »Abts-Trunk« ist strenggenommen kein Bier, sondern eine Art Met – ein likörartiges Gebräu, das ebenfalls monatelang lagert (und behandelt wird wie in der Champagne der Champagner) und in handgearbeiteten, salzglasierten Steingutflaschen auf den Tisch kommt.
Als Peter Passell* von der »New York Times« vor der gleichen Aufgabe stand wie wir, fiel seine Bestenliste natürlich aus amerikanischer Sicht ganz anders aus.
Er legte sich nicht auf eine Reihenfolge fest, sondern nannte sieben Biere, wie sie ihm auf die Zunge kamen: »Dortmunder Kronen Classic«, »Lindemans Gueuze« (Belgien), »Anchor Steam« (San Francisco), »Thomas Hardy's Old Ale« (England), »Guiness Extra Stout Draught« (Irland), »Molson Brador Malt Light« (Kanada) und »Pilsner Urquell« (Tschechoslowakei).
Sie sind eine Überlegung wert, doch wir bleiben bei unserer Wertung.

*Peter Passell, The Best, New York 1987.

Blazerknöpfe

»Meine Blazer trage ich mit schlichten Goldknöpfen, das heißt ohne irgendein Zeichen darauf«, sagt der deutsche Diplomat Rüdiger von Wechmar.
Nun – bei Gold wäre ein Mehr auch ein Zuviel. Bei den üblichen Messingknöpfen gilt: Ohne Emblem müssen sie flach sein, mit Emblem leicht gewölbt.
Der beste aller Blazerknöpfe ist demnach der ungeschmückte flache Button aus Gold. Was vielen nicht gefällt und auch zu teuer ist. Aber was die Embleme betrifft, so gelten da noch strengere Regeln einer ornamentierten Schlichtheit. Oder wie Paul Keers in seinem Buch »A Gentleman's Wardrobe« schreibt: »Man trägt entweder Militär-, Klub- oder Universitätswappen.«
»Esquires« Modeexpertin Katrin Dröge sah die Sache einmal so: »Blazerknöpfe sind ein Problem der Seriosität, und nur Hochstapler tragen die Embleme von Regimen-

El Casco Spitzmaschine M-430

tern, denen sie nicht angehör(t)en. Es gibt jedoch ein paar akzeptable Ausnahmen, nur sollte man sich hüten, sie ›vor Ort‹ zu tragen.
Die Spitze des Snobismus sind die Buttons des Kaiserlichen (heute Kieler) Yachtclubs, gefolgt vom Norddeutschen Regattaverein Hamburg (NRV) und den Reedereien Laeisz und Hamburg-Süd. Einziger nicht-hanseatischer Knopf mit Stil: der des ›Eagle Club‹ im schweizerischen Gstaad.
Wer es etwas schlichter mag, trägt mattiertes Silber, und wen der Uniformcharakter stört, der läßt sich die durchaus akzeptablen Hornknöpfe annähen.
Das deutsche Fachgeschäft für Blazerknöpfe ist Ernst Bender in Hamburg. Ein NRV-Knopf kostet dort zum Beispiel 3,50 Mark.«

Bleistiftspitzer

Der beste Bleistiftspitzer der Welt ist eine kleine Maschine mit Guckfenster, Schublade für die Späne und Kurbel mit Holzgriff: das »Modell 430« der Firma »El Casco« aus dem baskischen Städtchen Eibar, das zwischen San Sebastian und Bilbao liegt.
Das 15 Zentimeter hohe Gerät aus schwarzmattiertem Stahl und

Chrom oder Messing besteht aus achtundvierzig Einzelteilen, von denen jedes sechsmal poliert wurde. »El Casco« gibt ein Jahr Garantie und behauptet mit Recht: »Herzlichen Glückwunsch! Sie besitzen die beste Büromaschine der Welt.«
Den Spitzer kann man nicht nur auf vier verschiedene Arten des Schärfens einstellen, sondern noch dazu mit einem Saugmechanismus auf jeder Tischplatte befestigen.
Übrigens: Dr. Gold & Co KG in Düsseldorf ist der deutsche Importeur.

Bordell

Dies sollte eigentlich ein kurzes Stichwort werden, aber plötzlich wuchs und wuchs es, und erst beim Schreiben erkannten die Autoren die Vielfalt der Ansichten über »das beste Bordell«.
»Mother« umschrieben Gentlemen einst die Institution: *mother of the house for enjoyment and recreation*.
Oh, was gibt es nicht für Geschichten, gut zu erzählen und noch besser zu hören. Vom »Japanese Consulate«, dem berühmten Bordell in Nairobi in der Victoria Street, das das einzige Zebra besaß, das jemals für den Sattel gezähmt werden konnte, und einen eigenen Arzt, Dr. »Kill-or-Cure« Burkitt, der die erste Praxis Ostafrikas betrieb.
Bordelle sind Spiegel der Kulturen. Trübe oft, aber unerbittlich reflektierend. Erinnert man sich noch an jenen berühmten Salon in Vientiane (Laos), aus dem die Mädchen nach zehn Jahren Tätigkeit als Jungfrauen in Pension gingen – derart zungenfertig waren sie.
Was durchaus nicht als Abartigkeit verstanden werden muß, wie man bei Rètief de la Bretonne (»Le Palais-Royal«) nachlesen kann.
Da erzählt er von der Sunamitinnen-Händlerin Madame Janus, in deren unglaublich großem Bordell die Kunden eine Kaution hinterlegen mußten als Garantie für die unverletzte Virginität ihrer Mädchen.
Alte »Chinahands« schwärmen (und überliefern damit) Ruhmreiches vom »Elephant House« in Schanghai, das schon mittags öffnete – wie Madame Armand in der Rue Hanovre 22 zu Paris, wo jedes Zimmer anders dekoriert war (Beduinenzelt, Eisenbahnabteil, Dschungellichtung, Restaurant) und die Mädchen per Rohrpost zur Auswahl geschickt wurden. Nachdem man sie aus einem Katalog gewählt hatte.
Das beste heute?
Wir denken, es heißt »Yab Yum«, ist die Nr. 295 am Quai Single in Amsterdam (Telefon: 26 19 19) und hat ganzjährig ab 20 Uhr geöffnet.
Das »Yab Yum« gehört zu jenen eleganten Etablissements, in denen der Gentleman seinen Sex unkompromittiert genießen kann, weil zum »men's club« eine noble Bar, ein seriöser Spielklub und ein

Restaurant gehören. Die Damen der Nacht stoßen geradezu beiläufig dazu ...

Briefpapier

Das beste Briefpapier der Welt kommt aus Florenz – und aus London. Sosehr sich die Autoren auch bemühten, so viele Fachleute auch befragt wurden, das Ergebnis ist ein klares Unentschieden zwischen den Firmen »Pineider« aus Florenz und »Smythson« aus London.
Während »Pineider« seit dem Jahr 1774 die kunstvollsten, verziertesten und farbenfrohesten Papiere der Welt kreiert, ist der »Königliche Hoflieferant Frank Smythson« in der Bond Street seit 1887 ungeschlagen, was die Auswahl unter Hunderten verschiedener Papiersorten und -qualitäten angeht.

Büro

Das beste Büro bietet »Esprit« in San Francisco ihren Angestellten. *Good vibrations* würde man so etwas nennen. Es ist ein riesiger Großraum in einem alten Lagerhaus an der Minnesota Avenue 900 auf verschiedenen (künstlichen) Ebenen. Irgendwie hat es der Innenarchitekt geschafft, Abteilungen zu trennen, das Topmanagement zu separieren und auch noch eine Kantine unterzubringen, ohne daß die künstliche Unterteilung im mindesten auffällt.
Was die Autoren am stärksten beeindruckt hat, war die kühne Kombination von High-Tech und Old-Fashion: Computer-Terminals mit Refektoriumstischen, vom Alter gespaltene Balken mit schwarz getönten Glasflächen, Memphis-Stühle mit hundert Jahre alten Quilts.

Bucheinband

Erst sehr spät im Leben begreift ein Mensch, daß sich in Büchern die Arbeit von zwei Künstlern zeigen kann: von denen, die sie geschrieben haben, und von denen, die ihren Einband gestaltet haben.
Aber einige Sammler waren von Anfang an so schlau, sich ihre besten Bücher von den besten Bindern gestalten zu lassen. Was den Wert des Gedruckten fast ins Unermeßliche steigerte.
Unter den noch lebenden Hohenpriestern der Bucheinbandkunst sind drei Namen hervorzuheben: die beiden 1950 geborenen Franzosen Jean de Gonet und Renaud Vernier (Aix-en-Provence und Paris) sowie der belgische Klosterbruder Edgar Claes OSC.
Die Weltkapazität auf diesem Gebiet, der deutschamerikanische Antiquar B. H. Breslauer, beschrieb diese oft vergessene Kunst so: »Der weihevolle Ritus der Bibliophilie erfordert angemessene Gewänder ... es ist die ›Haute Couture‹ des Gedruckten ...«

C

Cabrio

Je totgesagter, desto lebendiger. Und als die Zeitungen den angeblich letzten offenen Wagen beweinten, begannen die Automobilfirmen, erst so richtig Cabrios zu bauen. Diese mobilen Fetische, um gutes Wetter und ewigen Sommer zu beschwören!
Aber kennen Sie den Unterschied zwischen einem Cabrio und einer Limousine? Es ist der Unterschied zwischen einem geschlossenen Raum und einer Terrasse, zwischen Reiten und Kutschieren.
Ein Cabrio ist mit Sicherheit das unsicherste aller Autos, aber was für ein Glück bedeutet es, den freien Wind zu spüren statt den eigenen Mief, dieses Gefühl, auf Türen und Fenster verzichten zu können, um demonstrativ aus- und einzusteigen wie weiland der Turner Hoppenstedt bei Wilhelm Busch.
Cabrio ist Weltanschauung oder vierrädrige Philosophie. Wir haben deshalb den österreichischen Motor-Denker (und Chefredakteur des »Diner's Club-Magazins«) Herbert Völker nach dem besten Cabrio gefragt.
Hier seine Antwort: »Der Zweck eines Cabrios kann nicht in der Banalität liegen, uns Frischluft zuzuführen, da seien lange Spaziergänge angeraten. Es kann nur darum gehen, Gefühle zum Brummen zu bringen. Einen Porsche aufzuschneiden bringt allemal ein fesches offenes Auto, aber keinen Zustand.
Den bringt der Alfa Spider von Alfa Romeo.
Es gibt drei Spider-Zeitalter, sie richten sich nach dem Heck. Die frühe ist die Schlauchboot-Ära, die späte ist die eckige Epoche, und alles, was dazwischen liegt, ist richtig; siebziger Jahre bis 1983. Es gibt auch mehrere Farben, aber nur Rot gilt.
Pininfarina verbindet hier stille Klassik mit erotischen Zitaten und einer raffinierten Unsicherheit, die dermaßen spürbar wird, daß sich zu allen Zeiten Leute fanden, die an dieser Form herumdoktern wollten; sie haben laufend neue Verbesserungsvorschläge eingereicht.
Durch diesen absichtlich eingebauten Fehler, wo immer er stecken mag, hat sich der Spider (aus der richtigen Zeit, in der richtigen Farbe) einen fabelhaften Spannungszustand erhalten; das ist entscheidend für ein Cabrio.
Er hat prachtvolle Zutaten: einen denkmalgeschützten Doppelnockenmotor mit roten Zündkabeln, wunderbare Instrumente, ein süchtigmachendes Getriebe und den geilsten Sound.
Zu diesem Thema wurde auch ein Film gedreht, er heißt ›Die Reifeprüfung‹, und der Chauffeur ist Dustin Hoffman. Er fährt über eine irrsinnig lange Brücke (dazu singen Simon und Garfunkel, die man aber nicht sehen kann, ›Mrs. Robinson‹), und nie zuvor und niemals nachher ist irgend jemand besser über eine Brücke gefahren.«

Campingplatz

Wenn Sie dieses Buch zu Ende gelesen haben, wird Ihnen auffallen, daß wir einen Platz auf Erden zweimal genannt haben:
die Okavango-Sümpfe (vgl. Stichwort SUMPF).
Aber es sind nicht nur die beeindruckendsten Sümpfe, sondern mitten in diesem Gebiet findet man auch den besten uns bekannten Campingplatz.
Er heißt einfach »An der dritten Brücke«, befindet sich im Nordostzipfel des Moremi Wildlife Reserve und ist zumindest Weltspitze unter den nichtorganisierten Campingplätzen.
Was macht ihn so besonders?
Er liegt mitten in einem menschenleeren Tierparadies. Tagsüber ziehen die Elefanten vorbei, nachts brüllen die Löwen vor dem Zelt.
Ein glasklarer Teich aus fließendem Wasser steht für das tägliche Bad zur Verfügung, und sein Zelt pflockt man unter einem Morula-Baum an, der Schatten auch bei 40 und mehr Grad spendet.
Dennoch herrscht Ordnung:
durch Müllcontainer und affensichere Drahtkäfige für die (mitgebrachten) Vorräte. Es liegt Feuerholz en masse herum, und wenn binnen vierundzwanzig Stunden ein Auto vorbeikommt, beschweren Sie sich bei der Parkverwaltung.
Der Campingplatz liegt im Norden des südafrikanischen Staates Botswana, und zwar etwa drei Stunden von der Bezirkshauptstadt Maun entfernt (Sandpiste! 4 WD! Zwei Ersatzreifen!).

Cargo-Carrier

Es ist ein Unterschied, so weit wie der Himmel, ob man Passagiere oder Fracht fliegt. Deshalb starten die Cargo-Carrier bei uns unter einem eigenen Stichwort.
Der beste? »Santa Lucia Airways«.
Wer bisher noch nicht ahnte, daß die kleine Karibikinsel eine Fluggesellschaft dieser Art betreibt, wird sehr überrascht sein, was die alles mit ihren himmelblauen C-130- und 707-Maschinen befördern kann.
Waffen aus den USA (via Zaire) für Sawimbis Rebellen in Angola. Und: Waffen aus Israel (Start in Tel Aviv) in den Iran (Landung in Teheran).
Oder: Tiefkühlhühner aus den Niederlanden nach Libyen. Außerdem: alle drei Frachtgüter auf einem Trip (USA–Zaire–Angola–Niederlande–Libyen–Tel Aviv–Teheran–Santa Lucia).
Die meist amerikanischen Piloten der SLA nennen die etwa dreiwöchige Tour liebevoll »unsere Tropen-Sauna«, aber manchmal fliegen die »Santa Lucia Airways« diese Route genau umgekehrt – Ersatzteile aus dem Iran nach Tel Aviv, Waffen aus Tripolis in die Niederlande und Raketenteile aus den USA nach Luanda, gegen die Rebellen des Dr. Sawimbi...
Gerade das zeichnet die SLA ja vor allen anderen aus.

Champagner

Es wird das Geheimnis von Sue Carpenter und Lord Lichfield bleiben, warum sie in ihrem »Courvoisier's Book of the Best« auf Platz 1 »Roederer Cristal«, auf Platz 2 »Krug Grand Cuvee« und auf Platz 3 »Dom Perignon« gesetzt haben.
Im Buch »Quintessenz« der amerikanischen Autoren Betty Cornfeld und Owen Edwards ist der »Dom Perignon« an die Spitze gerutscht, dafür entschied sich Peter Passell in seinem lexikalischen Werk »The Best« für die Marke »Bollinger«.
Ja, was denn nun?
»Bollinger R. D.«
Oder wie der KGB-General Georgi Koskov, der anerkennend zu »007« James Bond sagt, als dieser die Flucht des Geheimdienstlers in den Westen feiert (in »Der Hauch des Todes«): »Ah, Bollinger R.D. – the very best.«
Übrigens... pro Jahr werden lediglich 2000 Flaschen produziert, von denen leider auch noch 500 Flaschen in den USA enden.

Chauffeur-Auto

»Der Chauffeur meldet, daß der Wagen zur Abfahrt nach dem Theater bereitsteht. Unmerklich erzittert wartend die Karosserie. Die Heizung unter dem Fußboden ist

Champagner des Traditionsunternehmens Bollinger

eingestellt, der Wagen leuchtet. Einen dünnen Spitzenschal über den ondulierten Haaren, schlüpft Madame hinein. Monsieur folgt, den Mantel über dem Arm, in Frack und Claque. Ein Klingelzeichen – und langsam gleitet der Wagen durch die Straßen...«
So beschrieb F. W. Koebner noch 1913 die Wagen-Etikette.
Es war zu der Zeit, in der man sich noch bemühte, Luxusgefährte mit solchem Komfort auszustatten, daß die Herrschaften vergaßen, daß sie sich auf der Straße und nicht in ihrer Bibliothek befanden.
Es war die Zeit, in der in Berlin Gaby Desly im Innern ihres Autos ein richtiges Badezimmer beherbergte und die Pariser Schauspielerin Anna Held in ihrem Renault Diners für drei Personen servieren ließ.
Es war die Zeit, in der der Londoner Star Phyllis Dare am Heck ihres Wagens einen Verschlag anbringen ließ, dem beim Halten diensteifrig ein Mohr entsprang.
Nun, dies ist vorbei. Das heißt allerdings nicht, daß man sich der Eintönigkeit heutiger Autokultur anschließen muß. Dennoch läßt sich nicht verleugnen, daß das Automobil heutzutage in erster Linie als Fortbewegungsmittel dient. Schnickschnack verrät Extravaganz und ist nur noch in Hollywood salonfähig.
Was bietet der heutige Markt für Chauffeur-Autos? Um es gleich vorwegzunehmen: Rolls-Royce kann man nur in England mit gutem Gewissen fahren, und selbst dort empfiehlt es sich, den dezenteren Bentley zu erstehen. Adnan Khashoggi sagte über Rolls-Royce: »Es lohnt sich nur, wenn man zwei hat. Einen für die Werkstatt und einen für die Straße – abwechselnd.«
Wenn es schon ein Rolls sein muß, dann ein älteres Modell, der Phantom V zum Beispiel, Baujahr 1965. Doch ein seriöser Mitteleuropäer sollte keinen Rolls fahren.
Die absolute Nummer eins der Eleganz ist ebenfalls bereits eine Antiquität: der Mercedes 600 Pullman, gefolgt vom normalen 600. Diese Serie aus Stuttgart ist durch nichts an Eleganz zu übertreffen. Nur wird der 600er heute nicht mehr hergestellt. Bleibt der Mercedes 560 SEL, ein dezentes Chauffeur-Auto für Geschäftsleute und Politiker, und auch in der gepanzerten Version noch schnell genug.
Um den Protest der Bayern vorwegzunehmen: Der neue BMW der 7er-Reihe ist ein wunderbares Auto. Keine Diskussion. In einigem dem Mercedes durchaus überlegen. Doch: Das gesamte Design und sein Flair entspricht nicht den Ansprüchen eines Autos, das hauptsächlich von einem Chauffeur gefahren wird und in dem sein Eigentümer im Fond sitzt und die Zeitung liest. Der BMW ist ein Selbstfahr-Auto.
Wer allerdings in Bayern als eine Person des öffentlichen Interesses anzusehen ist, dem sei vergeben, er darf dann sogar BMW mit Chauffeur fahren.

Cognac »Courvoisier XO«

Cognac

Wen anders sollte man nach dem besten Cognac der Welt fragen als einen Franzosen?
Wir haben einen Franzosen gefragt, der weit über seine Landesgrenze hinaus als Connaisseur der feinen Lebensart und Trinkkultur gilt: den Ex-Präsidentschaftskandidaten und Bürgermeister von Paris, Jacques Chirac.
Die Antwort, die er uns gab, war folgende: »Die feinsten und nobelsten Bouquets kommen aus der Gegend um Charente, speziell aus Jarnac. Dort wird der ›Courvoisier XO‹ hergestellt, der für mich als der beste gilt. Ein Cognac von legendärer Qualität – jede Flasche trägt eine Signatur, die die Einzigartigkeit des Produktes garantiert, und vor allem: Dieser Cognac war mindestens sechzig Jahre im Faß.«

Garfield, gezeichnet von Jim Davis

Comic strip

Kaum etwas sagt mehr über den Zeitgeist aus als die Zusammensetzung der Comic-strip-Seite beispielsweise in der »International Herald Tribune«. Nehmen wir die von heute: Von den alten, einigermaßen realen Streifen ist nur ein einziger übrig: Rex Morgan. Die anderen driften immer stärker ins Fabel- oder Tierreich ab, gerade noch halten sich die Peanuts-Kinder und der merkwürdige GI »Beetle Bailey«.
Das hat seine Gründe: Das Amüsement und die Belehrungen, die wir in Comic strips finden, dürfen nicht mehr von anderen Menschen kommen, wenn sie akzeptiert werden sollen. Garfield – das begreifen wir. Ein menschliches Tier kitzelt das Tier im Menschen, und wir finden's großartig. Damit haben wir die beiden Begriffe, die wir brauchen: Garfield und großartig: Der Kater steht für uns an der Spitze, weil keine andere Comic-strip-Figur in drei, vier oder höchstens neun Bildern weltweit derart viel Flurschaden anrichtet (denn Mickymaus und Donald sind keine Originalhelden für die Comicseiten von Tageszeitungen).
Garfields Schöpfer Jim Davis, so

schätzen seine Kollegen, verdient pro Jahr etwa sechs Millionen Dollar. Sein Kater ist – in Stofftierform – der meistverkaufte Autoschmuck (2,5 Millionen Exemplare).
»Herr Ober, Sie können uns die Lasagne jetzt bringen, aber, bitte, achten Sie darauf, daß diese gelbgestreifte Katze… zu spät, bringen Sie uns jetzt lieber Ravioli, die haßt sie nämlich!«

Couturier

Oh, es gibt einen wunderbaren Spruch: »… hätte sie ein gelbes Kleid getragen – die Leute hätten Briefe in sie eingeworfen!«
Nichts gegen gelbe Kleider, nichts gegen die Bundespost. Aber wer ist jener Couturier, der den Frauen selbst gelbe Kleider verpassen kann, ohne daß sie je wie Briefkästen aussehen?
Charlotte Seeling, Chefredakteurin von »Cosmopolitan« Deutschland, hält – Karl Lagerfeld für *den* Modeschöpfer der Welt, und wir stimmen ihr zu. Nicht weil er Deutscher ist, sondern (und jetzt beginnen wir, Frau Seeling zu zitieren) »… weil keiner so gut klaut wie Karl, könnte man sagen. Und weil Eklektizismus in der Mode angesagt ist, muß man Karl Lagerfeld schon allein deswegen zur Nummer 1 deklarieren. Er zitiert sicherer und variantenreicher als seine Konkurrenten. Begnadet mit Schlaflosigkeit, Neugier und Hemmungslosigkeit, wühlt er sich nächtens durch Bücherberge, um tagsüber lustvoll und zügellos aus den Versatzstücken seines Bildungsmarathons ein neues Modebild zu entwerfen. Und das nicht etwa nur für seine eigene Modelinie KL allein – nein, seine Zitierwut und -flut kommt auch Chanel, Fendi und Revillon Fur zugute; wobei er großzügig genug ist, sein Ideenfeuerwerk für andere Häuser am hellsten leuchten zu lassen. Ihm ist es zu verdanken, wenn aus der angejahrten Coco Chanel wieder eine spritzig-witzige Mademoiselle geworden ist. Natürlich genügt es einem rastlosen Workaholic wie KL nicht, mindestens zehn Kollektionen pro Jahr zu entwerfen (andere brechen schon unter der Last von zweien zusammen …), nebenbei fotografiert und filmt er auch noch ganze Werbekampagnen (z.B. für Chanel), und zum Privatvergnügen richtet er Häuser und Wohnungen ein (bisher sieben), wobei er natürlich auch wieder aus den verschiedensten Epochen zitiert, von Empire bis Memphis. Eine bemerkenswerte Bandbreite; das größte Wunder aber ist, daß ausgerechnet ein Deutscher die Welt mit Eleganz und Esprit erobert – dafür küren wir ihn zum ›Kaiser Karl‹.«
Lagerfeld selbst hat sein Credo, als er 1963 bei Jean Patou aufhörte, so formuliert: »Ich hatte keinen Glauben mehr an die Haute Couture. Damals fing die Mode an, sich etwas anders zu entwickeln: Es war der Beginn des Stils.«

D

Deodorant

Deos braucht man, oder man braucht sie nicht. Braucht man sie, spricht man nicht darüber. Deos bedeuten den Schutz der Nasen anderer vor der eigenen Ausdünstung (in erster Linie), und das ist eine Urfrage der Zivilisation.
Denn ein Nackter in der Sonne benötigt kein Deo. Und wer sich täglich mehrmals waschen könnte, ohne sich dauernd an- und ausziehen zu müssen, ebenfalls nicht.
Vielleicht kamen die Treibmitteldosen (Produzenten des Geruchs- und des Ozonlochs gleichermaßen) und Rollstifte deshalb zu ihrem internationalen Spottnamen »Italian Shower«, der den Italienern auf grobe Weise unrecht tut.
Was Damen machen, soll Geheimnis bleiben. Für Männer gibt es unserer feuchten Erfahrung nach nur ein bestes Deo: ein Spray, über das alle Kosmetikerinnen ihre zarten Nasen rümpfen – weil es in keiner Parfümerie zu haben ist, dafür regalweise in Supermärkten: »La Fram« von »Elida Gibbs« in Hamburg.
Eine Billigdose, die nur etwa vier Mark kostet (Stand Frühjahr 1989), aber selbst Marathonläufer, Herrenreiter und Gewichtheber bis zum Zieleinlauf schützt. Es mag durchaus sein, daß »La Fram« schlechter riecht als teure Markenmittel – aber der Mensch, der es benützt, riecht besser, und zwar den ganzen Tag lang.
Kleine Frage am Rande: Wie alt schätzen Sie die Versuche der Menschheit, ein funktionierendes Deo zu entwickeln?
O 5500 Jahre?
O 150 Jahre?
O 50 Jahre?
Die früheste schriftliche Nachricht haben die Sumerer um 3500 vor Christus hinterlassen. Richtig ist also die Antwort: 5500 Jahre.

Designer

»Design ist Kunst, die sich nützlich macht«, lautet eine schlichte, aber treffende Umschreibung für die Arbeit des besten Designers der Welt. Nachdem das Prädikat »Das Beste« in dieser Rubrik unumstritten umstritten ist, fragten die Autoren bei einem Fachmann um dessen Urteil nach, der ausnahmsweise unumstritten zu den besten Kennern des Designs des 20. Jahrhunderts gehört:
Dr. Hans Wichmann, Leiter der »Neuen Sammlung« in München.
»Unter den vielen internationalen Designern gibt es eine Reihe, die durch besondere Einfälle auffallen. Eigentümlicherweise sind diese hauptsächlich in Italien zu Hause. Ich schätze dort besonders die Gebrüder Castiglioni und Marco Zanuso, die durch besonders formale Innovationen auffallen. Daneben spielt in Deutschland zweifellos Dieter Rams (vgl. TROCKENRASIERER, Seite 258) eine große Rolle.«
Zur Erklärung: Die Brüder Livio,

Pier Giacomo und Achille Castiglioni lieferten seit den vierziger Jahren bedeutende Beiträge für die Produktentwicklungen von Firmen wie Olivetti, Brionvega, Fiat und Osram. – Der Architekt Marco Zanuso war seit 1945 nicht nur Städteplaner, sondern entwarf auch Möbel, Telefone und Hausgeräte.
Dieter Rams ist verantwortlich für die Gestaltung sämtlicher Produkte der Firma Braun.

Dia-Projektor

Huhn oder Ei, Form oder Funktion, Nutzen oder Schönheit. Beim besten Dia-Projektor stimmt beides. Es mag einen noch praktischeren geben, aber keinen, der so praktisch und gleichzeitig so wohltuend fürs Auge ist: das Kodak-»Carousels« von Hans Gugelot aus dem Jahre 1963.
Der Projektor faßt bekanntlich achtzig Dias im Format 5 mal 5 Zentimeter und wird seit fünfundzwanzig Jahren fast unverändert in den Maßen 10 mal 26 mal 26 Zentimeter produziert. Er steht nicht nur in Museen und Büchern, sondern erhielt auch zahlreiche Peise, wie etwa 1978 den »Long Life Design Award«.

Diskussionsbeitrag

Es gibt einen todsicheren Beitrag, um sich selbst auf verlorenem Posten aus der Schlinge einer Diskussion ziehen zu können (was besonders im Fernsehen immer sehr gut ankommt).
Er lautet: »Wer überhaupt fragen muß, hat kein Recht auf die Antwort. Und wem diese Antwort nicht paßt, der hätte die Frage gar nicht stellen dürfen.«
Das ist ziemlich *touché*.

Duft für Damen

In irgendeinem Reißer fanden wir neulich folgendes Zitat: »... wäre ihr Parfüm nur billiger gewesen, die Armee hätte es mit großem Erfolg als Nervengas einsetzen können ...«
Der erste Ansatz der Autoren, den besten Duft für Damen zu finden, war im Grunde völlig falsch: Wir befragten Männer und Frauen aus Fachkreisen, welches Parfüm ihnen auf der Straße, in geschlossenen Räumen oder bei direktem Hautkontakt am angenehmsten in die Nase und Sinne steigt. Und: mit welchem Duft sich die stärkste Sympathie oder sogar Erregung verbindet.
Die Antworten waren so unterschiedlich wie die Befragten und können deshalb nicht zu einem endgültigen Urteil zusammengefaßt werden.
Der richtige Ansatz ist die Frage nach dem Duft, mit dem sich Frauen selbst am liebsten leiden können. Andersherum: Das beste Parfüm wirkt nur so gut auf andere,

wie es auf die Trägerin selbst wirkt …
Auf diese Weise fand sich ein eindeutiger Spitzenreiter als bester Duft für Damen, selten und seltsam: »Calyx« von »Prescriptives«. Er enthält – frische Pampelmuse, Mandarine, Mango und andere tropische Früchte für die Kopfnote;

Calyx von Prescriptives

betörende Rosen, Lilien, Jasmin und Fresien für die Herznote; und dunkle Moose und Hölzer als Basis.
Zusammen ergibt das eine unwiderstehliche Mischung.

Knize Ten

Duft für Herren

Nach Meinung der Autoren muß der beste Duft auch weiterhin ein Phantom bleiben, dem Parfümhersteller ebenso nachjagen wie ihre Kunden.
Dieter Klemme – »Die Nase« –, Chef-Parfümeur der Firma »Haarmann & Reimer« in Holzminden (einer der weltweit größten Duftproduzenten), sieht das so: »Den besten Duft erlebe ich während eines Morgenspaziergangs durch einen frischen, grünen Tannenwald.«
Der Romancier Hans Habe hätte ihm zugestimmt – und dennoch auf eine kleine Flasche auf seinem Badezimmerbord verwiesen: »Wie alles Gute ist ›Knize‹ schwer zu bekommen, wie alles Gute wird es immer schwerer. Aber wenn ich auf eine einsame Insel ein einziges Eau de Toilette mitnehmen dürfte, wäre es immer noch ›Knize‹.«
»Knize«? »Die Intelligenz eines Herren«, so hieß es einmal, »erkennt man im Gespräch, seinen Stil dagegen an ›Knize‹.«
Es ist das älteste Männer-Eau, 1927 erfunden von Friedrich Knize in Wien, und es riecht unverändert nach Leder, Tabak, Moschus, Ambra und Kräutern wie Rosmarin. Aber kann »Knize« wetteifern mit jenem »Parfüm«, das nur in der immensen Einbildung des Schriftstellers Patrick Süskind existiert? Das sein Parfümeur Jean-Baptiste Grenouille (geboren am 17. Juli 1738 in einer übelriechenden

Pariser Fischbude) aus der Essenz unbescholtener Mädchen braute und dem kein Mensch widerstehen konnte ...?
Hätte Hans Habe dieses Parfüm gekannt, wir sind sicher, er hätte es auf seine einsame Insel mitgenommen. So aber schmücken wir uns mit »Knize«.

Dufthersteller

Wer über den besten Dufthersteller der Welt sinniert, muß sich zunächst einmal von der verbreiteten Annahme frei machen, daß die großen Düfte unserer Zeit noch von den (meist französischen) Renommierfirmen selbst komponiert werden. Nur wenige große Namen leisten sich den Aufwand eines eigenen Parfümeurs.
Im wesentlichen sind es heute multinational operierende Großunternehmen, die im Auftrag und weitgehend anonym die Düfte komponieren.
Eines der besten, vielleicht das beste, ist die Firma »Haarmann & Reimer«, die in der deutschen Parfüm-Metropole Holzminden zu finden ist.
Nicht nur, daß von dort die Essenzen für zahlreiche internationale Duftneuschöpfungen kommen – in Holzminden entstehen auch die Düfte von Badeschaum bis Gummibärchen, von Feinwaschmittel bis Götterspeise.
Befragt nach dem besten Dufthersteller der Welt, kommt vom Chef-Parfümeur des Hauses, Dieter Klemme, allerdings eine andere Antwort: »Die Natur. Jeden Duft, den wir versuchen nachzuempfinden, hat die Natur schon tausendfach besser komponiert.«

E

Ehefrau

Die beste aller Ehefrauen scheint uns jene Gattin zu sein, die nach einigen Jahren im Ringe-Geschirr bekennt: »Allmählich entwickle ich mich zu dem Mann, den ich immer heiraten wollte.«

PS: Die Autoren geben zu, alle Männer zu sein, zwei von ihnen auch noch verheiratet.

Eifersuchtsdrama

Selbst das hitzigste Eifersuchtsdrama läßt sich (in zivilisierten Kreisen) mit dem besten aller Sätze für diese Gelegenheiten beenden: »Wie stolz und froh müssen Sie sein, eine Frau zu besitzen, die einen Mann meines Kalibers so attraktiv findet! Ich gratuliere Ihnen dazu, und ich beneide Sie beide um diese Erfahrung ...«

Einkaufsstraße

Hören wir »Kö in Düsseldorf«, »Rodeo Drive in Beverly Hills«, »Faubourg St. Honoré in Paris«? Oder gar die Münchner Maximiliansstraße, die Londoner Bond Street oder jenen luxuriösen Ableger des Rodeo Drive in Palm Beach?
Nonsens. Das Teuerste ist nicht das Beste, und wenn wir Einkaufsstraße sagen, meinen wir Shopping vom Bleistift bis zum Maßanzug, von der Eistüte bis zum Designerparfüm. Dann wollen wir dort essen (im Freien und gedeckt), unsere Pfennige oder Cents witzig und nützlich anlegen können, und außerdem möchten wir nicht nur Statussymbole erwerben können, sondern möglichst auch ein paar Schnäppchen machen.
Die Antwort: Columbus Avenue in New York.
Keine Straße auf dieser Welt hat in den letzten Jahren derartige Fortschritte gemacht, nirgendwo sonst haben sich die Anrainer zu einer so wunderbaren Solidarität des Angebots, der Restaurierung ihrer Häuser und der Verschönerung einer ehemals verkommenen Zeile zusammengefunden.
Kleiner Hinweis: Beginnen Sie mit dem Flanieren in der Höhe des unteren Central-Park-Endes, und zwar links runter, dann wieder rechts hoch.

Einkaufsstraße bei schlechtem Wetter

Zugegeben, sie liegt schon etwas abgelegen, die beste Einkaufsstraße bei schlechtem Wetter.
Dafür verfügt die »West Edmonton Mall« im kanadischen Bundesstaat Alberta jedoch über insgesamt 828 Geschäfte, 110 Restaurants, 22 Wasserfälle, einen Golfplatz, den größten überdachten Vergnügungspark der Welt, ein Eislaufstadion, einen unterirdischen See, Folterkammern, mehrere men-

Die beste Einkaufsstraße bei schlechtem Wetter: »West Edmonton Mall«

schenfressende Haie, sechzehn Ärzte, achtzehn Fotolabors, vier Unterseeboote und genügend Parkplätze für die halbe zivilisierte Welt.
Dieser vollständig überdachte Shopping-Gigant ist das Werk der iranischen Brüder Ghermezian und so groß wie rund zweihundert Fußballplätze. Nachdem man stramm drei Tage benötigt, um das gesamte Areal zu erforschen, bietet sich für Übernachtungen das integrierte Hotel »Fantasyland« mit hundertzwanzig verschiedenen »Abenteuer«-Zimmern an. Die gewaltigen Strecken zwischen den einzelnen Geschäften überbrückt man am besten mit kleinen Elektroautos oder hauseigenen Rikschas.

Eiscreme

Halb literarisch, halb wirklichkeitsnah ist der Hinweis, den uns der brasilianische Schriftsteller (und Goethe-Preisträger) Rubem Fonseca liefert: auf eine scheinbar sagenhafte Eisdiele in der Nähe der Praca Bernardo Santos in Belem an der Amazonasmündung. Angeblich gibt es dort – und nachzulesen in seiner Geschichte »Das vierte Siegel« – nicht weniger als 80 verschiedene Geschmacksrichtungen, darunter so seltsame wie »Bacuri« (behauptet Fonseca). Die Diele ist, im Wortsinn, weit

hergeholt, und deshalb haben wir den römischen Korrespondenten Johannes von Dohnanyi gebeten, uns seine Version von der besten Eiscreme der Welt zu schildern:
»Wo die wahren Freuden des Lebens zu finden sind, lernen Kinder in Rom ebenso früh wie eindrücklich. Ohne auch nur ein erklärendes Wort über den Staat und seine Politiker zu verlieren, ziehen Eltern oder Gouvernanten die Kleinen am Sitz des italienischen Parlaments an der Piazza Montecitorio vorbei in die enge Via del Ufficio Vicario. Dort mischen sich Römer und Touristen unter den großen Neonbuchstaben ›Giolitti‹ zu Warteschlangen, die in heißen Sommernächten bis weit auf die Straße reichen können.
Wer nicht weiß, was da geleckt wird, läßt sich leicht entmutigen. Der Kenner hingegen nimmt es mit Gelassenheit in Kauf, von unzähligen Schlecksüchtigen auf dem Weg zu den Eistöpfen eingekeilt und gequetscht zu werden.
›Giolitti‹ ist in Rom gleichbedeutend mit Gelato ... I scream, you scream, we all scream for Icecream ... ›Giolitti‹ ist der Vatikan der Eisfreunde aller Konfessionen und sogar der Ungläubigen.
›Giolitti‹ ist ...? The Best.
Ein Tip? Zumindest beim ersten Besuch offen zu sein für alle Geschmacksrichtungen. Selbst ein sonst oft so langweiliges Vanilleeis wird bei ›Giolitti‹ wieder zum Erlebnis; von den unzähligen Milcheisvarianten ganz zu schweigen. Und wer quer durch die Fruchteisbar nascht, darf sich ebenfalls auf Überraschungen gefaßt machen: zumindest zeitlich, denn er benötigt tagelang.
Eine Zwangsunterbrechung der römischen Eiszeit gibt es einmal in jeder Woche, und zwar am Montag. Da hat ›Giolitti‹ geschlossen. An diesem Tag erzählen die Eltern und Gouvernanten, um die Enttäuschung über den geschlossenen Eistempel zu lindern, ihren Kindern tatsächlich mal was über das Parlament und das Chaos der italienischen Politik ...«

Entschuldigung für Unfrisiertheit

Die beste aller Entschuldigungen hat der deutsche Dramatiker Rolf Hochhuth parat, wenn es doch mal einer wagt, ihn auf seine wilde Haarpracht anzusprechen (mit der Vermutung, er habe vergessen, sich zu kämmen). Hochhuth sagt dann immer: »Nein, ich sehe immer so aus, denn ich habe vier Wirbel auf dem Kopf ...«

Erfrischungsgetränk

»Wie stehen Sie diese mörderische Hitze nur so unbeschadet durch?« fragte einer der Autoren die indische Ministerpräsidentin Indira Gandhi. Er begleitete sie auf einer Wahlreise kreuz und quer durch ihr Land und bekam eine seltsame

Antwort: »Indem ich ›Lassie‹ trinke.«
Dies ist das beste, weil erfrischendste, dem Körper verbrauchte Mineralien am schnellsten zurückbringende Erfrischungsgetränk.*
Man kennt es in Asien vom Iran bis in den fernen Südosten des Kontinents – strittig ist nur, welche seiner beiden Zubereitungsarten kühlender ist: die süße oder die salzige.
In jedem Fall enthält »Lassie« in sprudelndes Mineralwasser verrührtes Joghurt und eben eine Prise Salz oder Zucker.
Indira Gandhi bevorzugte die salzige Version, die Autoren empfehlen ihren Landsleuten die süße.
Vor allem indische Restaurants im Ausland sind in letzter Zeit dazu übergegangen, fruchtige Versionen zu mixen, etwa »Lassie« mit Mangogeschmack. Prädikat: nicht ganz echt, aber auch nicht schlecht.

Espressomaschine

Die beste Espressomaschine der Welt kommt, was Wunder, aus Italien. In Mailand wird seit dem Jahr 1905 ein Dampfgerät hergestellt, das bis heute unerreicht ist: die »La Pavoni«.
30 Zentimeter hoch und 5,5 Kilo schwer, produziert sie mit 1000 Watt und einem Idealdruck von 1,5 Bar maximal 16 Tassen Espresso in einem Durchgang.

Essig

Nur Parvenüs sagen Essig, wenn sie Essig haben wollen. Die Eingeweihten sprechen von »Aceto balsamico«, und zwar den aus Modena.
Dort, wo der Essig der Essige herkommt, trinkt man ihn auch als Digestiv nach dem Essen, was Rückschlüsse auf seine süße Samtigkeit erlaubt – aber er muß alt sein, sehr alt, um noch unter die Kategorie Essig zu fallen.
Unser Tip: der zwanzig bis dreißig Jahre alte »Aceto balsamico« der Firma »Monari Federzoni«.
Er kostet in Deutschland um die 35 Mark pro halber Liter.

Exhibitionist

Da müssen wir Charles Bukowski zitieren. Er schrieb einmal zu diesem Stichwort: »Bei Nacht den Exhibitionisten raushängen, das kann jeder. Um zwei Uhr nachmittags dagegen, da muß man wirklich was vorzuzeigen haben ...«
Genau das ist es.

*Weiter westlich vom Osten mixt man ein sehr ähnliches Getränk und nennt es »Ayran«.

Exzentriker

Der beste Exzentriker – der mit den snobistischsten Marotten und dem ausgeprägtesten Charakter – war selbstverständlich Brite (obwohl andere Nationen gewaltig aufholen). Was ihn von »Kollegen« unterschied, waren sein Mangel an finanziellen Mitteln und sein fachliches Können. Die Rede ist von Generalmajor Orde Wingate (1903-1944), einer der Väter des modernen Guerilla- und Dschungelkrieges.

Es begann damit, daß Wingate regelmäßiges Waschen für ungesund hielt und statt dessen das penible Abschrubben mit einer trockenen Zahnbürste propagierte. Er versah seinen Dienst – in bevölkerten Garnisonsstädten ebenso wie in einsamen Urwald-Camps – splitterfasernackt und konnte nur mit Mühe dazu bewegt werden, wenigstens zu den Visiten seines Oberkommandierenden, Lord Mountbatten, Uniform anzulegen. Gewöhnlich trug er nur einen winzigen Wecker in Form eines Rings am kleinen Finger seiner linken Hand und warf jeden hinaus, wenn diese Uhr zu läuten begann.

Um das tropische Klima, in dem er sich meist bewegte, durchzustehen, verzehrte Wingate pro Tag mindestens ein halbes Dutzend roher Zwiebeln (mit verheerenden Begleiterscheinungen, wie berichtet wird), und da er ein Monokel trug – im Dschungel gibt es kaum etwas Unpraktischeres –, ließ er sich mitten in der heißesten Phase des Zweiten Weltkrieges (und trotz entsetzlicher Verluste durch die Japaner) ein Säckchen mit Eingläsern über seinem Stützpunkt in Burma abwerfen.

Orde Wingate, das sei am Rande erwähnt, war mit einer Gleichgesinnten glücklich verheiratet, Mitglied bei »White's« und starb bei einem Flugzeugabsturz im Dschungel.

Unser ganz persönlicher Lieblings-Exzentriker ist ein Großwildjäger aus den USA, der noch lebt und uns deshalb bat, seinen Namen zu verschweigen.

Was ihn auszeichnet, ist sein Glasauge, in das er mit winzigen roten (!) Lettern den frommen Wunsch »GOD BLESS AMERICA« eingravieren ließ. »Damit«, wie er meint, »die Leute sehen, was meine politische Meinung ist, wenn ich schon nichts sehe mit dem Auge ...«

F

Fahrrad

Dies ist das erste und einzige Stichwort dieses Buches, das nicht beantwortet werden kann. Ein Beispiel zur Begründung: Bisher gab es edelste Titanschaltungen, bei denen man für jeden neuen Gang eine volle Umdrehung des Zahnrades benötigte. Seit einiger Zeit existiert eine Schaltung, die das auf nur drei Zähnen des Rades schafft.
»Jedes Jahr«, sagt der Schriftsteller Otto Jägersberg (übrigens der einzige deutsche Literat, der im Grunde seiner Seele nicht genau weiß, was er lieber gewinnen möchte – den Nobelpreis oder die Tour de France), »baut man sich sein Traumrad in Gedanken neu zusammen.«
Weil jedes Jahr neues Material auf den Markt kommt, neue Legierungen entstehen, irgendwas Technisches neu eingebaut wird. »Ein Firmenfahrrad«, so ein ehrlicher Händler, »kann nie das beste sein.« Weil man sich das beste Rad eigentlich aus den verschiedensten besten Teilen selbst zusammenbaut. Mit Details aus aller Herren Länder, vor allem jedoch aus Japan. Aber allmählich – so unglaublich das auch klingen mag – holen auch kleinere europäische Länder etwas auf.
Nur eins ist klar: So ein Spitzenrad kostet zwischen 3000 und 5000 Mark. Alles, was darüber liegt, ist Designer-Schnickschnack; alles, was darunter liegt, Amateurkram.
Um noch einmal Otto Jägersberg zu zitieren: »Das beginnt schon beim Leder ...« – für den individuellen Sattel, das Bett des edelsten Körperteiles.
Sorry, kein Produkt!

Fälscher

Bei diesem Stichwort gibt es ein Problem, das später bei dem Begriff SPION (vgl. SPION) wiederkehren wird: Als bester muß strenggenommen der Fälscher gelten, der nie entdeckt wurde. Dessen Kopien in den Museen hängen und von den Experten für echt gehalten werden.
Weshalb bekannte Fälscher wie Lothar Malskat oder van Maegeren aus der Wertung fallen, während ein bekennender Kopist wie der Liechtensteiner Kurt Laubscher unseren Zuschlag erhält.
Er ist aufgrund seines intensiven Studiums nicht nur der Techniken alter Meister, sondern auch ihres Handwerkszeugs in der Lage, Meisterwerke derart perfekt nachzumalen, daß nur seine Ehrlichkeit die Fachwelt vor Irrtümern schützt.
Fazit: Laubscher hat es gar nicht nötig, kriminell zu sein, und deshalb ist er der Beste.

Familie

Jede Kultur hat ihre eigene Hierarchie, und man stößt auf Schwierigkeiten, will man die Rangordnung

Kurt Laubscher und seine Mona Lisa

verschiedener Kulturen miteinander messen. Es ist zum Beispiel wenig sinnvoll, die Familie Rashid al-Rashid al-Abasid, eine königliche arabische Familie, die unendlich alt ist und von den Khalifas (Mohammeds Brüdern) abstammt, mit den Habsburgern zu vergleichen (oder das chinesische Königshaus mit dem spanischen). Bleiben wir also bei unserer Kultur. Schon da ist es schwierig genug. Strenggenommen müßte die Familie Habsburg-Lothringen als Kaiserhaus protokollarisch an der Spitze stehen. Auf der anderen Seite spielt es gerade protokollarisch sehr wohl eine Rolle, ob eine Familie regierend oder ehemals regierend ist. So gesehen, müßte für den europäischen Raum der spanischen Königsfamilie der Titel der »besten« Familie zugesprochen werden.
Wie sieht es mit Deutschland aus? Der rote »Gotha«, das Buch der fürstlichen, also regierenden oder ehemals regierenden Häuser, listet in seiner 1. Abteilung vom Hause Albanien über den Papst bis zu W wie Württemberg die höchsten Häuser Europas auf. Darunter dreizehn deutsche Familien, die in der ersten Abteilung zu finden sind: Baden, Bayern, Hannover, Hessen, Hohenzollern, Holstein, Mecklenburg, Oldenburg, Preußen, Reuß, Sachsen (Haus Wettin), Waldeck und Württemberg.
Wie nun die Auswahl treffen, welche dieser Familien die beste ist?
Ein Kriterium könnte sein, wie oft morganatische, also unstandesgemäße Ehen vorkamen und wie oft lediglich innerhalb der 1. Gotha-Abteilung geheiratet wurde. Das wäre jedoch ungerecht, denn gerade die Familien, die ein bißchen niedrigeres Blut bei sich aufnahmen, haben oft die intelligenteren Persönlichkeiten hervorgebracht, wohingegen die Folgen der Inzucht weitgehend bekannt sind.
Das gerechteste Kriterium ist also das Alter einer Familie, und da liegen eindeutig zwei Familien vorne: Hessen, also das Haus Lothringen-Brabant, und Hannover, das Welfenhaus. Urkundlich erwähnt ist das Haus Hessen seit dem Jahr 886, das Welfenhaus seit dem Jahre 900. Da diese Angaben nicht völlig zuverlässig sind, wird es ein Gastgeber vermeiden, Mitglieder beider Häuser an einem Tisch zu plazieren, da das Protokoll nicht eindeutig regelt, wer höherrangig ist.

Fastfood

Man stelle sich vor, daß an einer Hamburger-Bude vom frühen Morgen bis zum späten Abend eine lange Schlange auf Bedienung wartet ...
Man stelle sich vor, daß ein Schild in zehn Sprachen und rechts neben dem Eingang die Kunden auffordert (zum Beispiel auf deutsch): »Bitte, in der Reihe nach rechts antreten!« ...

Man stelle sich vor, daß dieser Fastfood-Shop Kreditkarten von »American Express« nimmt ...
Und man stelle sich vor, daß dieses Wunder an Hamburgensien die Breite von zwei Metern nie überschreitet – bei einer Tiefe von rund zehn Metern ...
Gratuliere, Sie haben soeben den besten Fastfood-Lieferanten kennengelernt: die Hausnummer 737 am Bridgeway in Sausolito, am anderen Ende der Golden Gate Bridge. »Hamburgers« steht ganz schlicht an der grünen Markise, und der Shop liegt gleich links, wenn man nach Sausolito hineinfährt.
Dort gibt es – vom offenen Grill – die Superlative an Fleisch und Zubereitung, Beilagenfrische und Brötchenqualität. Ein Hamburger kostet (Stand: Frühjahr 1989) 3,92 Dollar, ein Cheeseburger 4,15 Dollar.

Fata Morgana

Oasen tauchen auf – und verschwinden. Glitzernde Seen machen durstige Wanderer rasend. Palmenhaine wiegen sich im Winde und existieren doch nur als Luftspiegelung.
Aber eine Fata Morgana, die eindeutig eine Fata Morgana ist, ist keine gute Fata Morgana, schon gar keine beste.
Da stießen wir auf die Insel San Borondón. Sie ist in keinem Atlas verzeichnet, aber fest verankert in den Legenden der Bewohner von Fuerteventura (Kanarische Inseln).
Natürlich streiten die Wissenschaftler heftig ab, daß es San Borondón gibt, aber unter streng wissenschaftlichen Gesichtspunkten konnte nie bewiesen werden, daß sie nur ein Hirngespinst ist:
ein Paradies mit großen Flüssen, grünen Wäldern und tropischer Flora, das auf dem Atlantik schwimmt, vor der südamerikanischen Küste ebenso gesichtet wurde wie vor Westafrika, aber meistens rund um Fuerteventura auftaucht und häufig, als Schemen am Horizont, auch von Touristen erspäht wurde.

Ferieninsel

Kein Eiland war eine bessere Ferieninsel als die Insel Ceylon, der Staat Sri Lanka, ehe sie/er sich selbst von der touristischen Landkarte strich (zumindest zeitweise) aufgrund der Kämpfe der Tamilen gegen die Singhalesen.
Südseestrände, tropische Alpen, koloniale Geborgenheit, Kunst in voller Bandbreite, Hitze und Kühle, Schönheit und Ästhetik, Hotel- und Menschenkultur, Tempel und Kirchen, Golfplätze und Wildparks, Meere und Seen, Steinzeit und eine moderne Infrastruktur in üppiger Vegetation.
An keinem Fleck der Erde wird auf kleinerem Raum mehr geboten als auf Sri Lanka. Ceylon ist die ideale Ferieninsel, preiswert dazu, am

Rande der akzeptablen Entfernung und rund ums Jahr schön.
The best.

Ferienklub

Den Wert eines optimalen Ferienklubs kann kaum jemand besser beurteilen als eine Frau, der es erstens nicht auf ein paar Dollar ankommt, die zweitens die ganze Welt bereist hat und die drittens der Erholung so dringend bedarf wie jeder andere – Martina Navratilova. Sie, die auch in ihrer Freizeit aktiv bleiben muß, aber dennoch verwöhnt werden will, gab auf unsere Frage eine klare Antwort: »St. James Club« auf der Karibikinsel Antigua. Abgesehen davon, daß auf der größten der Leewards ein ganzjährig sommerlich angenehmes Klima herrscht und es »für jeden Tag im Jahr einen verschiedenen Strand« gibt (so steht's in »Courvoisier's Book of the Best«) – dieser Ableger berühmter Stadtklubs in London, Paris und Los Angeles bietet eine geniale Mischung aus Luxus und Komfort auf der einen sowie Sport und Spaß auf der anderen Seite.
Die Gästeliste ist geheim, man weiß jedoch von Liza Minnelli, den Prinzen Andrew und Michael von Kent, Madonna, Joan Collins und Queen-Schwester Margaret.
Adresse des »St. James's Club« (so der haargenaue Name):
P. O. Box 63, Antigua.
Telefon: 4 63 14 30.

Fernglas

Ferngläser sind wie Ehefrauen und Tabakpfeifen – man verleiht sie um keinen Preis. Aber das beste ...? Man muß einen Mann fragen, dessen Leben schon davon abhing, daß sein Fernglas funktionierte, und so ein Mann war Myles Turner, der legendäre, jahrzehntelange Wildhüter der Serengeti. Er blieb bis zu seinem Tode im Jahre 1984 einem einzigen Produkt treu und schätzte es mit zunehmender Praxis immer mehr: sein Fernglas der Firma »Bausch & Lomb«.

Fernsehkritik

Nachdem die Autoren zwei Jahre lang die Rezensionen durchforstet haben, muß die Hitparade der Fernsehkritiken folgendermaßen aussehen:
1. »Wenn ›Dallas‹ immer noch läuft, muß Gott tot sein.«
2. »Es gibt Sendungen, bei denen beneidet man seine eingeschlafenen Füße.«
3. »Hübsch ist Bio nicht – aber sie macht gute Sendungen.«

Fernsehsessel

Der beste Fernseh- (und sonstige) Sessel ist und bleibt eine Kombination aus Hocker und Stuhl, die sich »Lounge-chair« und »Ottomane« nennen – die Ultima ratio der Bequemlichkeit, entworfen von

Charles Eames' Lounge-chair von Vitra

Charles Eames, hergestellt von »Vitra«.
Sessel und Hocker bestehen aus Schichtholzschalen, die in Palisander furniert oder schwarz gebeizt sind. Sitz- und Rückenschalen sowie Armlehnen sind durch Gummi-Metall-Elemente verbunden. Weitere Details: abnehmbare Polstereinheiten mit Lederbezügen, Rückenbügel und drehbarer Fünf-Stern-Fuß am Sessel aus Aluminium-Druckguß.
Maße: Sessel – 80 mal 80 mal 89 Zentimeter, Sitzhöhe 39 Zentimeter. Hocker – 64 mal 43 mal 65 Zentimeter.

Festspiele

In den fünfziger Jahren gab es in den Vereinigten Staaten die berühmte Industriellenfamilie Zeckendorf. Mr. und Missis Zeckendorf waren nicht nur sehr reich, sondern galten auch – für amerikanische Maßstäbe – als überaus gebildet. Zu einer ihrer Dinnerpartys wurde damals Erbprinz Johannes von Thurn und Taxis eingeladen.
Die Konversation, die sich ergab, verlief so:
Mr. Zeckendorf: »Mögen Sie Kultur?«
T&T (verwirrt): »Ich liebe klassische Musik!«
Mr. Zeckendorf: »Dafür ist meine Frau zuständig« (die Frau wird hinzugerufen).
Mrs. Zeckendorf: »Was für Musik kann man in Europa hören?«
T&T: »Wir haben wunderbare Festspiele, in Salzburg, Verona, Edinburgh oder in Bayreuth. Kennen Sie denn Richard Wagner?«
Mrs. Zeckendorf: »Ja, war das nicht der Liebhaber von Karl dem Großen?«
Die Konversation blieb auf diesem Niveau, und der junge Erbprinz entschloß sich, die beiden Zeckendorfs nach Deutschland einzuladen. Nach Bayreuth. Er besorgte das Hotel und die besten Karten, die er bekommen konnte.
Als es soweit war, wartete er in der Halle des Hotels auf die Ankunft der Zeckendorfs. Diese kamen nicht. Der Hotelportier wurde nach zwei Tagen immer nervöser, denn sowohl die Karten als auch die Zimmer hätten weiterverkauft werden können.
Am dritten Tag kam ein Telegramm. Aus Beirut im Libanon: »Sorry. Went to the wrong place. – Zeckendorf.«
Trotz allem: Bayreuth ist der Platz überhaupt. Die besten Festspiele sind dort. Immer noch.

Feuerzeug

Es gibt Leute, die ihr gelacktes »Dupont« an ein goldenes Kettchen legen. Und dann gibt es Leute, die ihr Feuerzeug bewußt liegenlassen, wie eine Visitenkarte in vergoldetem Bütten, weil es

Das Zippo-Feuerzeug

kaum eine bessere Methode gibt, seine Klasse zu demonstrieren.
Was man streuen muß, ist das Sturmmodell »Zippo 200«.
Es öffnet sich laut und schmatzend. Kaum offen, verbreitet es den Gestank einer lecken Tankstelle. Fast immer schlägt die Flamme zu hoch. Und sie ist gefährlich – bläulich bis schwefelgelb, kochend heiß und unbeständig flackernd. Aber es geht nie kaputt, funktioniert immer und liegt in der Hand wie ein in Jahrtausenden rundgeschliffener Bachkiesel.
George G. Blaisdell, Chef einer Ölförderungsfirma namens »Blaisdell Oil Co.« in Bradford (Pennsylvania), entwickelte das »Zippo« aus einem österreichischen Armeefeuerzeug und stellte anfangs nur eine Grundbedingung: Das Ding sollte brennen, ganz gleich, wie stark die Brise war.
Das tut's. Seit 1932 unverändert.

Film

Die Frage nach dem besten Film ist die Frage nach dem schönsten Sonnenuntergang. Will man zu einem gültigen Urteil kommen, kann man nur zitieren.
Für die amerikanischen Filmschauspieler (und Regisseure) Orson Welles und Tony Randall ist es Charlie Chaplins »Lichter der Großstadt«. Kollegin Liv Ullman aus Norwegen nennt »Rampenlicht« (ebenfalls ein Chaplin-Werk), Luis Buñuel setzt Josef von Sternbergs »Unterwelt« an die erste Stelle, während sein Kollege William Wyler »Das Kabinett des Dr. Caligari« von Robert Wiene für unüberbietbar hält. Jack Lemmon hält »Rashomon« (von Akira Kurosawa) für den besten Film, und der Schöpfer der »Peanuts«, Charles M. Schulz, liebt Orson Welles' »Citizen Kane« über alles. Und »Casablanca«, »Kinder des Olymp« und »Die große Illusion«? David Lean, Fritz Lang und Ernst Lubitsch?
Zweimal, 1948 und 1958, beantwortete eine Jury internationaler Filmexperten die Frage nach dem besten Film aller Zeiten mit demselben Ergebnis: Sergej Eisensteins »Panzerkreuzer Potemkin«.
Es gibt kaum Gründe, dieses Urteil in Zweifel zu ziehen, zumal dieser Film bei Orson Welles an sechster, bei Buñuel an vierter und bei Wyler an zweiter Position auftaucht.
Den Autoren erscheint es bemerkenswert, daß der jüngste der genannten Filme (»Rashomon«, 1951) älter ist als eine Generation ...

PS: Es ist kein Ende abzusehen – die »Alitalia« versuchte zwischen dem 14. und 29. März und dem 15. und 31. Mai 1988, über 150000 Fragebögen die Wünsche ihrer Passagiere kennenzulernen. 112260 kamen ausgefüllt zurück. Ergebnis: 191 Filme erhielten mehr als 100 Stimmen, und auf den ersten drei Plätzen lagen:
1. »Vom Winde verweht«;
2. »The Last Emperor«;

3. »Der Pate I«.
Eine Umfrage der »Alitalia« unter den bei der Biennale in Venedig vertretenen Filmkritikern ergab im gleichen Jahr folgende Plazierung:
1. »Citizen Kane«;
2. »Panzerkreuzer Potemkin«;
3. »Wilde Erdbeeren«.

Filmplakat

Das beste Filmplakat ist eines jener 1400 Poster, die der in Italien geborene und in Amerika lebende Maler Batiste Madalena zwischen 1924 und 1928 für den Kodak-Erfinder und Filmtheater-Besitzer George Eastman malte.
Das Kino stand in Rochester (US-Staat New York) und war bei »Paramount« unter Vertrag.
Eastman redete Madalena nie in seine Arbeit hinein – sofern dieser eine Bedingung erfüllte: Man mußte vom fahrenden Auto aus sehen können, welcher Film gerade im »Eastman Theater« lief ...
Welches der 1400 Plakate das beste der besten ist, kann nicht bestimmt werden. Aber Madalenas Biographin Judith Katten entschied sich für das Poster zu Cecil B. De Milles »Die Zehn Gebote« von 1928.

Filmszene

Wer hier »die beste ...« nennen soll, landet leicht im Spektakulären, Größenwahnsinnigen und vergißt zu leicht die stillen, feinen, wortlosen Szenen, in denen durch Schweigen oder ein Schattenspiel ein veritables Drama angedeutet wird.
Aber geht man nicht ins Kino, um ein Spektakel zu erleben, das heißt Szenen, die größer sind als das Leben (wie es so schön heißt)?
Das Wagenrennen aus »Ben Hur«, das Sprengen der »Brücke am Kwai«, der Auszug der Kinder Israels aus Ägypten in Cecil B. De Milles »Die Zehn Gebote«, die Feuersbrunst in Atlanta aus »Vom Winde verweht«, die Ankunft des Mutterschiffes in der »Begegnung der dritten Art«.
Unsere erste Wahl fällt auf einen Stuntman, und zwar den Indianer Enos Edward Canutt, genannt »Yakima«.
Er doubelte nicht nur Charlton Heston beim Wagenrennen, sondern lieferte die atemberaubendste, schwierigste (weil lebensgefährlichste) und deshalb beste Filmszene ab: der Sprung eines indianischen Angreifers von einem ungesattelten Pferd auf ein Zugpferd der Postkutsche in John Fords Film »Stagecoach« (zu deutsch »Höllenfahrt nach Santa Fé« oder »Ringo«) aus dem Jahre 1939.
Diese Filmszene wurde selbst in Fachkreisen als derart einmalig empfunden, daß sie in zwei weiteren Western noch einmal gezeigt wurde: in »I Killed Geronimo« (1950) und in »Laramie Mountains« (1952).

»Die Zehn Gebote«, Filmplakat von Batiste Madalena

1. PS: Grundlage dieses Western-Dramas war in Wirklichkeit Guy de Maupassants Erzählung »Boule de Suif« – *what a long way to Santa Fé.*
2. PS: Als Yakima Canutt sprang, war er immerhin bereits vierundvierzig Jahre alt.

FKK-Strand

»Villata« bei Porto Vecchio auf Korsika.
Dort ist »Esquire's« Haushumorist Christoph Treutwein sommers immer zu Hause, und warum »Villata« der beste aller FKK-Strände ist, begründet er so: »Weil's dort so normal zugeht. Und normal ist, was nicht dem Klischee entspricht. Es fehlt in ›Villata‹ an den üblichen FKK-Ritualen, und nach zwei Tagen wollen selbst die Verschämtesten nicht mehr weg.«
Treutwein passierte neulich folgendes (und das Erlebnis bürgt seiner Meinung nach für die Qualität): »Eines Tages setze ich mich in mein Auto, um auf der Post in Porto Vecchio einen Brief aufzugeben. Kein Problem – ich merkte allerdings erst am Schalter, daß ich vergessen hatte, daß ich nicht mehr im Nudistencamp war ...«

Flohmarkt

Der beste Flohmarkt der Welt ist (für Eingeweihte schon immer) der »Rastro« in Madrid.
Er heißt so nach der Plaza del Rastro, auf der er am Sonntagvormittag stattfindet, und den Platz erreicht man, von der Puerta del Sol ausgehend, durch die Calle de Carteras über die Plaza de Benavente, die Calle Conde de Romanones und die Calle Duque de Alba. Dann betritt man die Plaza de Cascorro, an deren Südende die Plaza del Rastro liegt.
Es ist noch ein echter Flohmarkt, kein institutionalisierter Antiquitätenmarkt wie der Pariser »Marché des Puces«, der Namensgeber seiner Gattung. Und: Der »Rastro« ist so interessant, daß man jeden Sonntag, an dem man den »Rastro« nicht besucht hat, als verpaßte Gelegenheit betrachten muß.

Fluggesellschaft

Die Umfragen zu diesem Stichwort ergaben eher Verwirrung als Konsens, und nicht einmal die drei Autoren sind sich einig. Die Frage nach der besten Fluggesellschaft besteht deshalb aus drei Teilen mit Begründung.
Axel Thorer: »Da ich mich im Flugzeug weder betrinken noch an frischen Blumen oder bildschönen Stewardessen schnuppern und nur möglichst tief schlafen möchte, halte ich die ›Swissair‹ für die beste Fluglinie. Sie fliegt solide und sicher, bietet den effizientesten Grundservice und den einzigen Bordservice meiner Erfahrung, der

weder durch Mangel an Zeit noch durch ausgefallene Wünsche zu bremsen ist. Und das zwischen Zürich und München (Flugzeit: 35 Minuten) ebenso wie weltweit.«
Reinhard Haas: »Die Hongkong-Airline ›Cathay Pacific‹. Weil sie für mich eine unüberbietbare Kombination aus Präzision, Leistung und Liebenswürdigkeit darstellt.«
Alexander Graf Schönburg: »Die Thailand Airways, allerdings nur in der 1. Klasse, sonst kann ich sie nicht besonders empfehlen. First Class jedoch gibt es nicht nur die hübschesten Stewardessen und besten Weine, auch die ungewöhnlichsten Sonderwünsche werden erfüllt.«

Es sei ein Epilog erlaubt, denn vielen Fliegern geht die Sicherheit über alles. Und was die betrifft, ist die »Air Zaire« unschlagbar: Sie kann nicht entführt werden oder Ziel eines Anschlags sein, weil sie keinen funktionierenden Flugplan besitzt, häufig keinen Sprit hat und oft nicht mal Flugzeuge …

Flughafen

Besieht man sich's genau, kann eigentlich niemand etwas einwenden gegen die deutschen Flughäfen Berlin-Tegel und Köln-Wahn. Es sind anständige Zweckbauten mit einem Minimum an Aufwand für die Passagiere – ganz zu schweigen von den Miniatur-Airports Nürnberg, Hannover und Bremen. Aber die internationale Klasse der besten erreichen sie dennoch nicht. Unsere beiden Favoriten liegen in Asien, und um den besten bzw. zweitbesten zu bestimmen, muß man sich entscheiden, was man von einem Flughafen eigentlich erwartet – ob es eine City im Westentaschenformat sein soll (mit Shops, Unterhaltung und Übernachtungsmöglichkeit) oder eben nur ein Airport zum Ab- und Anfliegen … und das möglichst angenehm.
Bei Argument 1 ist das Beste vom Besten der Flughafen »Changi« von Singapur, eine überdachte Trabantenstadt, in der das Licht nie ausgeht.
Bei Argument 2 ist der neue Flughafen von Djakarta, »Sukarno Hatta International«, nicht zu schlagen – ein botanischer Garten, in dem die Maschinen an allseits offenen japanischen Teehäusern landen.

Frauen

Vom genialen Schlagerkomponisten und -texter Ralph Maria Siegel ist folgender Spruch überliefert: »Man kann zwar nicht alle Frauen der Welt haben, aber man kann es ja mal versuchen.«
Genauso müssen wir an das Stichwort herangehen, um ihm gerecht zu werden.
Die besten Frauen …?
In den Tagebüchern von George

Orwell findet sich folgender Eintrag: »Wenn alle unsere Truppen aus Burma zurück sein werden, wird das Sprichwort in aller Mund kommen: ›So gedeihlich wie eine Burmesin‹ – und dann werden sich die hübschen englischen Damen den Kopf zerbrechen, was der Sinn dieses Satzes in aller Welt wohl bedeuten mag.«
Da haben wir die erste Kandidatin: die Burmesin.
Aber sie bekommt Konkurrenz aus Afrika. Ernest Hemingway schrieb am 3. Januar 1954 aus Magadi in Kenia an seinen Freund Harvey Breit von der »New York Times«: »Harvey, afrikanische Mädchen, Kamba und Massai sowieso, sind wirklich wunderbar, und all der Unsinn, daß sie dich nicht lieben können, ist purer Unsinn. Es ist im Gegenteil so, daß sie viel fröhlicher sind als unsere Mädchen zu Hause. Meine hier ist völlig ohne Schamgefühl.«
Man mag uns vorwerfen, daß unsere Betrachtungsweise des Stichwortes zwar durchaus literarisch, aber nicht besonders anspruchsvoll ist. Wir geben das zu – aber jede andere Betrachtungsweise erscheint uns zu pauschal, zu unfair den Frauen gegenüber, und wer liebt, ist eh blind.
Stellen wir also fest, daß zur Kandidatin Nr. 1 aus Burma die Kandidatinnen Nr. 2 und Nr. 3 vom Stamme der Kamba und Massai gestoßen sind.
Nun ist das Thema derart komplex und individuell, daß man einem einzelnen Urteil nie Glauben schenken wird. Für den »Afrikaner« unter den Autoren kommen die besten Frauen der Welt jedoch aus dem kleinen ugandischen Dorf Bukoba, das am Westufer des Victoriasees liegt. Sie besitzen den Liebreiz der Burmesinnen, die Rasse der Somalierinnen, die Autorität der Thailänderinnen, die Intelligenz der Französinnen und die Hemmungslosigkeit der Engländerinnen und vielleicht sogar die hexenhafte Raffinesse der Slowakinnen.
Alan Moorehead ist in seinem Buch »Der weiße Nil« unser Zeuge: »Bukoba ist ein grünes, fröhliches Plätzchen mit einer geradezu korinthischen Reputation für Lüsternheit; man weiß seit jeher, daß die Frauen hier ungewöhnlich zugänglich und temperamentvoll sind ...«
Man verzeihe uns die Einseitigkeit mit dem Hinweis, daß das Thema nur so greifbar ist.

Freizeitschuh

Der beste Freizeitschuh ist unzweifelhaft der, der sich außerhalb des formalen Geschäftsanzugs allen Lebenslagen anpaßt, immer bequem ist und dabei nie schlecht angezogen wirkt.
Zwei Herren, die jenseits aller Moden immer sehr gut gekleidet sind und auch in der Freizeit nicht die klassische Linie vermissen lassen, sind König Carl Gustav von

Timberland-Freizeitschuh

Schweden und der englische Prinz Philip, Herzog von Edinburgh. Beide antworteten unisono auf die Frage nach dem besten Freizeitschuh mit: »Der Timberland.«

Friedhof

Non, Monsieur, nicht »Père Lachaise« in Paris. Oder der alte jüdische Friedhof in Prag. Oder gar der Zentralfriedhof von Wien ... Alle drei sind Spitze, aber keiner ist der beste.
An zweiter Stelle kommt da selbst noch der »Kerepesi temetö«, der Budapester Prominentenfriedhof im achten Bezirk – eine befahrbare Totenstadt mit den skurrilsten Grabsteinen der Welt.
Der beste Friedhof jedoch liegt in Rom an der Porta San Paolo und birgt Leichenstätten in »ungeweihter Erde«. Er heißt offiziell »Cimitero acatolico de Roma«, doch weil die Bezeichnung »nichtkatholischer Friedhof« gerade in Rom etwas deplaziert klingt, haben die in der Form (und selten in der Substanz) nachgiebigen Katholiken den »Cimitero dei Inglesi« daraus gemacht.
Kaum ein Reiseführer nennt ihn –

und das mit gutem Grund: Der Nabel der katholischen Welt hat hier verstecken lassen, was als ungläubig galt oder ungetauft war. Und das war eine Menge von exzellenten Leuten: Mary Shelley, die Monster-Lady, John Keats, ihr Landsmann und Poeten-Kollege, Goethes kleiner Sohn und Gramsci, der Mitbegründer der KPI (um nur einige wenige zu nennen).

PS: Wer jetzt neugierig geworden ist und den besten Friedhof der dritten Wahl kennenlernen möchte – »The Protestant Church and Cemetery of the English East India Company« in Macau.

Friseur

Als Napoleon seine Schlacht von Trafalgar schlug (die es Admiral Nelson ersparte, jemals wieder zum Friseur gehen zu müssen), wurde in London ein Haarsalon gegründet, der sich »Truefitt & Hill« nannte.
Das war 1805, und seitdem ist er eine Institution, und wahrscheinlich das Beste, was es auf der Erde an Friseuren gibt. Bei »Truefitt & Hill« ließen/lassen der Feldmarschall Montgomery, Winston Churchill, Alfred Hitchcock, Rod Steiger, Arthur Rubinstein und Laurence Olivier »arbeiten«. Ist's bei Prinz Philip mal wieder soweit, wird im Buckingham-Palast bedient.
Adresse: 23 Old Bond Street.
Telefon: 0 04 41/4 93 29 61.

Füllfederhalter

Keine Frage: das »Meisterstück Nr. 149« von »Montblanc« mit der 14karätigen Goldfeder 4810.
Dieser auch als »Diplomat« bekannte Füller steckt voller Wunder: Die Feder nennt sich deshalb 4810, weil das die Gipfelhöhe des Montblanc ist. Werden die »Meisterstücke« in arabische Länder exportiert, fehlt das sechszackige Markenzeichen, das einen schneebedeckten Berg darstellen soll, weil es zu stark einem Davidstern ähnelt. Man steckt keine Patrone in das geräumige Innere (was theoretisch auch geht), sondern zieht mit dem hinteren Käppchen Tinte »live« ein.
Der Hersteller rät, wie so wunderbar im Buch »Quintessenz« vermerkt wird, »die Kappe eines Diplomat langsam abzuziehen, sie am anderen Ende aufzustecken, um dann in einer Geste klassischer Nachdenklichkeit zu verharren.«
Der Architekt Helmut Jahn, einer der Besten seiner Zunft, hat sich derlei Rat so zu Herzen genommen, daß er nicht nur über ein Dutzend mit brauner Tinte gefüllte »Meisterstücke« auf seinem Chicagoer Schreibtisch hortet, sondern auch ein Ausstellungsstück von über einem Meter Länge …
Nun müssen wir auch ein paar Worte über die Konkurrenz verlieren …
Mit einem »Parker 180« unterschrieb am 14. September 1981 Papst Johannes Paul II. seine dritte

Montblanc Meisterstück Nr. 149

Enzyklika, die der Arbeit des Menschen gewidmet war.
Den Schlußstrich unter das europäische Wiederaufbauprogramm zog am 15. Dezember 1949 der Hohe US-Kommissar John McCloy mit einem »Waterman 849«.
Für die Unterzeichnung des amerikanisch-japanischen Friedensvertrages vom 8. September 1951 benutzte US-Außenminister Dean Acheson das Sondermodell »White Dot« der Firma »Sheaffer«.
André François-Poncet, Frankreichs Hoher Kommissar, signierte den ersten Teil des Petersberger Abkommens am 21. September 1949 mit einem »Pelikan Souverän«.
Unschlagbar aber ist jedoch nach wie vor der »Montblanc Nr. 149«.
Der dicke, schwarze, torpedoförmige Füllfederhalter wird seit 1908 in gleicher Ausführung produziert.
Und: Ronald Reagan und Michail Gorbatschow bestellten für jedes ihrer Treffen (gleich, ob sie Verträge unterzeichneten oder nicht) immer gleich fünfhundert Stück, um sie anschließend als historische Souvenirs zu verteilen.

PS: Die absolute Spitze des »Montblanc« erreicht man jedoch mit der Ausführung »Solitaire« dieses Schreibgeräts in 18 Karat Gold.

Funkgerät

Unverwüstlich, einfach zu handhaben, in der Westentasche unterzubringen – und dennoch, bei

idealen Bedingungen, fast tausend Kilometer weit reichend: das »Stoner SSB 100A«.
Es ist das Funkgerät der Profis, und hätte Rambo je gelebt, er hätte es benutzt.

Fußballstadion

Ha, wer zweifelt am »Maracaná« in Rio? Die Profis. Spielen ja, zuschauen nein. Aber wer spielt schon so gut, daß er im »Maracaná« auftreten darf?
Das beste Fußballstadion ist ...
Wir haben Rainer Holzschuh gefragt, Expressechef des DFB und Chefredakteur des »kicker«. Und mit seiner Antwort haben nicht einmal die Profis gerechnet ...
»Ein kalter Novembertag 1978. Tiflis in Georgien, Hauptstadt einer der vielen Sowjetrepubliken mit dem Anspruch, alles anders machen zu wollen als die Russen, jene befreundeten, verwünschten Brüder.
Tag der Oktoberrevolution, und es schneit ein wenig. Erstaunlich für diese südliche Region, die dem Orient fast schon angeglichen scheint. Eine seltsame Ruhe liegt über der Stadt, die Feiern zu Ehren Lenins und seiner Genossen sind vorbei, fast vergessen. Moskau ist weit.
Ab sofort ist Fußball das Gesprächsthema: Hertha BSC Berlin ist morgen Gegner im UEFA-Cup. Wenn nicht die Mannschaft, so doch die 80000 Zuschauer im Stadion möchten dafür sorgen, daß der Lokalmatador Dynamo die 0:2-Hinspielniederlage wettmacht.
Hertha-Torhüter Norbert Nigbur und seine Kameraden vollziehen die obligatorische Stadionbesichtigung. Und kommen aus dem Staunen nicht heraus: außen trister Beton, in den Gängen vergilbte Bilder mit politischen und sportlichen Motiven an den Wänden. Dann öffnet sich plötzlich ein Spielerbereich, wie ihn der kapitalistische Westen nur im Einzelfall und zumindest nirgendwo im feudalen bundesrepublikanischen Teil Deutschlands zu präsentieren vermag: ein riesiges Wohnzimmer mit Plüschsesseln und dicken Teppichen, Platz für jeden wie im fußballerischen Schlaraffenland, wo doch gerade in Kabinentrakten bei uns eher Kasernenmentalität statt Bewegungsfreiheit in Architektur umgesetzt wird.
Die Berliner zeigen zum ersten Mal ihre Überraschung in Tiflis.
Einen Tag später: 80000 Zuschauer besetzen das Stadion bis auf den letzten Platz, heißblütige, siegesbewußte südländische Sowjetbürger. Ein Gebrodel, ein Gejohle, ein Inferno, phantastischer als im ›San Siro‹ zu Mailand, im ›Estadio Bernabeu‹ in Madrid. Optisch allerdings grau in grau – die Tristesse der sozialistischen Mode der Vor-Perestroika.
Wir Journalisten werden in einen unscheinbaren Betonbau am oberen Rand der Stadionstufen

geführt. Schlaffe Arbeitsbedingungen schon auf den ersten Blick. Noch schlaffer, als wir beim ersten Tifliser Angriff nur noch schwarzhaarige Hinterköpfe aufspringender Fans sehen und keine Fußballszenerie.
Eine gute Viertelstunde geht das so. Wir werden immer nur dann Augenzeugen, wenn die Herthaner in Ballbesitz sind. Bis wir schließlich einen Ober-Mufti unter den Ordnern auf unsere Notlage aufmerksam machen, mit Händen und allerlei Theatralik.
Dann passiert etwas, das ich wohl nicht noch einmal erleben werde: Der Ordner marschiert durch die betreffenden Zuschauerreihen, bis er zu einem für uns günstigen Platz gekommen ist. Dort hebt er energisch die Arme, schreit einige Worte und deutet auf uns.
Daraufhin zügelt sich die Stimmung, die Begeisterung liegt in Ketten. Wenn in der Folgezeit auch nur einem der Georgier vor uns der Fanatismus durchzugehen drohte und er Anstalten machte, bei hektischen Strafraumszenen aufzuspringen – bedeutete ihm ein kurzes, heftiges Zischen, sitzen zu bleiben.
Die fanatischen Fans müssen wahre Fußballqualen ausgestanden haben angesichts der sensationellen Paraden, mit denen Norbert Nigbur seine Mannschaft zum Weiterkommen verhalf, und dem Zwang, dies alles in untätigem Sitzen nachvollziehen zu müssen.

Tiflis besitzt ein Stadion und eine Atmosphäre, wie sie gegensätzlicher und damit phantastischer in keiner anderen Arena der Welt möglich scheint.«

Fußgängerzone

Wir haben Michael Schwelien von der »Zeit« gefragt. Seine Antwort: »So mußte es ja kommen – Fußgängerzone, Sowjetische Besatzungszone, Ostzone, Zone ..., das waren wenigstens noch Wörter, bei denen einem ein leichtes Gruseln über den Rücken lief: Leute verschwinden auf geheimnisvolle Weise, die bösen Russen, na, und Ulbricht. Erinnern Sie sich noch an die Meckerstimme? Meine Großtante Ami, Gott hab' sie selig, konnte ihn aufs trefflichste imitieren. Sie verbot übrigens auch, daß wir, wenn wir sie in Berlin besuchten, anders als mit dem Flugzeug reisten – und das bis weit in die sechziger Jahre.
Etwa in jener Zeit entstanden wohl jene Fußgängerzonen, von denen hier die Rede sein soll, vermutlich erdacht von Planern, die genausogut den Charme der Hauptstadt der DDR hätten entwerfen können.
Was sind Fußgängerzonen?
Ihre wichtigsten Merkmale:
›Anbindung‹ an die U-Bahn.
Pflegeleichte Betonkübel für Blumen. Allzu offensichtlicher Konsum.
Menschenleer nach 18.30 Uhr.
Keine Autos, außer denen der Lieferanten.

Kurz: Orte, an denen die Deutschen ebenso zwanghaft wie lustlos Geld ausgeben, das sie zwanghaft und lustlos verdient haben.
Gruselig? Nein, nur langweilig. Nein, nicht ganz.
Tun Sie mir eine große Liebe, und laufen Sie in Verona von der Piazza delle Erbe zur Piazza Bra. Das ist eine Fußgängerzone! Läden, aber keine Autos, welche Eleganz, welch ein Leben.
Und in einer Seitengasse liegt eine mittelalterliche ›Bodega dei Vini‹, in der Sie sich so lange mit friaulischem Weißwein abfüllen sollten, bis Sie nie wieder von Planungsmonstern namens Fußgängerzone reden ...«

G

Gartenzwerg

Der (mit einiger Sicherheit) beste Gartenzwerg ist eigentlich kein Garten-, sondern ein Zimmerzwerg.
Es gibt ihn nur ein einziges Mal, und sein Ursprung entstammt einer wohltätigen Idee ...
Im Jahre 1983 veranstaltete das Münchner Kaufhaus »Ludwig Beck« eine Versteigerung zugunsten eines Trinkbrunnens, der in einem Neubau der Montessori-Schule aufgestellt werden sollte.
Der gegebene Anlaß für diese Aktion war nämlich der 111. Geburtstag des Gartenzwergs.
Grund genug für eine clevere PR-Agentin beim klassischen Zwergenhersteller »Heissner« Rohlinge zu bestellen und diese an Künstler, Kabarettisten, Politiker und Wissenschaftler zu verteilen.
Deren Aufgabe: die Rohlinge nach eigenen Entwürfen möglichst heiter zu bemalen.
Zurück kamen dreißig ungewöhnliche Gartenzwerge, und der beste stammte, was niemanden verwunderte, von – Loriot.
Er hatte einen relativ dezent gekleideten Gartenzwerg produziert (in Grau und Schwarz), der mit verbundenen Augen ein Buch liest.
Bei der anschließenden Auktion erzielte der Loriot-Wichtel 18 000 Mark, die der Komponist Ralph Siegel für dieses originelle Unikat zahlte.
Der Zwerg steht seitdem im Wohnzimmer seiner Grünwalder Villa.

Gästebuchwidmung

Den besten Eintrag finden wir im Gästebuch eines Junggesellen, leider allerdings mit unleserlicher Unterschrift. Der Dame ist jedoch was eingefallen:
»Für der Welt größten Degen von seiner dankbaren Scheide.«

Gebäck

Erzählen Sie mal einem, der von der Algarve zurückgekehrt ist, daß es anderswo besseres Gebäck gibt. Er wird Sie ungläubig anstarren. Dennoch ...
Das beste der besten Gebäcke gibt es genau gegenüber – in Marokko, genauer: in Marrakesch. Um exakt zu sein: in der kleinen Station des Bahnhofes.
Dort gibt es unter anderem mit Marmelade gefüllte Kringel, und wenn einer behaupten kann, irgendwo anders etwas Besseres gegessen zu haben, dann bitten wir um Nach(r/s)icht.
Merke: Auch Auge und Ohren essen mit.

Gedächtnis

Zu diesem Stichwort fällt uns nur ein Aperçu ein:
1. Das beste Gedächtnis besitzen selbstverständlich die Elefanten. Bis ...
2. der britische Schriftsteller Noël Coward kam.

Er behauptete zeit seines Lebens: »I have a memory like an elephant. In fact, elephants often consult me.« Dem ist nichts hinzuzufügen. Oder haben wir etwas vergessen?

Geheimdienst

Fast alle Staaten der Welt haben Geheimnisse: politische, militärische und wirtschaftliche. Die Frage nach dem besten Geheimdienst der Welt ist damit einfach zu beantworten: Es ist der Dienst, dem es gelingt, alle fremden geheimen Nachrichten zu liefern. Mit geheimen Methoden und geheimen Mitarbeitern – Spionen.
Gibt es so einen Geheimdienst?
Wir haben Dr. Richard Meier gefragt, Ex-Präsident des Bundesamtes für Verfassungsschutz, davor Leiter der Abteilung »Beschaffung« beim Bundesnachrichtendienst.
Seine Antwort:
»Beispiele: Ein aufklärenswertes politisches Geheimnis der UdSSR ist die wahre Lage im sowjetischen Politbüro und bei den Sekretären des Zentralkomitees der KPdSU, insgesamt also dreißig Personen.
Sind die Machtverhältnisse des Generalsekretärs Michail Gorbatschow gesichert genug, um nicht nur Glasnost (Transparenz), sondern auch Perestroika (Umgestaltung) durchzusetzen?
Ein anderes aufklärenswertes militärisches Geheimnis ist die langfristige Planung der USA hinsichtlich der atomaren Waffen zu Lande, zu Wasser und in der Luft (SDI).
Wirtschaftlich sind von Interesse die langfristigen Entwicklungen in den bedeutenderen Ländern der Dritten Welt (zum Beispiel Indien, Brasilien, Ägypten). Drohen wirtschaftliche Zusammenbrüche mit etwaigen revolutionären Konsequenzen?
Also viele wichtige Aufgaben der Geheimdienste.
Wer löst sie am besten?
Mit Sicherheit die beiden größten Geheimdienste der Welt, der amerikanische CIA und der sowjetische KGB. Der CIA unter anderem mit hervorragenden technischen Mitteln, der KGB aufgrund seiner totalitären Möglichkeiten.
Daneben aber auch andere Dienste: die Israelis wegen ihrer Situation auf Leben und Tod, die DDR-Nachrichtendienste wegen der Gleichsprachigkeit mit drei anderen europäischen Staaten und nicht zuletzt der (west)deutsche Bundesnachrichtendienst wegen langer weltweiter Erfahrungen und einer für demokratische Länder beachtlichen Personalstärke.«

Geländewagen

»Geländewagen, und dann auch noch der beste – da gerät man als motorisierter Zeitgenosse ins Schwärmen. Von wegen abseits der Autobahn, querfeldein, fischen, jagen, fest im Sattel, da kommt man schnell ins Grübeln.

Der Range Rover

Man will einen, mit dem man überall hinkommt. Einen, mit dem man durchkommt. Da bekommt man den Alptraum, daß doch mal so ein friedliches AKW Katastrophe meldet, GAU, und man setzt sich in sein Querfeldein-Vehikel und schafft die Flucht, vorbei an den Katastropheneinsatzplanern und deren vollgestopften Straßen.
Da gibt es nur einen ›besten‹ Geländewagen: den ›Pinzgauer‹. ›Steyr Daimler Puch‹ baut den Dreiachser im österreichischen Graz, und der ›Pinzgauer‹ kommt auch dort noch durch, wo Superpanzer den Rückwärtsgang einlegen müssen.
Nur – das ist ein eisenharter Bock. Keine Spur von Feder-/Dämpferabstimmung. Genau richtig, um verweichlichten Rekruten im Gelände die Hölle heiß zu machen.
Aber das ist ein ganz anderes Thema.
Als durchaus normaler Zeitgenosse habe ich noch einen Favoriten, der fast alles packt, was der ›Pinzgauer‹ schafft. Fast, aber statt des Nullkomforts bietet er das Gegenteil, dazu einen kraftvollen, seidenweich laufenden Achtzylinder, der nur leider säuft. Aber ein Ankommer auch in schwierigstem Gelände: der ›Range Rover‹.
Man kann ja den zweiachsigen

Rennpferd-Hänger in der Garage lassen, wenn am Samstagabend Wagner gegeben wird …
Bevor jetzt jemand ins Zögern gerät: Der ›Pinzgauer‹ hat zweiundneunzig PS, einen luftgekühlten Motor, der genauso grantig arbeitet wie das Sechsradfahrwerk. Der Leo soll *offroad* charmanter sein.
Und der Rover? Leistung genug, Komfort satt, paßt auf die Piste und den Boulevard.
Nun ja: Kenner wissen, daß der Range der Rolls für Offroader ist.
Und wer Rolls mag …«
Rolf Berckhemer, Chefredakteur des Fernfahrer-Magazins »Trucker«.

Geldschein

Für alle Fälle – Flucht-, Inflations- und sonstige Krisengeschädigte kennen ja das Syndrom.
Da reicht der braune Tausender aus Deutschland nicht, ebensowenig wie der violette aus der Schweiz oder die fünfzigpfündige Queen (höher haben sie's nicht jenseits des Kanals).
Wenn Sie wirklich den besten aller Geldscheine ins Nähkästchen legen möchten, dann kaufen Sie Dollar. 10 000 Dollar. In einem Schein. Seit Juli 1944 sind keine dieser Riesen mehr gedruckt worden. Sie gelten – weil nur noch etwa vierhundert in Umlauf sind – als Sammlerstücke und müssen, obwohl selbstverständlich noch gültige Währung, mit etwa 14 000 Dollar bezahlt werden.
Aber dann hat man eben mal mindestens 25 000 bis 30 000 Mark in der Tasche, und diese Summe nimmt nicht mehr Platz weg als ein schlichter Zehnmarkschein.
Übrigens: Der exzentrische Verleger Malcolm Forbes hat seinen 10 000er an der Wand seines Büros hängen: unter Glas. Denn merke: Ab einer gewissen Summe werden Geldscheine zum Kunstwerk …
Tja, und dann gibt es in Las Vegas auch noch den Casinobesitzer Benny Binion. Der besitzt exakt hundert der 10 000er und hat damit eine Wand seines Etablissements tapeziert, damit sich seine Gäste davor fotografieren lassen können.
Macht 1 000 000 Dollar, versteht sich …

General

Ist nun der beste General der, der nie eine Schlacht geschlagen und deshalb keinen einzigen Soldaten verloren hat? Oder ist es einer, der eine Schlacht nach der anderen gewonnen, fremde Länder erobert und Blut strömeweise, aber erfolgreich vergossen hat?
Um diesem Dilemma zu entgehen, haben David Wallechinsky, Irving Wallace und Amy Wallace für ihr »Book of Lists« den amerikanischen General Omar Bradley nach seiner Meinung gefragt.
Der Soldat, der die US-Truppen in Nordafrika und bei der Invasion Siziliens führte (und symbolisch Paris erobern durfte), gab folgende

Antwort: Alexander der Große vor Hannibal, Napoleon, Feldmarschall Rommel und dem Südstaatengeneral Robert E. Lee.

Gentleman

An der Definition, was nun eigentlich der beste Gentleman sei, wird seit mindestens drei Jahrhunderten herumformuliert. Dabei hat der englische Philosoph Sir Thomas Browne (1605-1682) längst die einzig wahre Definition geliefert – sie kennt nur keiner.
Sir Thomas: »Ein Gentleman ist ein Mann, der anderen die geringste Mühe macht.«

Gepäck

Grundsätzlich sei einmal festgestellt, daß kein neues Gepäck so schön sein kann wie altes. Diese von Hand gegerbten, vom Reisen glänzend gewordenen hohlen Folianten, deren Patina erahnen läßt, daß sie immer genau da schon waren, wo man gerade hinmöchte ...
Aber damals war, um einen Begriff aus der Hochsprung-Sprache zu entlehnen, die internationale Gewichtslatte noch nicht auf zwanzig bzw. dreißig Kilo gelegt worden. Und die Folianten allein wiegen bis zu fünf Kilo – ein Viertel des erlaubten Inhalts. Das muß man bedenken, und genau deshalb sprach die Jury die alten Koffer der Unverwendbarkeit schuldig. Denn in jenen gemütlichen Zeiten, so vor etwa sechzig Jahren, reiste man mit dem Schiff, und dabei spielte Gewicht keine Rolle.
Die Engländer brachten dennoch einen Spruch auf, der voll Snobismus steckt: »The strong travel light« – die Starken reisen mit wenig Gepäck. Eine exzellente Weisheit voll philosophischer Aspekte.
Erinnern Sie sich noch an die geblümte Reisetasche, mit der Phileas Fogg achtzig Tage um die Welt reiste?
Amtliche Beschreibung eines solchen Gepäckstückes in den Unterlagen des »Deutschen Ledermuseums« in Offenbach: »Hauptreisegepäck sind im 19. Jahrhundert die großen, weichen Reisetaschen mit Bügel. Die Seitenteile aus Leder, Vorder- und Rückseite Straminstickerei mit Wolle, Glasperlen und Mischtechnik. Sie sind seit den Anfängen der Eisenbahn gebräuchlich und halten sich auf dem Lande bis zur Jahrhundertwende.«
Oft mit eingestickten guten Wünschen (»Bon Voyage«), manchmal mit Namenszügen oder Initialen, selten mit einem sogenannten »Unterkasten«. Übliches Format: 41 Zentimeter breit und 53 Zentimeter hoch.
Oh, und dann gab es die Schrankkoffer, wie sie zum Beispiel Charlie Chaplin, randvoll gefüllt mit Schnapsflaschen, in ein Sanatorium einschmuggelt (in dem Film

»Collection Quattro«
von Traveller MP Design

»Die Kur« vom 16. April 1917).
Das waren truhenartige Gepäckstücke, die ein Vermögen kost(et)en und bereits leer einen ganzen Mann erforder(te)n. Louis Vuitton stellt diese tragbaren Schränke noch her, Relikte per se.
Und dann reiste man in Leder, das über einen Rahmen aus Eisen gespannt worden war wie Leinwand über Zeltstangen. Die Schlösser verdeckten – praktisch und hübsch – zwei Klappen, ähnlich dem Hosentürl einer bayerischen Kniebundhose, und innerhalb weniger Jahre hielt nicht mehr die Haut den Koffer zusammen, sondern eine verpappte Lage aus Hotel- und Schiffahrtsschildchen, für die es im Paris der zwanziger Jahre eine Börse mit Versand gab, damit auch der Neureisende nicht »nackt« in eine Lobby mußte.
Klar: Wer stilvoll reisen möchte, tut

dies mit ererbtem oder antiquarisch erworbenem Gepäck und nimmt Verschleiß, Gewicht und Empfindlichkeit in Kauf.
Das Äquivalent in neu?
Es gibt Leute, denen geht die gepanzerte und dennoch unauffällige Eleganz der an allen Ecken abgerundeten Haliburton-Koffer über alles. Ein teures Vergnügen, das in die Tausende geht, jedoch ewig hält, nur eben den Transportkisten der letzten Reserven von Fort Knox ähnelt.
Ganz anderer Meinung ist (deshalb) der Head Concierge des Londoner »Savoy«, Francis Spiteri. Ihm geht es um »best looking« (also zu seinem Arbeitsplatz passend) und »eine gewisse Klasse signalisierend« – weshalb Spiteri immer »ziemlich happy« ist, wenn Gäste im Louis-Vuitton-Look einchecken.
Wenn das mit dem V verschränkte L nicht so oft kopiert und sogar imitiert (mit einem großen B) würde! Wenn nicht bei einem Vuitton-Träger heute schon schweigend die Frage im Raum stehen würde: »Echt oder unecht?«, dann gäbe es keinen Zweifel, welches Gepäck das beste ist.
Die Autoren sind nach langen Überlegungen zu dem Schluß gekommen, daß die Koffer, Kleidersäcke und Taschen, die der Münchner Designer Michael Pfeiffer für die »Collection Quattro« von Audi entworfen hat, das Beste ist, was es zur Zeit gibt – wenn man es sich leisten kann, diese Gepäckstücke der Sorglosigkeit von Hotelbediensteten und der Wurstigkeit von Airport-Angestellten auszusetzen.
Die »Collection Quattro« ist durchnumeriert (wie zum Beispiel auch die besseren MCM-Teile) und wird mit einer Garantie verkauft.

Geschenk

Das luxuriöseste, außergewöhnlichste und nutzloseste Geschenk unserer Tage – schwimmt immer noch! Und die Geschichte geht so: Ein gewisser E. F. Hutton war ein Segelnarr, seine junge Frau teilte seine Begeisterung jedoch nicht. Also baute er ihr die größte private Jacht in der Geschichte der Seefahrt.
Ein schwimmender Palast mit zweiundsiebzig Mann Besatzung, Marmorbädern mit Goldarmaturen und Betten unter Baldachinen. Die Gäste speisten von Sèvres-Porzellan, und ein Kritiker vermerkte spöttisch: »Sogar die Rettungsboote haben eigene Rettungsboote.«
Die Jacht hieß »Hussar«, erfüllte aber ihren Zweck nicht. Die Ehe ging in die Brüche, und die Ehefrau, die Segeln nicht leiden konnte, behielt das Boot … und nannte es »Sea Cloud«. Und unter diesem Namen kreuzt es immer noch über die Meere, und jeder, der gut bei Kasse ist, kann es chartern.
War/ist das das beste aller Geschenke?

Nein. Das beste Geschenk machten zwei Geologen ihrem ehemaligen Doktorvater, Prof. Reinhard Schönenberg aus Tübingen. Die beiden hatten einen 2500 Meter hohen Gipfel der Antarktis erforscht und nannten ihn zu Schönenbergs 70. Geburtstag »Mount Schönenberg«.

Getränk

Das beste aller Getränke, weltweit, ist der Tee in allen Varianten.
Tee trinkt man, wenn der Magen voll und der Kopf leer ist, heißt es. »Wenn wir keinen Tee trinken, bekommen wir fürchterliche Kopfschmerzen«, erklärten streikende Arbeiter in Chile. Nur die Zubereitung von Tee erfordert eine eigene Zeremonie und wurde in Japan sogar zur eigenen Kunstform mit gehobenem Unterhaltungswert und speziellen Benimmregeln.
Man kann Tee kalt zu sich nehmen oder glühend heiß; trinkt man ihn kurz nach dem Aufbrühen, wird man wach, läßt man ihn eine Weile stehen, macht er schläfrig.
In den Tropen dient er als Medizin; man trinkt ihn besonders in heißen Nächten, weil er verhindert, daß die Halsadern anschwellen.
Es gibt an die fünfhundert Sorten im Handel, und das ist gut so.
Denn Tee trinkt man nicht nur nach Sorten und Herkunftsländern, sondern vor allem nach Tageszeiten und Gelegenheiten. Hier ein kleiner Fahrplan der besten Tees für passende Stunden:
Für den täglichen Early-Morning-Tea empfehlen wir einen chinesischen Schwarztee vom Hochplateau der Provinz Yünnan – »Golden Flowery with Golden Tips«, ein mildes kleines Wunder, oder »Kwai-Flower Tea«, ein chinesischer Oolong-Tee mit Lorbeerblüten, der sehr anregend ist und von interessantem, blumigem Geschmack.
Für den Nachmittag und Abend, sozusagen als Belohnung für einen anstrengenden Tag, paßt kaum etwas besser als ein »Formosa Finest Oolong Tea Special«, ein allerfeinster blumiger Spitzen-Oolong, eine exquisite Sorte mit weißen Blattspitzen.
Edith Piaf soll, nachdem sie Oolong-Tees kennengelernt hatte, ein Kilo pro Monat verbraucht haben.
Der beste jedoch, der Höchstgenuß für Stunden, die vielleicht nie wiederkehren, ist der erste »Darjeeling First Flush« des Frühjahrs, mit »Golden Tips – T. G. F. O. P., Tippy Golden Flowery Orange Pekoe« der Spezialität »Bloomfield« – gepflückt nach dem ersten Frühjahrs-Monsunregen, und wenn der Beste noch besonders sein soll, dann sollte er aus gewissen Gärten stammen, zum Beispiel dem Orange Valley.
Es ist ein Tee mit einer hellen Farbe, fein-zartem Aroma und göttlichem Duft.
Wie erwähnt, trinkt man am besten Tee, wenn der Magen voll und

der Kopf leer ist. Beim Besten der Besten ist es umgekehrt. Ihn benötigt man, wenn der Magen leer und der Kopf voll ist ...

Gewehr

Im südlichen Sudan, näher noch, im undurchdringlichen Sudd-Gestrüpp des Nil, trafen sich einst zwei Großwildjäger. Der eine ein Hamburger Verlegersproß, der andere Besitzer einer deutsch-schweizerischen Kaufhauskette. Der eine war mit einem Satz absolut identischer Gewehre aus der DDR-Waffenschmiede in Suhl ausgerüstet, der andere besaß zwei ebenso haargenau gleiche Flinten der britischen Firma »James Purdey and Sons«.
Keine Frage in Fachkreisen, Niedermooren und Hochsitzen: »Suhl« oder »Purdey«. Die letztendliche Entscheidung ist dann pure Sache des Vorurteils.
Jedenfalls tauschte der »Purdey«-Jäger seine Waffen gegen die »Suhl«-Gewehre, und beide Nimrods glaubten, ein Schnäppchen gemacht zu haben.
Wir bleiben – eher traditionell eingestellt, wie wir nun mal sind – in Großbritannien, also bei »Purdey«, 57-58 South Audley Street, London W1Y 6ED.
Deren feurige Pärchen werden nicht etwa »hergestellt« (made), sondern handgefertigt (»hand-built«), und zwar aus Walnußholz und als eineiige Zwillinge nach Maß, damit der Schütze, wenn er die Waffe wechseln will oder muß, gar nicht merkt, welche von beiden er abfeuert.
Für derlei Individualität zahlt man einen hohen Preis: mindestens zwei Jahre Wartezeit und etwa 80000 Mark (Stand: Frühjahr 1989).
Unverzichtbar für Kenner: Die »Messers Purdey« gravieren die Waffen natürlich nach Wunsch.
Der Connaisseur jedoch verzichtet auf diese Demonstration peinlichen Besitzerstolzes und schießt unter dem Purdeyschen Markenzeichen, der »Fine Rose and Scroll«.
Eine Anekdote erlaubt?
Mit »Purdey«-Schrotflinten gehen/gingen Bing Crosby, Charles Darwin, Prinz Albert, Zar Nikolaus I., Leonid Breschnew, Nikita Chruschtschow, der Herzog von Windsor, Queen Elizabeth und General Franco zur Jagd.
Da passierte es 1962, daß sich der spanische Diktator mit einer »Purdey« des Jahrgangs 1923 ein Stück des Daumens abschoß. Ein Attentat? Undenkbar. Ein Konstruktionsfehler? Kaum möglich. »Purdey« schickte sofort einen Gutachter nach Spanien, und der fand heraus, daß sein Nachlader eine Patrone zuviel in die Läufe geschoben hatte.
Die Ehre der »Gunmaker« aus England war wiederhergestellt, und zwar derart, daß Franco sich sofort entschloß, sein neununddreißig Jahre altes »Purdey«-Pärchen durch ein neues zu ersetzen.

Gin

Nun gut – Gin ...
Aber dieser klare Alkohol ist wie kein anderer historisch überladen, mystifiziert und sozial verbrämt. Das ist das eigentlich Überraschende an Gin, und deshalb bekam er ein eigenes Stichwort.
Zitat aus dem wunderschönen Buch »Wassermusik« von T.Coraghessan Boyle: »Als Gin gegen Ende des 17. Jahrhunderts erstmals in England bekannt wurde (manche behaupten, William III. hätte ihn aus Holland mitgebracht, andere sagen, der Teufel selbst hätte ihn aus Knochen und Mark destilliert), wurde er über Nacht zum Schlager bei den unteren Schichten. Billig wie Pisse, stark wie ein Schlag auf den Schädel: alle waren verrückt danach. Wozu den ganzen Abend lang Bier in sich reinkippen, wenn man schon in einer halben Stunde voll im Öl sein konnte – für einen Penny?
Als Sir Joseph Jekyll, Vorsteher des Londoner Staatsarchivs, ein Gesetz zur Eindämmung des verderblichen Einflusses des Gins durch Konzessionierung und Besteuerung einbrachte, rotteten die Menschen sich zusammen, um sein Haus mit Steinen zu bewerfen und die Räder seiner Kutsche zu lösen. Es war unaufhaltsam. Gin war ein Mittel zur Linderung harter Zeiten, er war Schlaf und Poesie, er war das Leben selbst. Aqua vitae ...«
Und ist es noch heute.
Aber das beste Wasser des Lebens?
Wir haben Bill Deck, Inhaber von »Harry's New York Bar« in München, gefragt. Seine Antwort: »Bei allem Respekt vor den Holländern, den Erfindern des Gins – es waren die Briten, die dieses Getränk in seine heutige, trinkenswerte Form brachten. Diesen Satz habe ich immer und immer wieder gehört, und zwar aus dem Munde meines Vaters, der ein großer Gin-Fan war. Er war es auch, der stets die medizinischen Qualitäten dieser Alkoholsorte pries und im gleichen Atemzug die vielen unterschiedlichen Qualitäten seiner Sorten. Vielleicht sind seine Argumente der Grund, daß ich mich vom passenden Alter an genauer mit der Materie beschäftigte.
Nicht, daß ich etwa versucht hätte, meinem Vater einen Irrtum nachzuweisen – nein, es war der Patriot in mir, der herauszufinden versuchte, ob es doch noch einen amerikanischen Gin gab, der besser war als alle anderen.
Jetzt, viele Jahre und unzählige Martini-Cocktails später, weiß ich es endlich: Mein alter Herr hatte recht. Die Engländer haben den Gin nicht nur trinkbar gemacht, sie haben auch die beste Marke – ›Tanqueray English Dry Gin‹.«

Kleiner Nachtrag für Kenner:
Sagt man Gin, kommt einem automatisch das Wort »Tonic« auf die Zunge. Leider. Wenn man schon glaubt, Gin verdünnen zu

müssen, dann nur mit purstem, reinstem Wasser. Aber da wir niemandem vorschreiben wollen, was er zu tun hat, kann jeder weiterhin in seinen Gin schütten, was seinem Gaumen behagt.

Gitarre

Wenn sich eine Gitarrengröße wie Al DiMeola und auch bekannte Stars wie Glen Campbell und John Denver, die man sich ohne dieses Instrument kaum vorstellen kann, ausnahmsweise mal einig sind, dann muß schon was dran sein an einem der besten Akustik-Instrumente der Welt.
Die handgefertigte »Adamas« der alten amerikanischen Yankee-Firma »Ovation« in Bloomfield hat den ausgewogensten Klang für die Profimusiker.
Sie stört es auch nicht, daß diese Gitarre kein rundes Schalloch hat wie normale Instrumente, sondern halbmondförmige Öffnungen – denn die sind ein wesentlicher Teil des Klangwunders.
Unverwechselbar ist die »Adamas« auch wegen ihres lackierten Bauches. Der Käufer kann zwischen sechs Farben wählen.

Glücksspiel

Der witzigste Spruch zum Thema stammt, wieder mal, von dem amerikanischen Filmkomiker W.C.Fields.
Er zieht einen »Sucker« in eine wilde Zockerei hinein, worauf dieser fragt: »Ist das etwa ein Glücksspiel?«
Antwort von Fields: »Nicht so, wie ich es spiele ...«
Um so diffiziler ist das Stichwort für einen Laien zu beantworten, und wir haben deshalb unseren Glücksspielexperten Urs Z. gefragt. Seine Antwort: »Das Beste ist für mich das Fairste, und das ist – zumindest unter den Casinospielen – sicher ›Black Jack‹. Aus einem simplen Grund: Es ist ein steuerbares Glücksspiel, bei dem Berufsspieler keine Chance haben, denn die Bank wirft sie einfach raus. Man hat in England vor kurzem ›Black Jack‹ per Computer berechnen lassen, und das Resultat ergab kalkulierbare Chancen für alle Mitspieler. Unter den ›privaten‹ Glücksspielen halte ich immer noch das gute alte Pokern für das beste, möchte aber auch gleich sagen, was das absolute Spiel für Trottel ist – Roulette. Da gewinnt nur die Bank.«
Rien ne va plus.

Golfloch

Wir haben uns umgehört, und je mehr Experten wir konsultierten, desto offensichtlicher wurde ihre Un-Stimmigkeit. Schließlich setzten sich drei Löcher von den anderen ab:
1. Das 17. Loch des »Cypress Point Club«, Pebble Beach (Kalifornien).

2. Das 17. Loch auf dem Old Course von St. Andrews in Schottland.
Wobei das amerikanische Loch wegen seiner landschaftlichen Schönheit besticht, das europäische wegen seines abgefeimten Schwierigkeitsgrades.
3. Das 12. Loch des Masters-Platzes in Augusta (Georgia). Es ist zum Beispiel das Lieblingsloch des Weltklasse-Veteranen Arnold Palmer – der das 17. von Cypress Point erst an 7. Stelle nennt.

Golfplatz

Für Günter Marks, den Chefredakteur von »Golf« (Hamburg), ist die Antwort keine Frage: »Der Trent-Jones-Platz von Pevero auf Sardinien.«
Die Autoren und einige andere Golfer melden Zweifel an, denn bei ihnen liegt der exklusive Platz von Augusta im US-Bundesstaat Georgia vorne, auf dem alljährlich das »Masters« stattfindet – kurioserweise eine Anlage ohne Roughs und den größten Grüns der Welt.
In »Courvoisier's Book of the Best« von Sue Carpenter und Lord Lichfield fällt die Bestenliste folgendermaßen aus: 1. »The Royal and Ancient St. Andrews«, Schottland. 2. »Cypress Point Club«, Kalifornien (Pebble Beach). 3. »Quinta do Lago«, Algarve.
Die Aufzählung erscheint uns unsinnig, und wir erwähnen sie nur aus Gründen der Fairneß.

Golfschläger

Wir kennen einen Golfer, der kauft sich jedesmal, wenn er schlecht gespielt hat, einen neuen Satz Schläger. Immer den gerade besten, und das scheint fatalerweise immer der teuerste zu sein. Der Mann spielt mit seinen neuen Schlägern keinen Deut besser als mit seinen alten Krücken.
Weil es *den* besten Satz Golfschläger nicht gibt. Oder doch? Nach Auskunft des Langer-Lehrmeisters und Ex-Nationaltrainers Heinz Fehring sind die besten Golfschläger – mindestens eine Generation alt.
Fehring: »Unübertroffen bei Eisen sind die ›Topflight‹ von Spalding aus den Jahren 1949 bis 1952. Bei Hölzern die ›M 85‹ von McGregor, Jahrgang 1952.
Beide werden, mit wechselndem Erfolg, kopiert; Spalding selbst hat bereits drei Nachbildungen der Eisen vorgestellt, die McGregor-Hölzer gibt es von Jack Nicklaus (der McGregor gekauft hat), Cleveland und Mizuno – zumindest in der Art von damals.
Kenner versuchen allerdings, einen der alten Sätze gut gebraucht oder antiquarisch neu zu kaufen.«

Grabspruch

Vor einiger Zeit begegneten die Autoren einer von Missionaren zum »rechten« Glauben bekehrten

Familie in Papua-Neuguinea, die ihre Angehörigen in einem anständigen christlichen Grab bestatteten. Aber da sie auch weiterhin in den Genuß der Kraft der Verstorbenen gelangen wollte, baute sie auf dem Grabhügel Gemüse an …
Was zeigt, daß der englische Exzentriker John »Mad Jock« Fuller recht hatte, als er sich in einem gewaltigen Mausoleum in Pyramidenform bestatten ließ. Weil, wie er behauptete, »mich sonst die Würmer fressen, die Enten die Würmer, meine Verwandtschaft die Enten und damit mich«.
Derlei Frevel versuchen viele durch passende Grabsprüche zu vermeiden, und die besten stammen aus Bayern und lauten so:
6. Platz: »Es ruhet die ehr- und tugendsame Jungfrau Genovefa Voggenhuberin, betrauert von ihrem einzigen Sohn.«
5. Platz: »… gestorben ist sie im 17. Jahr, just als sie zu gebrauchen war.«
4. Platz: »Hier in diesen Gruben liegen zwei Müllerbuben, geboren am Chiemsee, gestorben an Bauchweh.«
3. Platz: »Hier ruht in Gott Adam Lentsch, 26 Jahr lebte er als Mensch und 37 Jahr als Ehemann.«
2 Platz: »Hier liegt Johannes Weindl, er lebte wie ein Schweindl, gesoffen hat er wie eine Kuh, der Herr geb' ihm die ewige Ruh.«
1. Platz: »Hier ruht der liebe Arzt Herr Grimm, und alle, die er heilte, neben ihm.«

Graffiti

Rechnet man »Klo-Sprüche« zu Graffiti, dann gefällt uns natürlich, was in einer Toilette des Hamburger Hauptbahnhofes steht: »Tu das Dings mehr nach links, sprach die Sphinx zu Herrn Frings, und dann ging's.« Oder gar die Weisheit, die wir in einer Münchner Bedürfnisanstalt fanden: »Ist der Arsch auch alt und faltig, es lebe unser Rudi Altig.«
Wir hatten die Absicht, das Stichwort jedoch noch etwas philosophischer zu betrachten, und stießen bei der Recherche auf einen Graffito, der im Mai 1968, während der Pariser Studentenunruhen, an einer Wand der Universität von Nanterre auftauchte.
Er lautet: »Der Graffito von heute ist die Schlagzeile von morgen.« Hintergründiger, endgültiger und kürzer kann man es nicht ausdrücken.

Gürtelschnalle

Die teuerste Gürtelschnalle, die uns je begegnet ist, war aus Email und kostete 350 US-Dollar. Sie gehörte mal dem britischen Aufseher einer Leprakolonie in Südostasien und ist bei einem Händler in San Francisco gelandet.
Die skurrilste war nach dem Begräbnis von Abraham Lincoln aus jenen Kanonen gegossen worden, die damals den Ehrensalut schossen, und man hatte sie, mit Geneh-

migung der Witwe (so steht's auf der Gürtelschnalle hintendrauf), den damaligen Kongreßabgeordneten als Souvenir überreicht.
Als beste Gürtelschnalle bezeichnen wir zwei, eine ältere und eine neuere:
Superlativ. Eine Gürtelschnalle von »Coca-Cola«, die für die »Trans-Pan Exposition« 1915 in San Francisco herausgebracht wurde. Sie zeigt auf der Vorderseite eine Nonne, deren Gesicht durch ein kleines Loch blickt. Zieht man jetzt oben an einem Metallsteg, entpuppt sich die Schnalle als doppelbödig, und aus der Nonne wird ein nacktes Pin-up-Girl.
Komperativ. Zum etwas verunglückten Karrierestart von Elvis Presley bei der »Sun Record Company« in Memphis wurde eine »Private Edition« in Form der ersten Single (»Good Rockin' Tonight«) aufgelegt.
Ein kleiner Tip zum Schluß:
Der große Tiffany war ein Meister der kunstvollen Gürtelschnalle. Man achte bei allen anderen Schnallen auf sein Prägezeichen.

Gutschein aus der Feder des Malers George Grosz

Gutschein

Der beste Gutschein, der je ausgestellt wurde, stammt – und das ist wörtlich zu nehmen – aus der Feder des großen Malers George Grosz. Er wollte dem amerikanischen Kunstsammler Bernard Reis zu Weihnachten 1942 eine Freude bereiten und malte einen täuschend echten Bon, auf dem zu lesen steht:

»Der Besitzer des Gutscheins ist berechtigt, sich jederzeit ein Wasserfarben-Bild oder eine andere Zeichnung auszusuchen.« Nicht einmal die Tochter von Bernard Reis weiß, ob der Gutschein je eingelöst wurde. Aber da er noch im Besitz der Familie ist, nimmt sie an, George Grosz habe ihren Vater ein Bild aussuchen lassen, ohne den Gutschein zurückzuverlangen …

H

Handgepäck

Das beste Handgepäck, nach unserer mitunter schmerzhaften Erfahrung, ist »Mr. Brady's Traveler's Bag«.
Das gute Stück wurde irgendwann im vorigen Jahrhundert von einem begeisterten Angler aus London erfunden, ebenjenem Mr. Brady, und ist erstens unglaublich geräumig, zweitens immer nur gerade so groß wie die Dinge, die es enthält, drittens leicht und knautschbar, viertens unverwüstlich und fünftens von professionell anmutender Schönheit.
Aber woher nehmen?
Die auch in anderen Bereichen dankenswert agile amerikanische Firma »Banana Republic« hat »Mr. Brady's Traveler's Bag« neu herausgebracht – und genau an dieser Stelle geraten die Autoren ins Stocken ... »Banana Republic« liefert eine etwas flottere, modernere, chicere Version des »Mr. Bradys«, und sie heißt »The Correspondent's Bag«. Der Schriftsteller, Kenia-Farmer, Fotograf und Gentleman Peter Beard: »Das ›Correspondent's Bag‹ ist nicht nur ein mit vielen Fächern versehenes Schatztäschchen für jeden hart arbeitenden Fotografen, sondern vor einiger Zeit entdeckte eine Igelmama seine Vorzüge, kroch hinein und gebar mir sieben Junge ...«

Die berühmte Kelly-Tasche von Hermès

Handtasche

Am Anfang war die Frau, und dann kam die Handtasche ... und die beste heißt deshalb »Kelly«. Seit 1956 stellt »Hermès« diese hohe Riementasche her, die Grace Kelly, die verstorbene Fürstin Gracia Patricia von Monaco, am liebsten trug und auf diese Weise populär machte (dabei gibt es das Grundmodell eigentlich bereits seit 1892, wenn die aktuelle Version auch mittlerweile etwas verändert und modernisiert worden ist). Endgültig in den Adelsstand der internationalen Meinung wurde die »Kelly« erhoben, als das »Comité Colbert«, die Vereinigung der renommiertesten Manufakturen der Welt, nur sie in seine ewige Bestenliste aufnahm und seitdem öffentlich ausstellt.
Man sieht am Beispiel der Fürstin von Monaco, wie schnell und auf welch elegante Weise es passieren kann, daß eine Frau mit Geschmack auch heute noch eine Mode ins Leben ruft ...

Helden

Dies ist das Stichwort, das die Autoren am Geisteszustand der Menschheit zweifeln ließ. Zumindest derer, die sich an der alljährlichen Wahl zum Helden oder zur Heroine des Jahres beteiligen. Seit Jahrzehnten kürt das Wachsmuseum der »Madame Tussaud« in London auf diese Weise die Idole der Neuzeit, und die Wahlen gingen seit 1981 folgendermaßen aus:

1981
1. Superman
2. Winston Churchill
3. Die heilige Johanna
4. Clint Eastwood
5. Anwar as Sadat

1982
1. Superman
2. Douglas Bader
3. James Bond
4. Winston Churchill
5. Die heilige Johanna

1983
1. Superman
2. Die heilige Johanna
3. Martin Luther King
4. Mutter Teresa
5. Elvis Presley

1984
1. Winston Churchill
2. Superman
3. Harrison Ford
4. Mahatma Gandhi
5. Admiral Nelson

1985
1. James Dean
2. Superman
3. Roger Moore
4. Bob Geldorf
5. Rambo

1986
1. Superman
2. James Dean
3. Winston Churchill
4. Die heilige Johanna
5. Admiral Nelson

1987
1. Adolf Hitler
2. Ronald Reagan
3. Muammar El Gaddafi
4. Ajatollah Khomeini
5. Margaret Thatcher

Man glaubt es kaum, aber nach Häufigkeit der Erwähnung und Platzziffer sieht die Hitparade der Helden so aus:
1. die Kunst- und Filmfigur Superman;
2. der englische Politiker Winston Churchill;
3. die heilige Johanna von Orléans;
4. der englische Admiral Horatio Nelson und der fiktive Geheimagent und Filmstar »007« James Bond (Roger Moore) gleichauf.

»Echte« Helden sind mit Mühe nur drei zu entdecken: Mahatma Gandhi, Mutter Teresa und der nordirische Spenden-Weltrekordler Bob Geldorf.

Und da 1987 Adolf Hitler auf Platz 1 kam, wollen wir dankbar sein, daß sich vor allem Briten an der Helden-»Wahl« beteiligten …
Wie das Thema Helden tatsächlich zu bewerten ist, zeigt eine Antwort des deutschen Weltkrieg-II-Fliegers Adolf Gallandt, als er mit folgenden Worten angesprochen wurde: »Sie als lebender Held …« »Es gibt keine lebenden Helden«, blaffte Gallandt zurück. »Die Helden sind alle gefallen!«

Herd

»Das ist der Rolls-Royce unter den Öfen«, lobt der Gourmetkritiker, Hobbykoch und Fachautor Wolf Uecker, auch unter seinem Pseudonym O. E. Basil bekannt. Er meint den »General Electric JSP 64«: vier Heizplatten aus Spiralen, bei denen sich die Hitze schnell rauf- und runterschalten läßt, dazu ein Backofen mit Selbstreinigung – einfach konstruiert, simpel im Umgang und *simply the best.*
Nachteil: »General Electric« stellt den Verkauf in Deutschland ein, der »JSP 64« müßte über einen Laden in München jeweils aus den USA importiert werden. Was ja nichts am Superlativ ändert, ihn aber teurer macht.
Kosten: etwa 6000 Mark.

Hi-Fi-Anlage

Die Wahl der besten Hi-Fi-Anlage schließt gleichzeitig ein Pardon der Autoren an alle Technikenthusiasten ein: Einzelne Komponenten des Geräts werden sicherlich von anderen übertroffen, was Klirrfaktoren, Gleichlauf oder Sinus-

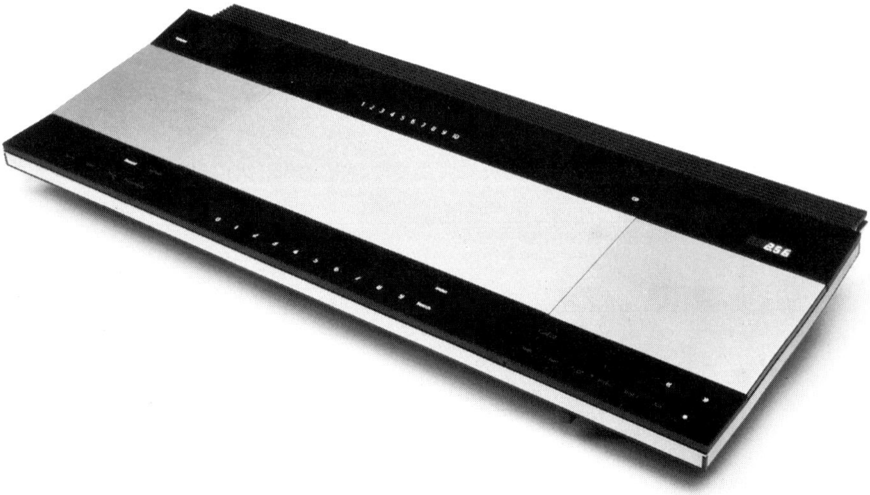

Beomaster 9000 von Bang & Olufsen

musikleistung betrifft. Keine Anlage in ihrer Gesamtheit ist jedoch so gut wie der »Beomaster 9000« des dänischen Herstellers »Bang & Olufsen«.
Mindestens genauso wichtig wie alle technischen Faktoren sind bei dieser Kompaktanlage ihr unübertroffenes Design, die praktische Handhabung sowie ihre multifunktionelle Verwendbarkeit.
Die Kombination besteht aus Verstärker, Synthesizer-Tuner, Cassettenlaufwerk und CD-Player. Passend dazu gibt es einen Plattenspieler und Boxen im darauf abgestimmten Design. Der »Beomaster 9000« kann komplett per Infrarot-Fernbedienung gesteuert werden, und dies auch, mit einer Zusatzeinrichtung, von jedem anderen Raum aus.

Home-Computer

Der »Mac II« von »Apple«.
Das amerikanische Gerät gilt als die einzige richtige Workstation, die man auch zu Hause betreiben kann und die ihren Besitzer bei der persönlichen Arbeit wirklich unterstützt.
Dafür muß man etwa 14 000 Mark investieren.

Hotel

Einige Hotels haben sich einen Ruf erarbeitet, an dem kein Kritiker, der als Mann von Welt gelten möchte, vorbeigehen kann. Und wer es dennoch tut, gerät in den Verdacht, auf Kosten anerkannter Weisheiten den Snob spielen zu wollen. Beispielsweise, indem man das »Oriental« in Bangkok nicht – wie selbstverständlich – auf Platz 1 setzt.
Wir wollen die Leistung des »Generals« und Mitbesitzers Kurt Wachtveitl nicht schmälern. Aber er verwaltet nur noch einen Ruf, dem sich vor allem die amerikanischen Gäste bedingungslos unterwerfen. *Das* beste Hotel gibt es sowieso nicht. Schlafen in fremden Betten

	Stadt	Provinz	Business	Urlaub	Glamour	Persönliches Lieblingshotel
Reinhard Haas	The Regent, Hongkong	Schweizer Stuben, Wertheim	Sheraton, Frankfurt-Flughafen	Canaima Lodge, Venezuela	Beverly Hills, Los Angeles	Villa d'Este, Cernobbio
Alexander Graf Schönburg	Hyatt, Köln	Hostellerie du Château, Fère-en-Tardenois	Steigenberger Hotel, Bonn	La Romana, Dominikanische Republik	Ritz, Paris	Gleneagles Auchterarder, Schottland
Axel Thorer	Morgan's, New York	Peabody, Memphis	Victoria, Kowloon	Burswood, Perth	Beverly Hills, Los Angeles	Oberoi, Srinagar

gehört zu den individuellsten aller denkbaren Intimitäten, und deshalb haben wir einzeln abgestimmt – und zwar in den sechs Kategorien, in denen ein Hotel benötigt wird: Stadt-, Provinz-, Busineß-, Urlaubs-, Glamour- und Lieblingshotel.

PS: Doch noch ein superlativischer Hinweis: Auf dem direkten Weg zu Platz 1 befindet sich das »Mamounia« in Marrakesch nach Neubau und Renovierung.

Hotelmanager

Die Wahl ist schwer zu treffen, zumal die Deutschen längst die Schweizer und Österreicher abgelöst haben und weltweit nur noch von den Asiaten übertroffen werden könnten. Wir denken nur an Kurt Wachtveitl vom »Oriental« in Bangkok, an Willy Bauer vom Londoner »Savoy«, an den Kölner Franck Klein im Pariser »Ritz« oder an den Offenbacher Georg Schwab im »Pierre« (New York). *The best* mag deshalb etwas willkürlich sein, aber nach unseren Erfahrungen mit ihm gebührt der Superlativ dem Schlesier Herman Wiener vom »Fairmont Hotel & Towers« in San Francisco. Denn er hat nicht nur einfach einen guten Ruf verwaltet, sondern aus dem »Fairmont« das vielleicht beste Hotel der USA gemacht – gegen übermächtige Konkurrenz. Und wie einer seiner oben genannten Kollegen neidvoll anerkennen mußte: »Wiener macht aus jedem Schuppen eine Nobelherberge. Das kann er einfach.«

Hummer

Im europäischen Raum sind die klassischen Herkunftsländer für Hummer Norwegen und Kanada, doch die Qualität des Hummers hängt weitgehend von der Länge der Transportwege ab.
Der kanadische Hummer kann sehr gut sein. Aber nur in Kanada und den USA. Denn bis er in Europa ist, ist er abgemagert. Der Hummer hat nämlich die seltsame Eigenschaft, auf längeren Reisen eine Diät zu machen. Er schrumpft regelrecht ins Gehäuse hinein. Wenn er bei uns auf dem Teller liegt, finden wir kaum noch Fleisch, und das bißchen Fleisch, das wir finden, ist oft recht zäh.
Bleibt also der von Hause aus sowieso bessere Norwegen-Hummer. Der Importeur der vorzüglichsten Hummer ist »Goedekin« in Hamburg.

Hut

Der erste Mann, der einen Zylinder trug, war der Engländer John Hetherington. Und zwar genau am 15. Januar 1797 in London. Das Datum ist deshalb so genau bekannt, weil deswegen vier Frauen

in Ohnmacht fielen, Passanten den Mann auspfiffen und ein kleiner Junge sich im allgemeinen Durcheinander den Arm brach. Mr. Hetherington wurde zu 500 Pfund Strafe verurteilt.
Auffällig ist, daß dieser Hut des Anstoßes von einem Hutmacher fabriziert wurde, der heute noch als der beste der Welt gilt: »Lock's in der Londoner St. James Street.« »Lock's« ist übrigens auch der Erfinder der Kopfbedeckung, die heute als Bowler bezeichnet wird. Nur bei »Lock's« heißt dieser Hut auch heute immer noch »Coke«.

I und J

Indian Trading Post

Früher diente ein »Indian Trading Post« dazu, die Indianer mit Dingen zu versorgen, die sie eigentlich nicht haben wollten. Erinnern Sie sich an Filmszenen, in denen Indianer Felle abliefern und prüfend auf die Silberdollar beißen, die sie dafür bekommen?
Heute dient ein »Indian Trading Post« dazu, dem weißen Mann Dinge aufzuschwatzen, die er absolut nicht benötigt. Nein, das ist zu hart: Diese »Trading Posts« sind die Antiquitätenläden des Wilden Westens, die Stöberstuben unserer durch Karl May und John Wayne geprägten Phantasie.
Der beste »Indian Trading Post« liegt am Highway 287, der von Dallas nach Wichita Falls führt (also in Texas), und zwar beim Örtchen Sunset: in Richtung Wichita Falls, links oben auf einem Hügel, Abzweigung nicht verpassen.
Sein Besitzer ist der legendäre Medizinmann, Bildhauer, Maler, Schriftsteller und Historiker Jack Glover, ein Cherokee-Indianer, in dessen Schatzhöhle wir an einem einzigen Nachmittag folgende Dinge auftrieben: einen fabrikneuen verpackten Sattel der Reiter-SS, einen über offenem Feuer zum Spazierstock gehärteten Bullenpimmel, die Mater des »Sunset-Dispatch« mit der Schlagzeile »Hindenburg Desaster!« (das Luftschiffunglück), achtzehn Blazerknöpfe der US-Navy, den versilberten Colt des mexikanischen Generals, der Kaiser Maximilian verhaften mußte, zwei Bände »Trotzköpfchen« in Deutsch und einen Dienststern der Texas-Rangers.

PS: Jack Glovers Tochter ist mit einem Heidelberger Anästhesisten verheiratet. Wenn man das weiß, handelt sich's leichter mit ihm.

Insel

Überraschenderweise fällt unsere Wahl auf eine »Binneninsel« – eine Insel, die in einem Süßwasser und nicht in einem Meer liegt (was einen gewaltigen Unterschied bedeutet).
Aber gewaltig ist auch die Insel: Manitoulin im Huronsee in Kanada. 176 Kilometer lang und bis zu 80 Kilometer breit, aber einsam dies- und jenseits des Highway 6 und von jener Originalschönheit, die man in Kanada immer vermutet und schließlich in Alaska findet.
Es gibt sechs Reservate auf Manitoulin (in denen Indianer vom Stamme der Odschibwa leben) und eine verwirrende Fülle von Seen und Fjorden. Der Wald steht dicht, und auf tundraartigen Wiesen findet man seltsame Steine. Besonders im Dämmerlicht verschwimmen Himmel und Horizont, das Wasser des riesigen Sees und die Ausläufer der riesigen Insel.
Zugegeben: Die Insel ist an sich nicht gerade unterhaltsam, man

muß Seele mitbringen – aber dann erlebt man Erde pur wie am achten Schöpfungstag.

Irrgarten

Kaum ein London-Tourist hat sich nicht schon mal in den Irrgarten von Hampton Court gewagt (und dann dem müden Witz des Kartenverkäufers Ian Burgess gelauscht: »Am Ende jeder Saison schicken wir jemand durch, der die Skelette wegräumt«).
Großbritannien und Japan konkurrieren miteinander um die größten, besten, verwirrendsten Irrgärten, aber da ein Disneyland ohne Labyrinth genug ist, entscheiden wir uns für eine konservative Anlage in Cornwall: auf dem wunderbaren Landsitz von Lord Peregrine Eliot. Das Besondere an diesem Irrgarten ist die dritte Dimension: die Zeit. Versteckte Tore öffnen sich unvermutet vor den Besuchern, und sicher scheinende Auswege werden plötzlich von unsichtbaren Kräften (Zeitmaschinen) versperrt. Eliots Labyrinth ist selbstverständlich zu fein für jenen Hinweis, der japanische Irrgärten schmückt: »Besuchen Sie die Toiletten, bevor Sie hineingehen.« Dabei ist der Rat durchaus nicht dumm, denn die Chance, dem einmal betretenen, von seiner Lordschaft selbst konstruierten, mit vierzig Fallen versehenen Irrgarten zu entkommen, ist eins zu Billionen, wenn nicht Trillionen.
Vielleicht ist deshalb die Anlage in Port Eliot bei St. Germans, südwestlich von Plymouth, privat und nur in Ausnahmefällen der Öffentlichkeit zugänglich.
Was die öffentlichen Labyrinthe betrifft, so nennt der britische Irrgartenbauer Randoll Coate seinen klaren Favoriten: »The Bath Festival Maze«.
Diese nur etwa 30 mal 25 Meter große Anlage im Stadtzentrum von Bath, direkt am Avon-Fluß gelegen, besteht – strenggenommen – aus zwei Systemen: einem begehbaren Labyrinth und (wenn man das Zentrum je erreicht) einer Art Augen-Irrgarten in Form eines Mosaiks.

Jacht

Wenn wir von Jachten sprechen – und dies auch in der Absicht, die beste aller Jachten zu küren –, kommen wir nicht umhin, zunächst die Motorjachten zu ignorieren.
Die beste, die schönste, die eleganteste, die sportlichste Jacht ist natürlich ein Segelboot.
Und Motorboote? Zunächst liegen die viel zu oft im Hafen, da bereits geringer Wellengang zum Unwohlsein der Besatzung führt.
Segelboote hingegen »kämpfen« nicht mit den Wellen wie die Motorschiffe, sondern gehen in die Welle hinein. Und vom ästhetischen Gesichtspunkt kann ein Motorboot noch so gut designed sein – es wird nie die Eleganz eines Seglers erreichen können. Schöne Motor-

Die »Nabila« heißt nun »Trump Princess« und gehört dem New Yorker Immobilientycoon

boote, oder besser: protzige Motorboote, gibt es viele, Segeljachten hingegen sind rar.
Die schönste von allen ist wahrscheinlich die »Phocea«. Ein Viermaster im Besitz des französischen Geschäftsmannes Bernard Tapié. Gefolgt von »Jessica«, ebenfalls ein Viermaster. Besitzer: der Argentinier Carlos Perdorma.
Ein kurzer Blick auf die Motorjachten sei gewährt: Die größte ist die des saudischen Königs Fahd, die »Abdul Aziz« – mit vier Luftabwehrraketen an Bord, vier Helikopterlandeflächen und einem riesigen Fuhrpark (nur Rolls-Royce).
Die »Abdul Aziz« ist sogar größer als das Flitterwochen-Boot der britischen Royal Family, die »Britannia«.

Manche Schiffe haben den Ruf, ähnlich wie der Hope-Diamant, Unglück zu bringen. So soll die »Nabila« ihrem Besitzer Adnan Khashoggi, wirtschaftlich gesehen, kein Glück gebracht haben. Einer der Autoren verbrachte eine Nacht auf dem Schiff. Ihm wurden – als Zeichen orientalischer Gastlichkeit – zwei Damen auf die Kabine geschickt. Nachdem er sich ein wenig vergnügt hatte (und ihnen seine Briefmarkensammlung ausführlich erklärt hatte), kamen unaufgefordert zwei Butler mit Champagner herein, gefolgt von Khashoggi und zweien seiner Söhne. – Später war zu erfahren, daß Khashoggi in jeder der Gästekabinen Kameras und Mikrophone versteckt hatte.
In seinem Büro befanden sich

vierzig Monitore, auf denen er das Treiben seiner Gäste beobachten konnte.
Nun, die »Nabila« begleitete den Saudi in den Ruin. Der Sultan von Brunei, dem das Schiff daraufhin verkauft wurde, war vom »Fluch« ebenfalls überzeugt und veräußerte es weiter: an den Immobilien-Tarzan Donald Trump. Die »Nabila« heißt nun »Trump Princess« – und ob wirklich ein Fluch auf ihr lastet, wird die Zukunft Donald Trumps erweisen.

Juwelen

Im Jahre 1669 verkaufte Jean-Baptiste Tavernier einen Edelstein an den französischen Sonnenkönig, Ludwig XIV.: einen Stein von einzigartiger Klarheit, einen blauen Diamanten. Schon dies etwas äußerst Seltenes. Die magische Schönheit des Edelsteins mußte Gerüchte provozieren. Es hieß, der Diamant sei aus dem Auge eines indischen Götzenbildes geraubt worden und der Fluch dieses Gottes laste nun auf jedem Besitzer.
Bis zum Jahre 1672 behielt der »Tavernier Blue« seine ursprüngliche, ungeschliffene Form, bis Ludwig XIV. seinen Goldschmied Pitau beauftragte, ihn zu schleifen. Der Stein hatte nun 110 Karat.
Es ist überliefert, daß der Sonnenkönig im Februar 1715 den persischen Botschafter mit Juwelen überhangen empfing, einschließlich des blauen Diamanten. Er trug Schmuck im Gesamtwert von über zwölf Millionen Livres. Es ist zu bezweifeln, ob je ein Mensch prunkvoller dekoriert gewesen ist. Sein Nachfolger Ludwig XV. ließ den Stein 1749 vom Juwelier Jacquemin in sein Goldenes Vlies einsetzen. Der nächste Besitzer sollte Ludwig XVI. werden, und hier ließe sich zum ersten Mal die Saga vom Fluch belegen. Schließlich starben er und Marie Antoinette auf der Guillotine.
Nach der Revolution verschwand der Stein ins »Garde Meuble« – der Ort, an dem das königliche Inventar untergebracht wurde. Von dort wurde er am 16. September 1792 gestohlen.
Gestohlen? Eine andere Version lautet: Karl Willem Ferdinand, Herzog von Braunschweig, der Kommandant der preußisch-österreichischen Armee, die ausgezogen war, um den gestürzten Ludwig XVI. zu retten, streckte seltsamerweise just zu dem Zeitpunkt die Waffen, als alles auf einen Sieg seiner Truppen hindeutete. Es heißt, die französische Regierung hätte ihn mit dem blauen Diamanten bestochen. Der Herzog starb bald darauf unter fürchterlichen Schmerzen.
Sieben Jahre später tauchte der Stein wieder auf. Am Hals der Königin Maria Luisa von Spanien. 1808 mußte König Karl IV. abdanken, womit die eigentliche Geschichte des Diamanten beginnt: Auf kuriose Weise muß der Stein in die Hände des Amsterdamer

Juweliers Wilhelm Hals geraten sein, der den Stein auf 44,5 Karat umschliff und kurz darauf starb. Sein Sohn Hendrik schnappte sich den Diamanten und beging Tage darauf Selbstmord. Ein Franzose, François Beaulieu, kaufte das Juwel und starb am nächsten Tag. Der Diamant kam nach London, wo er von seinem Käufer seinen heute noch geläufigen Namen erhielt: »Hope diamond«. Henry-Philip Hope, Großbankier, erstand den Stein. Kurz darauf verlor die ehemals »steinreiche« Familie ihr gesamtes Vermögen und mußte den Stein verkaufen.
Der Hope-Diamant ging in die Hände des französischen Börsenmaklers Jacques Colet über – er kaufte ihn und beging Selbstmord. Der nächste Besitzer, Fürst Ivan Kanitowsky, schenkte den Diamanten einer Schauspielerin, Folies Bergère, die noch am gleichen Tag auf der Bühne erschossen wurde. Der Fürst hingegen selber wurde von Revolutionären erstochen. Simon Montharides, der den Hope-Diamanten als nächster besaß, stürzte samt Familie mit seinem Auto in einen Abgrund. Er hatte kurz vorher den Diamanten an den Sultan der Türkei verkauft, der kurz darauf abdanken mußte.
In Paris ersteigerte Pierre Cartier den Hope-Diamanten, der den Stein an Evelyn McLean verkaufte. Sie brachte den »Hope« zu einem Priester, um den Stein segnen zu lassen: Nach dem frühen Tod ihres geliebten Bruders wurde ihr ältester Sohn von einem Auto überfahren, als er neun Jahre alt war, ihr Mann wurde schwerer Alkoholiker und starb im Irrenhaus, ihre einzige Tochter endete 1946 an einer Überdosis Heroin. Mrs. McLean selber starb an Kummer und an den Folgen einer schweren Lungenentzündung, die sie über Jahre ans Bett gefesselt hatte.
Die Familie, die den Diamanten erbte, verlor ihr ganzes Vermögen und mußte den Stein weit unter Wert für 177 000 Dollar verkaufen. Der Käufer hieß Harry Winston.
Die Saga um den Hope-Diamanten rührte ihn nicht, und mit Freuden erzählte er die Anekdote, wie er mit seiner Frau von Lissabon nach New York reiste. Mrs. Winston nahm ein Flugzeug am Freitag, er selbst flog erst am nächsten Tag. Als seine Frau im Flugzeug saß und die Passagiere von ihrer Anwesenheit erfuhren, löste dies eine Panik aus, und ein Herr bestand darauf, das Flugzeug noch auf der Rollbahn zu verlassen.
Als am nächsten Tag Harry Winston flog, saß ein geschwätziger Herr neben ihm, der ihm darlegte, daß er tags zuvor ein Flugzeug verlassen habe und umgebucht habe, da Mrs. Winston, die Besitzerin des Hope-Diamanten, an Bord gewesen war: »Ich bin zwar nicht abergläubig, aber man sollte das Schicksal nicht herausfordern.«
Winston sagte kein Wort. Als das Flugzeug abgehoben hatte, zeigte er dem Herrn seinen Paß. Dieser fiel in Ohnmacht.

1958 vermachte Harry Winston den Hope-Diamanten der »Smithsonian Institution« in der Hoffnung, daß daraus »eine Sammlung entstehe, die die des Tower of London in den Schatten stellt«. Der Hope ist ohne jeden Zweifel einer der vorzüglichsten Steine dieser Erde: 12,05 Millimeter Tiefe, 26,5 Millimeter Länge, 21,9 Millimeter Breite, 60 Facetten. Er gehört zu der »Handvoll« Edelsteinen, die völlig einzigartig sind. David Bennet, Chef des Juwelen-Departments bei »Sotheby's« in London, zählt die restlichen Mitglieder dieser erlauchten Familie auf: der Koh-i-noor, ein weißer Diamant, der sich in der Mitte des Malteserkreuzes vorne an der britischen Königskrone befindet.
Man behauptet, daß der, der »den Koh-i-noor besitzt, die Welt beherrscht« – eine nicht ganz von der Hand zu weisende Behauptung, denn neben der Queen war der Stein stets im Besitz regierender Herrscher, zunächst in Indien, bis ihn die Engländer nach London brachten.
Der größte geschliffene Diamant muß der »Braganza« gewesen sein – von dem es heute heißt, er sei wahrscheinlich ein Topas gewesen: 1860 Karat.
Der größte existierende Stein ist der »Cullinan I.«, ein weißer Diamant, ebenfalls in der königlich-britischen Sammlung der »Crown Jewels« zu finden.
Der faszinierendste all dieser Steine, der Hope, liegt heutzutage in voller Pracht hinter 2,5 Zentimeter dickem Panzerglas in der »Smithsonian Institution«, wo er keinen Schaden mehr anrichten kann.

K

Kaffee

»Kaffee verleiht dem Gehirn eine fieberhafte Klarheit, und zwar mit jener angenehmen Nebenwirkung, die selbst blühenden Unsinn irgendwie in Sinn verwandelt ...«
Der Beste? Highland-Coffee aus Papua-Neuguinea, hören wir. Oder die Sorten vom 2256 Meter hohen Blue Mountain am Ostende der Karibikinsel Jamaika (die noch mit der Hand gepflückt werden – mit einer Hand selbstverständlich, denn mit der anderen muß sich der Pflücker am Strauch festhalten, um nicht die bis zu 35 Prozent steilen Hänge hinunterzustürzen).
Doch nicht nur der außergewöhnliche Aufwand beim Ernten des »Jamaica Blue Mountain« treibt seinen Preis in die Höhe – auch die Kultivierung der Pflanzen gestaltet sich weitaus schwieriger als bei allen anderen Kaffeesorten.
So dauert es zum Beispiel über sechs Jahre, bis die karibische Pflanze überhaupt Früchte trägt. Von den rund eine Million Pfund Jahresernte werden etwa 80 Prozent nach Japan exportiert – dementsprechend schwierig ist der »Blue Mountain« in Europa zu bekommen. Wer dennoch ein Pfund dieser aromatischsten aller Bohnen ergattert, sollte mindestens 60 Mark dabeihaben und darauf achten, daß auf der Verpackung der Hinweis »Certified By The Coffee Industry Board of Jamaica« nicht fehlt.
Auch Kaffee-Importeure wissen längst, was »Bootlegging« ist ... Unter Kennern gilt die »Blue-Mountain«-Bohne der Plantage »Graighthon House« als Nonplus der Ultras.
Tja, und nun die Frage: Schon mal von »Burmesischem Affen-Kaffee« gehört?
Als man versuchte, die Drogenplantagen im Norden von Burma durch Kaffeefelder zu ersetzen, da klappte das nicht so richtig. Es wurde zwar Kaffee geerntet, aber zuwenig, und vor allem die Qualität stimmte nicht. Da entdeckten die Eingeborenen, daß Affen die Kaffeefrüchte stahlen und die Samenkörner unverdaut wieder von sich gaben. Worauf die Pflanzer sie sammelten, reinigten und einen Kaffee aus ihnen brauten. Er schmeckte vorzüglich.
Mittlerweile ist der »Burmesische Affen-Kaffee« das Exklusivste vom Exklusiven und kostet, selbst in Burma, zehnmal soviel wie der beste Importkaffee.

Kaffeehaus

Nein, nicht, was Sie denken. Auch nicht, was wir dachten. Die Frage nach dem besten Kaffeehaus der Welt erhielt eine überraschende Antwort, als wir den Mann um Rat baten, der es eigentlich am ehesten wissen muß.
Doch bevor wir unseren Blick auf die wenigen Überbleibsel der einst so blühenden Kaffeehaus-Kultur richten, ist es angebracht, das

klassische Vorbild eines solchen Kaffeehauses zu beschreiben.
In Wien? In Budapest? In Prag? Das »Caffè Greco« in Rom vielleicht? Nein. Ausgerechnet in Zürich stand das Kaffeehaus der Kaffeehäuser. Das »Odeon«. Am Samstag, dem 1. Juli 1911, um 18 Uhr wurde es von einem Münchner Gastronom eröffnet, dessen Familie auch heute noch aktiv ist: Josef Schottenhaml.
Es war eine Zeit, als die Menschen noch keine Angst hatten, zu dick zu werden. Zum Beispiel der tüchtige zwanzigjährige Dirigent, der als vielversprechender Chordirigent ans Theater nach Zürich kam, dort aber scheiterte, nachdem er die »Lustige Witwe« völlig verpatzt hatte: Wilhelm Furtwängler. Er saß jeden Tag im »Odeon« und aß mindestens fünf Stück Torte.
Selten kamen Fremde dorthin, und wenn, dann wurden sie mit kritischen und neugierigen Augen beobachtet. Besonders unangenehm hatte man eine Figur in Erinnerung, die 1913 das Lokal betrat: schlecht gekleidet, unrasiert, dunkles Haar, wirrer Blick. Sie stolzierte auf seltsamste Weise durch das Lokal, mit einer Unmenge Papieren unterm Arm. Setzte sich, breitete ihre Papiere aus und fing wie besessen an zu schreiben.
Schottenhaml sagte zu seinem Oberkellner Mateo: »Schauen Sie seine Augen an, er sieht wie ein Kranker aus oder wie jemand, der Angst hat.« Der Kellner Giuseppe trat hinzu und meinte: »Ich habe ihn schon irgendwo gesehen. Er ist Anarchist oder Sozialist.« Später hörte man flüchtig seinen Namen, den man aber sofort wieder vergaß, da er nicht den Eindruck machte, als würde es sich lohnen, ihn in der Erinnerung zu behalten: Mussolini, Benito. Komischer Kauz.
Andere Revolutionäre kannte und schätzte man hingegen im »Odeon«. Lew Dawidowitsch Bronschtein zum Beispiel, der unter dem Namen Leo Trotzki agierte.
Er versammelte stets eine kleine Menge Schweizer um sich, die halb verärgert, halb bewundernd seinen sarkastischen Kommentaren lauschten. »Die Schweiz«, sagte er, »erinnert mich an eine Pension in Finnland, in der ich einmal wohnte. Sie hieß ›Rauha‹, was Ruhe heißt. Die Schweizer wollen ihre Ruhe haben, und ihre Hauptsorge ist, daß es zuviel Käse und zuwenig Kartoffeln im Lande gibt.«
Oder Lenin, der zu der Zeit äußerst ärmlich in der Spiegelgasse 14 lebte. Er konnte nicht jeden Tag kommen, weil er sich die vierzig Rappen täglich für eine Tasse Tee nicht leisten konnte. Mateo spendierte ihm manchmal etwas, da ihm der Russe mit den scharfen Augen sympathisch war.
Einen ganz anderen Lebensstil führte zu der Zeit Professor Sauerbruch. Als er 1910 von Marburg nach Zürich kam, um die Stelle als Direktor der Chirurgischen Klinik des Kantonsspitals anzutreten, saß er jeden Abend in der Halle des »Baur au Lac« und trank ein oder

zwei Flaschen Champagner.
Die Schweizer betrachteten den strengen Deutschen mit Mißtrauen: »Dieser Sauerbruch kommt nur hierher, um den ganzen Champagner Zürichs auszusaufen!« Um ein Haar wäre die Berufung Sauerbruchs an den Lehrstuhl für Chirurgie an der Universität daran gescheitert. Aber Mateo konnte den Arzt davon überzeugen, daß Champagner aus der Porzellantasse fast genausogut schmeckt wie aus dem Kristallglas. So saß dann Sauerbruch ab 1911 statt im »Baur au Lac« im »Odeon«, und Mateo brachte ihm jeden Tag das gleiche: Champagner Marke Diskret – »Veuve Cliqout« in der Kaffeekanne.
Das Kaffeehaus war eine der Geburtsstätten des Dadaismus. Als sich Mateo einmal neugierig an den Tisch mit den Dadaisten wagte, um zu erkunden, worüber die Herren denn so heftig brüteten, sprang Tristan Tzare wütend auf: »Ich schreibe ein Manifest und will nichts, trotzdem sage ich gewisse Dinge, da ich aus Prinzip gegen Manifeste bin, wie ich auch gegen Prinzipien bin!«
Das »Odeon« war ein beliebter Platz für Interviews. Persönlichkeiten und Stars ließen sich die Reporter ins »Odeon« kommen – so war ihre Zeit wenigstens nicht völlig verschwendet. So tat es Alban Berg (»Sie schreiben Zwölftonmusik?« – »Ich bekenne mich schuldig!«), Adrian Wettach alias Grock (»Nit möööglich!«), den niemand erkannte ohne Maske und von dem selbst die Kellner lange glaubten, er sei »nichts Besonderes«.
So taten es Stars, deren Namen heute fast vergessen sind. So wie beispielsweise Asta Nielsen.
An einem schönen Februarnachmittag des Jahres 1937 betrat ein junger sechzehnjähriger Mann das Lokal. Melancholisch und exotisch ausschauend. Viel später erfuhr man, wer er war: König Faruk von Ägypten. Sein Vater war gestorben, und nun sollte er als König sich nie mehr frei bewegen können. So wünschte er sich noch ein letztes Mal, anonym durch die Straßen zu laufen. Er hielt sich damals gerade inkognito im Berner Oberland auf und kam nach Zürich – ins »Odeon«. Ein paar Tage später mußte er nach London zur Krönung König Georges VI., dann nach Kairo, wo man ihm sagte, er müsse unbedingt an Gewicht zunehmen, da ein schlanker Herrscher in einem orientalischen Land keine Autorität genieße.
Das »Odeon« war Ort vieler Schicksale und ein Ort, an dem der Puls der Zeit schlug. Die Stammgäste waren so ziemlich alle Leute, von denen Abiturienten einmal schrieben, sie würden gerne mit ihnen zu Abend essen. Es war auch der Ort, wo Kurt Tucholsky seinem Freund Ernst Rowohlt gestand, daß er sich umbringen müsse, denn »diejenigen, für die ich schreiben müßte, verachte ich fast ebensosehr wie diejenigen, gegen die ich schreiben würde!«
Im April 1972 schloß das »Odeon«.

Es war zum Treffpunkt äußerst zweifelhafter Gestalten verkommen. Die »Neue Zürcher Zeitung« schrieb damals: »An seinen Marmortischen ist alles seßhaft gewesen, was Kunst hervorgebracht hat …«
Leider ist es unmöglich, von Kaffeehäusern zu sprechen, ohne nostalgisch zu werden. Doch den Blick in die Gegenwart gerichtet: Gibt es ein Kaffeehaus, das entweder noch eine Atmosphäre bietet, wie es sie vor fünfzig Jahren gab, oder gibt es vielleicht sogar ein Café, das ein Stück *heutiger* Kultur widerspiegelt?
Es gibt beides. Den Prototypen eines alten Kaffeehauses muß man natürlich im Osten suchen, wo die Uhren noch nicht ganz so schnell gehen wie im Westen. In Budapest steht das Café »Hungaria« – früher hieß es »New York« – am Lenin Körut.
Keine Touristen, hauptsächlich Herren mit großen Nasen und verstehenden Augen, die »Esti Hirlap« oder die Zeitung der katholischen Kirche lesen, Kaffee trinken und diskutieren. Devote Ober.
Da findet man noch die klassische, letzte Vollkommenheit der Beziehung von Herr und Diener. Lautlose Unterhaltung. Eine Kopfwendung: Er räumt den Tisch ab. Ein kurzer Blick unter den Tisch: Schon bringt er eine neue Gabel. Ein äugelndes Suchen auf dem Tisch: Schon steht der Zucker da. Ein Griff nach der Brieftasche: Schon liegt die Rechnung auf dem Tisch. Eine kleine Rückenbewegung: Schon schiebt er den Stuhl zurück. Die Atmosphäre ist k.u.k.-haft, dennoch nicht verstaubt.
Das Café, das ein Stück Heute verkörpert, keine Nostalgie beschwört und eine Reihe »hauseigener« Bohemiens beherbergt, ist das winzige »Hawelka« in Wien, in einer kleinen Nebengasse der Kärntnerstraße. Herr und Frau Hawelka pflegen ihre geldlosen »Patenkinder«: von Heurigen und »Memphis Light« besessene englische Portraitmaler mit einem unerklärlichen Fimmel für Kaiserin Zita zum Beispiel. Nebenan ist ein Cabaret. Die Klientel überschneidet sich kaum. Weshalb die Frage nach dem besten Kaffeehaus der Welt doch noch einmal gestellt werden muß.

René Zey, Autor des Buches »Im Café«, schrieb daraufhin folgendes:

»In einer der buntesten Straßen von Essen, direkt gegenüber dem berühmten Deiterhaus, liegt das ›Café Overbeck auf der Kettwiger‹. Café und Stammgäste scheinen sich verschworen zu haben, die regionale Tradition, wie sie hier seit fast einem halben Jahrhundert gepflegt wird, gegen die profillose Konfektion der Moderne zu verteidigen. Massive Säulen mit eigenwilligen, schräg verankerten Stehleuchten bestimmen den oberen Trakt des dreigeschossigen Hauses. Versatzstücke aus den fünfziger Jahren erinnern an die

Café Overbeck in Essen

Nachkriegsblüte des Cafés, in der das ›Overbeck‹ als ›Kranzler des Ruhrgebiets‹ für bundesweite Schlagzeilen sorgte.
Die Klientel hat sich seitdem nur unwesentlich geändert. Noch immer trifft man internationales Publikum bei ›Overbeck‹ und vor allem die feinen, auffällig eleganten Damen der Stadt, die in Nähe des Treppenaufgangs ihre Stammplätze reserviert halten.
Die Patina bei ›Overbeck‹ ist authentisch und hebt sich wohltuend ab von den Wiener Kaffeehäusern, die ihren Mythos seit Jahren durch panische Renovierungen aufrecht zu halten versuchen.
Keine Menükarte verwässert das klassische Kaffeehaussortiment, kein Kochgeruch zerstört die Atmosphäre, wie etwa in Paris, wo die meisten der legendären Kaffeehäuser inzwischen zu Café-Restaurants verkommen sind.
›Overbecks‹ Kuchenbuffet und Confiserieangebot präsentiert sich gut sichtbar und hervorragend sortiert in einem dem Café vorgelagerten Verkaufsraum. Seine ›Spanische-Vanille-‹ und die ›Malakoff-Torte‹ haben internationalen Standard.

Sie zu goutieren empfiehlt sich in den Vormittagsstunden, wenn sich nur vereinzelt Gäste eingefunden haben und eine Stille herrscht, die zu verhaltenem, gedämpften Reden verführt. So kann man die geschmacklichen und ästhetischen Reize dieses Hauses am besten empfinden und das ›Overbeck‹ in jener liebevollen Erinnerung behalten, die ihm gebührt.«

Café Overbeck, Kettwiger Str. 15, 4300 Essen 1. Tel.: 0201/237171. Geöffnet von Montag bis Samstag, 8 bis 19 Uhr, am Sonntag von 10 bis 18 Uhr.

Kamm

So snobistisch es auch klingen mag: Der beste Kamm der Welt ist tatsächlich aus purem Sterlingsilber gefertigt.
Fragt man den Düsseldorfer Haar- und Kosmetikspezialisten Toni Münnix (vgl. RASIERPINSEL, Seite 203), so erklärt der:
»Das Edelmetall Silber lädt sich elektrostatisch nicht auf, die handgesägten Zähne sind äußerst elastisch und fast ewig haltbar.«
Der beste Kamm hat eine leichte Bogenform, ist rund 25 Zentimeter lang und 4 Zentimeter hoch und besitzt eine Hälfte grober und eine Hälfte feiner Zähne. An einem solchen Stück sitzt ein Kammsäger jedoch fast zwei Wochen, und in Fachgeschäften muß man dafür bis zu 1500 Mark auf den Tisch legen.

Karikatur

Natürlich gibt es die berühmte Zeichnung »The Angels of Peace Descend on Belgium« des Briten David Low. Oder John Heartfields Hitler-Montage: »Frißt Gold, redet Blech.« Aber wenn wir nach einer besonders hinterhältigen, geradezu schaudern machenden Karikatur verlangen würden, dann gebührt der Titel des Besten dem Inder R. K. Laxman*.
Er liefert seit Jahren, gegen alle aktuellen Regime, die Titelblattkarikatur der »Times of India«, und von seinen Hunderten von galligen Arbeiten hat uns folgende am stärksten gepackt: Ein armer Kerl sitzt vor dem Parlament in Delhi, wird von den Abgeordneten argwöhnisch betrachtet und von einem Polizisten mit dem Knüppel bedroht. Resigniert hebt der Mann die Hände und sagt: »Nein, ich mache keinen Hungerstreik – ich verhungre!«

Kathedrale

Man stelle sich vor, so etwa um Sonnenuntergang ist die Kathedrale von Chartres von innen er-

*Es ist der besondere Stil von Laxman, in jeder Karikatur aufzutreten (eine Marotte, die bekanntlich auch Alfred Hitchcock in seinen Filmen pflegte). In unserer Zeichnung ist er der Passant ganz links in der karierten Jacke.

leuchtet, und ganz still dringt Orgelmusik aus dem Kircheninneren …
Es gibt Menschen, die zehren ein Leben lang von dieser Szene.
Der Eindruck ist jedoch noch steigerungsfähig: durch den trutzigen Backsteinbau der Kathedrale von Albi. Zitat aus einem Reiseführer des »Ministère des Travoux Publics«, des »Transports et du Tourisme« in Paris: »An Sommerabenden verleiht die untergehende Sonne diesen roten Backsteinen eine Farbe, die beinahe wie Blut aussieht.« Weshalb südfranzösische Lokalschriftsteller gerne von »Albi im Purpurgewande« sprechen.
Der britische Literatur-Nobelpreisträger und Frankreich-Fanatiker Rudyard Kipling schwärmte jedenfalls (und seinetwegen ist Albi für uns die beste Kathedrale): »Es trifft die Seele wie mit dem Vorschlaghammer, sieht man Albi als Silhouette gegen den Mond.«

Kaufhaus

Das beste Kaufhaus existiert, nach Meinung der Autoren, nur auf dem Papier, ist also imaginär: »Das Paradies der Damen« vom Émile Zola. Wer je diese 1883 erschienene Novelle gelesen hat, wird von da an alle real existierenden Kaufhäuser mit anderen Augen betrachten bzw. an diesem Text messen.

Kathedrale von Albi

Aber was ist nun die beste aller Realitäten?
»Macy's« in New York.
Dieses Kaufhaus verfügt über eine Verkaufsfläche von über 600 000 Quadratmetern und bedient pro Jahr über fünf Millionen Kunden.
Im Sortiment befinden sich zum Beispiel über hundert verschiedene Formen von Kaffeekannen und fast dreitausend unterschiedliche Kissendesigns, aber auch so banale Dinge wie Autoreifen.

Kaviar

»Eine fettige, schleimige und schwer verdauliche Speise, die aber sehr delikat ist.« So wird Kaviar, oder eleganter: Caviar, in der Literatur beschrieben (von Eugen von Vaerst im Jahre 1851).
»Confiture de poisson« – Fischmarmelade –, schimpfte Ludwig XV. über die Störeier und spuckte sie aus.
Über Geschmack zu streiten ist müßig – Tatsache bleibt, daß Kaviar das Symbol volksfremder Vornehmheit ist, und als solches bereits bei Shakespeare verbrieft.
Der teuerste ist der »Beluga«.
Ob allerdings der teuerste auch der beste ist, wird von Fachleuten zuweilen bestritten. Andererseits hat der »Beluga« eine starke »Lobby«:
»Russischer ›Beluga‹ ist ein Wunder, ist pure Magie und kann weder im Geschmack noch im Aussehen mit anderen Sorten

verwechselt werden!« So spricht Christian Petrossian aus der legendären Kaviardynastie.
»Das Beste, das man derzeit haben kann, ist ein erstklassiger ›Sevruga‹«, meint jedoch der Hamburger Kaviarhändler Klaus Otto.
Also was jetzt? Der teurere, größere »Beluga« oder der etwas billigere und kleinere »Sevruga«?
»Ach, ›Beluga‹, das ist doch eigentlich nur etwas für Snobs!« – O-Ton Wiatscheslaw Danilov, für Kaviar zuständiger Direktor der staatlich-sowjetischen Handelsorganisation »Plodimex«.
Das Problem »Beluga« oder »Sevruga« wird sich sehr bald von selbst lösen, da der Beluga-Stör langsam ausstirbt. Schon heute sind nur noch etwa 3 Prozent aller Störeier vom Beluga-Stör. Was tun?
»Sich auf die Suche nach gutem ›Sevruga‹ machen!« rät »Feinschmecker«-Chefredakteur Horst-Dieter Ebert. Der Nachteil vom »Sevruga« ist allerdings, daß er oft ein wenig metallig, oft fischig schmeckt und im ganzen zu weich ist.
Die Lösung liegt also genau zwischen »Beluga« und »Sevruga«: »Asetra« (manchmal auch »Osietra« ausgesprochen).
Das ist persischer Kaviar, etwas kleiner als »Beluga« und preislich zwischen »Beluga« und »Sevruga« angesiedelt. Nicht wenige behaupten, daß er geschmacklich alle anderen Sorten hinter sich läßt. Die meisten Kaviarspezialisten sind jedoch nicht objektiv, da sie irgendwelche Interessen im Hinterkopf haben. Frei von derlei Subjektivitäten und lediglich dem Wohl seiner Gäste verpflichtet ist Rüdiger Kowalke, seines Zeichens Besitzer des »Fischereihafenrestaurants« in Hamburg.
Jeden Morgen um sechs fährt Kowalke mit seinem Chefkoch Wolf Dieter Klunker zum iranischen Importeur Ahmad Ardabili nach Blankenese und testet dort den Kaviar mit kleinen Löffeln aus gerade eingetroffenen Fässern (was für ein Frühstück!). Und nach langjähriger Erfahrung an der Kaviarfront empfiehlt Kowalke den »Asetra« als den besten Kaviar: »Seltsam, wie wenig populär er hierzulande ist, die Franzosen schwören auf Asetra!«
Der »Asetra« hat eine schöne graue Farbe mit einem durch die Haut schimmernden goldenen Kern. Laut Kowalke hat der »Asetra« den reinsten Kaviargeschmack: »Er schmeckt ein wenig nach Meer, aber um Himmels willen nicht nach Fisch!«
Wie ißt man nun den »Asetra«? Kowalke schwärmt für »Asetra« auf Pellkartoffeln mit ein wenig Crème fraîche und Schnittlauch.

Klavier

»Steinway & Sons«.
Warum das so unbestritten ist, beschrieb der mährisch-luxemburgische Pianist Josef Bulva in einem

Flügel von Steinway & Sons

Beitrag für die Zeitschrift »Esquire«: »Wenn wir heute einem Klavier lauschen, im Radio, auf Platte, im Konzertsaal, ja selbst im Kopf, dann hören wir Steinway. Er ist das sine qua non, der Klavierklang an sich … unser Können ist am und für den ›Steinway‹-Flügel konzipiert. Ergo haben andere Instrumente keine Chance. Perfekt beherrscht das Management der Firma die chemische Formel, mit der die Beziehung zwischen Pianisten und Instrumenten-Hersteller gemixt wird. Die ›Steinway‹-Chefs Richard Probst in New York und Wolfgang Richter in Hamburg sind für uns Vaterfiguren, Allround-Assistenten und Seelen-Masseure in Personalunion. Das war schon immer so. Deshalb kann nur Steinway auf eine solche Reihe berühmter Interpreten verweisen, die von Liszt über Rachmaninow, Ravel, Paderewski, Hoffmann und Prokofjew bis zu den zeitgenössischen Legenden reicht … das große Glück von Steinway kostet rund einen Hunderter. In Tausendern, versteht sich …«
Es sei uns eine kleine, nur scheinbar widersprüchliche Anmerkung erlaubt: Es soll Instrumente für Amateure geben, die zwar nicht derart hohen pianistischen Ansprüchen genügen, aber derzeit in die Salons der VIPs und MIPs gehören. Zitieren wir den amerikanischen Romancier und Gesellschaftsspötter Tom Wolfe aus seinem 1988 erschienenen Buch »Fegefeuer der Eitelkeiten«: »… eine Viertelstunde später übergab er sich auf das 80 000 Dollar teure Klavier der Marke ›Duncan Phyfe‹.«
Nie davon gehört? Bulva auch nicht. Aber wenn Wolfe so was erwähnt, dann ist's *das* In-Piano.

Kleinbildkamera

Japanische Kameras können mehr, sind leichter und auch billiger. Trotzdem – jeder Fotograf, der etwas auf sich hält, hat mindestens ein Exemplar der besten Kleinbildkamera der Welt in seinem Besitz: die Sucherkamera »Leica M6«. Experten schwärmen davon, wie sie in der Hand liegt, wie langlebig und exakt ihre Mechanik ist und wie gut ihre Verarbeitung. Herzstück des Aufnahmegeräts aus Solms bei Wetzlar ist natürlich die Optik der Firma »Leitz«, die unbestritten die besten Objektive der Welt herstellt.
Seit 1914 werden die Kameras aus dem Mittelhessischen per Hand zusammengebaut und in alle Welt exportiert.

Klub

Der beste Klub ist der exklusivste, das heißt der mit den prominentesten Mitgliedern, die ein neues Member erst einmal akzeptieren müssen.
Die Antwort: »White's« in London. Diese päpstliche Loge unter allen Klubs der Welt existierte 1989 seit

Leica M6

296 Jahren, und zu seinen siebenhundert Mitgliedern zählen nicht nur fast sämtliche Premierminister englischsprachiger Staaten, sondern selbstverständlich auch die Creme des internationalen Hochadels und die Gentlemen unter den Bossen der Firmenbosse.
»White's« ist an sich gar nicht so teuer: 800 Pfund kostet die Aufnahme, rund 100 Pfund der Jahresbeitrag. Nur – man kann zur Mitgliedschaft lediglich vorgeschlagen werden (von mindestens zwei Members) und hängt dann jahrelang am Schwarzen Brett. Als Kandidat, und kritzelt nur einer ein Nein darauf, wird man vom Brett genommen und hört nie wieder etwas von »White's«.
Als einer der Autoren vor kurzem dort zu Mittag aß (eingeladen vom Hollywood-Grandseigneur Douglas Fairbanks jr.), saßen am selben Tisch: Prinz Philip, der australische Ex-Premier Robert Menzies, ein Rothschild, der schwedische Prinz Bertil und der südafrikanische Diamantenkönig Oppenheimer.
»White's« ist mehr als ein Doktortitel, Bestseller, Schallplattenhit und Rolls-Royce mit Chauffeur zusammen. Wer diese sechs Buchstaben samt Apostroph im internationalen »Who is Who« als I-Tüpfelchen seiner Eintragung führen kann, hat es geschafft.
Wenn er's schafft.
Für »White's« gilt der wunderbare Spruch des Marx Brother Groucho: »In einem Klub, der mich aufnimmt, möchte ich gar nicht Mitglied sein.«

»White's«: 37 St. James's Street, London SW 1.
Telefon: 0 04 41/4 93 66 71.

PS: Sollten Sie noch nie von diesem Klub gehört haben (was seinen Mitgliedern nur recht ist), so haben Sie ihn vielleicht schon gesehen – in den Zeichnungen des englischen Sozialkritikers William Hogarth. Er haßte diesen Tempel des Mammon und der Macht so sehr, daß er stets einen Blitz in das weiße Herrenhaus in der Londoner City einschlagen ließ ...

Knoblauch

Wir bekennen, daß wir nicht genau wissen, ob es das beste aller Knoblauchgewächse überhaupt noch gibt – oder ob es aufgrund der politischen Lage nur ruht.
Es wurde im Iran der Vor-Khomeini-Zeit – ja, wie sagt man? – präpariert, indem man es sieben Jahre lang trocknen und altern ließ, bis es jeglichen Beigeschmack und Geruch verloren hatte. Mit dieser Methode war dagegen sein Geschmack intensiviert worden, ein leicht süßliches, schweres Mandelaroma.

Knödel

Knödel gleichbedeutend mit Schweijk, Tschechoslowakei, Prag, Knedliky ...
Bestellt man sie in der ČSSR, bekommt man automatisch Semmelknödel; aber als wir das berühmte Restaurant »U fleku« in Prag anriefen, um uns alle nur möglichen Knödelarten von der Speisekarte vorlesen zu lassen, stoppten wir den freundlichen Geschäftsführer nach der zwanzigsten Sorte ...
Vielleicht kann uns Karel Gott in dieser Frage weiterhelfen? »Wo gibt's denn nun wirklich die besten Knödel der Tschechoslowakei und damit der Welt?«
Gotts Antwort: »Nicht in den angeblich so typischen Restaurants von Prag, sondern – lachen Sie nicht – im Hotel ›Forum‹, dem Interconti. Zumindest gibt's dort die besten ›öffentlichen‹, also nicht privat hergestellten.«
Das Restaurant im »Forum« heißt einfach »Tschechisches Restaurant«, aber mit den Knedliky machen sie es sich überhaupt nicht einfach: Für 140 Kronen gibt es dort ein Knödelbüfett, von Speck bis Zwetschgen, und der liebe Gott (Karel) hat recht: Es sind die besten ...

Kochtopf

Nicht einmal im Traum hatten wir angenommen, daß es schwierig sein könnte, den besten Kochtopf zu bestimmen. Aber gerade die Recherchen bei großen Köchen gerieten immer wieder in eine Sackgasse: Entweder waren die Meister des Herdes vertraglich an eine Firma gebunden, oder sie

Alessi – Perfektion in Qualität und Design

hatten das Gefühl, wir wollten ihnen Geheimnisse entreißen. Dabei ist die Antwort so einfach: »Alessi« aus Italien. Aber warum ist das Utensilienprogramm dieser Firma derart gut, und warum gibt es niemanden, der »Alessi« den Titel »The Best« streitig macht? Antwort des 1946 geborenen Alberto Alessi, der das Unternehmen zusammen mit seinem Vater Carlo, seinem Onkel Ettore und seinen Brüdern Michele und Alessio sowie seinem Vetter Stefano leitet: »Jedes Metall hat bestimmte Eigenschaften, besonders im Hinblick auf seine Wärmeleitfähigkeit, so daß es für einige Verwendungszwecke außerordentlich brauchbar ist, für andere hingegen nicht. Die ausschließliche Verwendung eines einzigen Metalls für alle Utensilien der Küchenbatterie ist typisch für die weniger fortschrittlichen Abschnitte des industriellen Zeitalters, und diese Phase ist heute überwunden. Aus den Erfahrungen der vergangenen Epochen haben wir gelernt, welches die ideale Form und das am besten geeignete Metall für die einzelnen Kochgefäße sind.«
Das Resultat dieser Überlegungen ist eine »Batterie de Cuisine«, die von dem Designer Richard Sapper und den Köchen Alain Chapel, Gualtiero Marchesi, Angelo Paracucchi, Raymond Thuilier, Jean-André Charial, Roger Vergé sowie Pierre und Michel Troisgros entworfen wurde: ein Programm aus Edelstahl 18/10 bzw. aus drei Lagen Kupfer, Aluminium und Edelstahl, aus Gußeisen (bei Bedarf email-

liert) und/oder besonders dickem Kupferblech.
Die »Cucina Alessi« besteht also jeweils aus dem für eine bestimmte Kochtechnik am besten geeigneten Metall, und die Formen der Utensilien entsprechen den Funktionen, die mit ihnen ausgeführt werden sollen.
Der Preis?
Man verzichte einmal auf ein Essen in einem Drei-Sterne-Restaurant, kaufe sich einen Alessi und koche ein Leben lang wie der Meister, dessen Künste man dieses eine Mal geschenkt hat ...

Kontrastprogramm

»Alles fließt«, wußten die alten Griechen, und Kontrast ist die Seele und das Geheimnis eines erfolgreichen Urlaubs. Nur wer zum Kontrast fähig ist, vermag zu erleben.
Immer wenn der österreichische Forscher Heinrich Harrer von einer seiner Expeditionen zurückkehrte, gönnte er sich nach der feuchten Enge der Dschungel, der eisigen Einsamkeit der Berge und dem staubigen Klima von Wüsten und Savannen die seltsamsten Kontraste, um den Eindruck seiner Reisen noch zu vertiefen: eine Wagner-Oper in Bayreuth oder ein Spiel bei der Eishockey-WM in Wien.
Den besten Kontrast, den wir kennen, leistet sich jedoch der mittelamerikanische Revolutionär Augusto Sandino. Dieser Mechaniker arbeitete als Gastarbeiter im mexikanischen Tampico und kehrte Ende 1926 in seine Heimat Nicaragua zurück, um in den Bürgerkrieg einzugreifen. Die derzeitige Linksregierung in Managua kam in seinem Namen an die Macht, und ein Zeitgenosse schildert Sandino so: »Er sitzt fast nackt in seinem Unterschlupf. Der Raum ist kahl. Eine Sitzbank. Ein Haufen Gewehre. Sandino wiegt sich langsam in seinem Schaukelstuhl.
Seine Gesichtszüge sind kantig und hart. Seine Augen glänzen. Und es ist eine sanfte suggestive Kraft in seiner monotonen Stimme. Eine Kraft, der man sich nicht entziehen kann.«
Und jetzt folgt der Kontrast zu diesem schwül-heißen, insektenverseuchten Urwaldunterschlupf: »Ein Kalenderbild an der Wand zeigt einen Seehundjäger im Polarsturm ...«
Merke: Nicht die Realisten verändern die Welt, sondern die Träumer.

Korkenzieher

Gäbe es einen einzigen Korkenzieher, der anständig funktioniert – die Welt hätte es nicht nötig gehabt, Hunderte von verschiedenen Instrumenten zur Korkenentfernung zu produzieren ...
Freilich: Fragen Sie einen der großen Sommeliers, bekommen Sie zu 99 Prozent eine Antwort, die diese flaschenhalserprobten Herrschaften auch nur irgendwo gelesen haben: Der beste aller

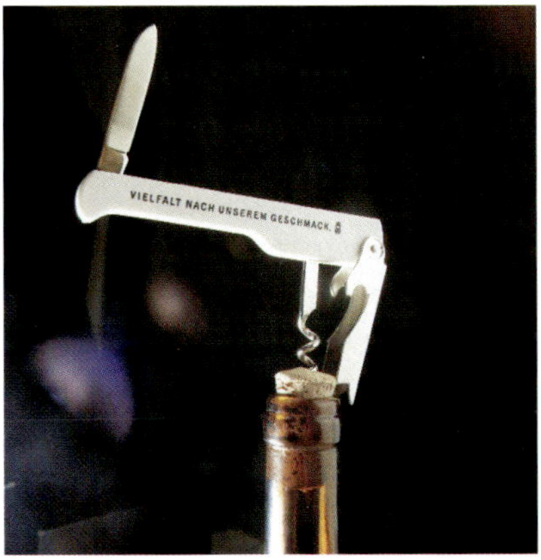

»Kellnermesser« des Deutschen Weininstituts

Korkenzieher sei – der »Screwpull« des Mr. Herbert Allen aus den USA. Ein Plastikwerkzeug, dessen Ziehspirale mit »Silver Stone Supra« aus dem Hause »DuPont« beschichtet ist.
Aber selbst der leicht begeisterte Peter Passell ist sich in seinem Buch »The Best« (1987 in New York erschienen) des »Screwpull« nicht ganz sicher: »Vielleicht nicht der perfekte Korkenzieher, aber zumindest ein gewaltiger technischer Fortschritt.«
Wir dagegen präsentieren das Gerät der Geräte: das »Kellnermesser« des »Deutschen Weininstituts« in Mainz. Der Preis: 5 Mark. Material: irgendein Plastikzeug mit Korkenzieher, Messerchen und Kronenkorkenheber aus irgendeinem Metall.
Unsere Empfehlung kommt nicht von ungefähr, denn dieser beste aller möglichen Korkenzieher wird von den besten deutschen Sommeliers verwendet, wenn auch nicht gerade in der Öffentlichkeit (die »Kellnermesser« sind nicht nur billig, sie sehen auch auffällig unseriös aus).
Am liebsten ziehen die Korken mit dem »Kellnermesser«: Markus del Monego, deutscher Sommelier des Jahres 1988, und Ralf Frenzel, Hausöffner des Raritätenhändlers Hardy Rodenstock.

Kostümverleih

Wer jemals bei den großen englischen Pferderennen wie Epsom Derby oder Royal Ascot dabei war, mag sich gewundert haben, dort eine so enorme Vielzahl von außerordentlich stilvoll gekleideten Menschen beobachten zu können. Vor allem die Herren oben auf den Tribünen sind nicht nur sehr elegant (was noch nicht so verwunderlich wäre), sie sind auch alle identisch elegant angezogen.
Man trägt den *Morning Suit* mit Zylinder und grauen Handschuhen. Und dieser Morning Suit wird fast ausnahmslos ausgeliehen, beim besten Kostümverleih der Welt, bei »Moss Bros« – sprich: Brothers – in London (seit 1869). Das funktioniert so: Waren Sie bisher kein Kunde bei »Moss«, rufen Sie circa vier Wochen vor dem gewünschten Termin das »Hire Department« der Firma am Covent Garden an (0 04 41/2 40 45 67) und geben Ihre Wünsche durch.

Darauf erreicht Sie ein Formular, in das Sie Ihre sämtliche Größen- und andere Maßangaben eintragen. Sie erhalten dann Bescheid, wann Sie Ihren Anzug abholen können (meist einen Tag vor dem Termin).
Im »Hire Department« liegt nun ein Bündel bereit, komplett mit Schuhen, Schal, Strümpfen, Handschuhen, Hemd, Weste, Anzug, und Hut; notfalls noch speziell auf Ihre Größe umgeändert.
Sie zahlen dafür rund 100 Mark, egal, ob Sie das Outfit nun ein, zwei oder fünf Tage benötigen.
Dabei darf man nicht vergessen, daß allein 1988 rund 20000 Männer von »Moss« eingekleidet worden sind, und zwar vom Kilt bis zur Unterhose.

Krawatte

Wer von der besten Krawatte der Welt spricht, kommt an der englischen Schul- und Klubkrawatte nicht vorbei. Die diagonalen und farbigen Streifen auf dunklem Hintergrund müssen aber unbedingt von der linken Schulter zur rechten Hüfte zeigen, andersherum handelt es sich um verpöntes Design aus den USA.
Das beste und ehrwürdigste Design sind die schwarz-hellblauen Streifen des Eton College. Die beste ist diese Krawatte aber nur, wenn sie von dem britischen Hersteller »P. L. Sells & Co.« stammt, aus englischer Seide ist und die farbigen Streifen etwas höher gewebt trägt als die dunklen. Worauf die Farben auf der Rückseite etwas dunkler wirken.
Ein Nicht-Eton-Absolvent darf diese Krawatte im Grunde überhaupt nicht tragen. Tut er es doch, dann bitte nicht so wie Peter Ustinov als Arthur Simpson in dem Film »Tokapi«: verschwitzt, mit gelockertem Knoten und hemdsärmelig.
Für Engländer schlicht *disgusting* ...

Krawattennadel

Jahrzehntelang galten Krawattennadeln als Werkzeuge proletarischer Eleganz (der Herr von Welt trug eh Weste, bedurfte also keiner Krawattennadel). Bis man Ende der achtziger Jahre darauf kam, alte Nadeln zu sammeln – und sie sich ans Revers zu stecken. Als Schmuck.
Parallel vollzog sich jedoch eine Renaissance der Schlips-ans-Hemd-Knipser, bedingt durch die Notwendigkeit der Busineßleute, zwar einen Schlips tragen zu müssen und zu wollen, andererseits aber sich dennoch ungehindert über den Schreibtisch beugen zu können.
So wie der Zylinder zu einem Relikt bei den Schornsteinfegern wurde, sicherte sich also auch die Krawattennadel ein Überlebensplätzchen – an der Managerbrust.
Die Frage nach der besten Krawattennadel ist ziemlich einfach zu beantworten – es ist die ausgefal-

lenste, die exklusivste, eine fast klassisch altmodische: der Clip, den die Porzellanmanufaktur Meißen aus 925er Silber und einem weißen Knopf mit den gekreuzten Schwertern in winziger Auflage für Ehrengäste und den Export nach Japan produziert.

Kreditkarte

Dieses Stichwort wird die Antwort schuldig bleiben. Es ist zwar das Stichwort, nach dem jeder als erstes fragt, aber jede Antwort wäre unsinnig: Es gibt sie nicht, die beste Kreditkarte. Natürlich – jeder träumt davon, möglichst viel Kredit zu haben, das heißt einen Spielraum für kurze Zeit, den eigene Finanzen vielleicht gar nicht zulassen, zumindest nicht in bar.
Aber nach der besten Kreditkarte zu fragen ist etwa so wie der Irrglaube von Skifahrern und Golfern, sie wären sofort besser, wenn sie sich neues Sportgerät zulegten. Dabei ist jede Kreditkarte am Ende, wenn's an die Abrechnung geht, nur so gut wie ihr Besitzer. Und – nur wer wirklich solvent ist, bekommt von den Kreditkartengesellschaften jenen Kreditrahmen eingeräumt, von dem alle anderen träumen.
Merke: Alles auf dieser Welt hat seinen Preis, und umsonst ist nicht mal der Tod.

PS: Die drei Autoren dieses Buches verwenden drei verschiedene Kreditkarten, ob nun »Golden«, »Executive« oder nicht – »Visa«, »American Express« und »Diners«.

Kreuzfahrtroute

Wir haben »Esquires« Kreuzfahrtexperten Ulrich Klever gefragt, und seine Meinung ist eindeutig: »Von Los Angeles durch den Panamakanal in die Karibik. Höhepunkt dieser Reise ist die Durchquerung Mittelamerikas auf dem achtzig Kilometer langen Kanal, eines der Wunder dieser Erde. Im Liegestuhl ruhend, gleitet man durch den zum Greifen nahen Urwald, einen Bilderbuch-Dschungel von geordnet scheinender Wildheit, und wechselt so in acht Stunden vom Pazifik in den Atlantik. Eine romantische Reise, weil der Kanal nicht einfach eine künstliche Wasserstraße ist, sondern zum Teil aus aneinandergereihten Seen besteht. Außerdem bietet die Fahrt einige pittoreske mexikanische und karibische Häfen.«
Dauer: rund 14 Tage. Kosten: zwischen 6800 und 10000 Mark.
Steigerung? »Wenn man die Strecke San Francisco–Los Angeles dazubuchen kann« (so Klever).
Und was ist mit der vielgepriesenen Südsee? Klever: »Der strapaziöse Aufwand steht in keinem Verhältnis zu dem, was man zu sehen bekommt. Außerdem gibt es zwischen den einzelnen Häfen zu viele Tage auf See. Die Südsee bedeutet nur Schifferlfahren ...«

Kreuzfahrtschiff

Alles mit »Sea ...«, mag einer behaupten: »Sea Goddess«, I und II, »Sea Cloud« ...
Wir denken anders. Denn nicht die Nostalgie beflaggt die Planken, die die Welt bedeuten, sondern ein Schiff, bei dem es der Reeder gewagt hat, mal was anderes zu machen, angebliche Gesetze der Passagierfahrt umzustoßen und ein neues nautisches Konzept vorzulegen.
Das beste Kreuzfahrtschiff ist deshalb die neue »Viking Sun« der »Royal Viking Line« aus Norwegen. Begründung: Das Schiff ist 50 Prozent größer als alle vergleichbaren Pötte, befördert aber dieselbe Zahl von Passagieren. 40 Prozent aller Kabinen besitzen einen Balkon, und die festen Tischzeiten sind aufgehoben und wurden durch drei Restaurants ersetzt: eines für Nouvelle Cuisine, eines mit gutbürgerlicher Hotelküche und ein Bistro.

Krimi

Im Jahre 1950 befragte der Schriftsteller Ellery Queen elf Kollegen nach ihrer Meinung zum besten Kriminalroman, der je geschrieben wurde. Das Ergebnis waren dreiundachtzig Geschichten.
Die ersten zwölf möchten wir hier nennen:*

*Quelle: Ellery Queens »Mystery Magazine«

1. »The Hands of Mr. Ottermole« von Thomas Burke;
2. »Der entwendete Brief« von Edgar Allan Poe;
3. »Die Liga der Rothaarigen« von Arthur Conan Doyle;
4. »The Avenging Chance« von Anthony Berkeley;
5. »The Absent-Minded Coterie« von Robert Barr;
6. »The Problems of Cell 13« von Jacques Futrelle;
7. »The Invisible Man« von G. K. Chesterton;
8. »Naboth's Vineyard« von Melville D. Post;
9. »Das Lächeln der Giocanda« von Aldous Huxley;
10. »The Yellow Slugs« von H. C. Bailey;
11. »The Genuine Tabard« von E. C. Bentley;
12. »Suspicion« von Dorothy Sayers.

Rex Stout ist völlig anderer Meinung, wie Vincent Starrett in seinem Buch »Books and Bipeds« schreibt:

1. »Der Mondstein« von Wilkie Collins;
2. »Der Malteser Falke« von Dashiell Hammett;
3. »Der Mordfall Bischof« von S. S. Van Dine;
4. »Die Akte Harrison« von Dorothy Sayers und Robert Eustace;
5. »Die Einfalt des Pater Braun« von G. K. Chesterton;
6. »Call Mr. Fortune« von H. C. Bailey;

7. »The Bellamy Trial«
von Frances Noyes Hart;
8. »Die Frau im Faß«
von Freeman Wills Crofts;
9. »The Murder of Roger Ackroyd«
von Agatha Christie;
10. »Lament for a Maker«
von Michael Innes.

Obwohl in beiden Listen die Namen Chesterton, Sayers und Bailey auftauchen, scheint uns der raffinierteste aller Krimis zu fehlen (der so gut ist, daß man fast schon zweifelt, ob er nicht eher in die Gattung »Gesellschafts-Romane« gehört):
Eric Amblers »Die Maske des Dimitrios«.
Daß wir mit unserem Urteil nicht einsam dastehen, beweist Graham Greene.
Seine Meinung:
»Ambler ist ohne Zweifel der beste Thriller-Autor unserer Zeit.«

Kritik

Wiewohl fast alle Kritiker – seien es Buch-, Film- oder Theaterkritiker – am wenigsten Kritik vertragen können, so hat doch wenigstens einmal ein kritisierter Künstler es seinem Kritiker ganz unkritisch und kritiklos meisterhaft heimgezahlt. Der Komponist Max Reger nämlich schrieb in einem Brief an seinen Kritiker: »Ich sitze gegenwärtig im kleinsten Zimmer meines Hauses. Ich habe Ihre Kritik vor mir. Gleich werde ich sie hinter mir haben.«

Kündigung

Die beste Kündigung, die einer der Autoren je mit eigenen Ohren gehört hat, stammt von dem holländischen Verleger und Journalisten Heinz van Nouhouys. Sie besteht aus einem kurzen Dialog ...
»Ich muß Sie aus gesundheitlichen Gründen entlassen.«
»Aber ich bin doch gar nicht krank!«
»Nein, aber Sie machen mich krank ...«

Kunstkritiker

Der beste Kunstkritiker ist die Ausnahme – weil er die Künstler kennt und über die Autorität verfügt, ihnen die Wahrheit zu sagen. Unsere Wahl fällt deshalb auf den Amerikaner Henry Geldzahler, der mal zuständig war für die kulturellen Belange der Stadt New York und in seiner unbestechlichen Urteilssicherheit eine Art Lothar-Günter Buchheim der USA ist.
Folgende Episode verdeutlicht das: In den frühen siebziger Jahren schickte Andy Warhol seinem Freund Geldzahler ein Portrait als Geburtstagsgeschenk. Takt war nie die Stärke des Kritikers, und so verweigerte er die Annahme des Bildes mit den Worten: »Das ist ja nichts weiter wie ein verfremdetes Polaroid! Von Kunst kann ich darin nichts entdecken ...«
Warhol ging in sich und bot Geldzahler an, ein neues Portrait zu

malen. Worauf der Kritiker warnte: »Aber nur, wenn es sich wirklich um ein Kunstwerk handelt!«
Geldzahler hat es bekommen.

Kunstsammlung

Im November 1988 erzielten achtundzwanzig Kunstwerke einer amerikanischen Privatsammlung bei »Christie's« in New York 85 Millionen Dollar. Das war ein Weltrekord, denn nie zuvor hatte ein einzelner Besitzer bei einer Auktion derart viel Geld bekommen.
Postum allerdings. Denn der Sammler, William Mayer Goetz, war bereits 1969 gestorben und seine zweiundachtzigjährige Frau Edith schon im Juni 1988.
Natürlich gab und gibt es immer noch weit größere, vielleicht auch bedeutendere Sammlungen in Privathand (wie etwa Thyssen-Bornemisza) oder halbamtlich (wie bei den Windsors). Aber der Wert der Goetzschen Kollektion ist durch den Verkauf dokumentiert und liegt damit jenseits jeder Spekulation.
Natürlich hatten die Nachlaßverwalter Glück: Der Verkauf geriet in die Phase eines verrückt spielenden Kunstmarktes, mit Preisen, die noch wenige Jahre zuvor für unmöglich gehalten worden wären. So brachte allein Picassos »Motherhood« aus der blauen Periode (1901) 24,8 Millionen Dollar – bis zu diesem Zeitpunkt war das der höchste Preis, der jemals für ein Werk des 20. Jahrhunderts gezahlt worden war, und damals der vierthöchste Erlös aller bisher versteigerten Kunstwerke.
William Mayer Goetz hatte das Bild Ende der vierziger Jahre gekauft, und seitdem hing es im Wohnzimmer des Ehepaares.

Unveräußerlich dagegen ist die ungeheure Sammlung, die der kroatische Entrepreneur Ante Topic Mimara zwischen 1917 und 1987 zusammengetragen hat.
Da fehlen weder der notwendige Velázquez noch der Königinnenkopf aus dem Mittleren Reich des alten Ägypten, weder die Jade-Teekanne aus dem 11. Jahrhundert noch der griechische Lekythos aus dem 5. Jahrhundert vor Christus. 3750 Stücke umfaßt die Kollektion (darunter 50 flämische Meister, 30 Ikonen, 23 Zeichnungen von Goya, 200 Skulpturen, 200 archäologische Gegenstände, 550 Gläser, 80 Teppiche), und Mimara, der – neunundachtzigjährig – am 30. Januar 1987 starb, hat sie seiner Heimatstadt Zagreb geschenkt. Sie ist in einem alten Schulhaus, 5 Roosevelt-Platz, untergebracht. Nach Wert und Anzahl ist die Mimara-Sammlung mit Sicherheit eine der bedeutendsten, zumindest kann ihre Bedeutung täglich besichtigt werden. Und: Er hat bei Punkt Null angefangen, nichts geerbt, nichts mit quasistaatlicher oder halbamtlicher Hilfe beschaffen können und weder Namen

noch Beziehungen gehabt, die ihm Vorteile im Kunsthandel ermöglicht hätten.

Aber noch ein Wort zu Hans-Heinrich Thyssen-Bornemisza. Der zweite Teil des Familiennamens ist übrigens ungarisch und bedeutet »Der, der keinen Wein trinkt« (was in Thyssens Fall nicht stimmt, *nomen* ist eben nicht immer *omen*).
In seinem Palast in Lugano, der »Villa Favorita«, geht man keinen Schritt, ohne unglaublich wertvollen Objekten aus jeder erdenkbaren Epoche zu begegnen. Er besitzt 572 alte Meister sowie 900 Bilder der anerkanntesten Meister der Moderne.
1987 hatte er genug vom Sammeln. Nun gelüstete es ihn nach Prestige. Mit seiner neuen Frau, einer Spanierin namens Carmen Maria (»Tita«), fing er an, seine Sammlung verschiedenen Ländern anzubieten.
Nun endlich war er Zentrum des Interesses: Ministerpräsidenten, Minister, Botschafter gaben sich in der »Villa Favorita« die Klinke in die Hand, und jedem Wetteiferer ließ er vertraulich mitteilen, daß er sich im stillen längst für das jeweilige Land entschieden habe – »Natürlich muß das vorerst geheim bleiben!«
Alle glaubten ihm. Dabei hatte seine Frau ihre ganz eigenen Ambitionen entwickelt. Sie wollte einen spanischen Adelstitel. Sie, die Herrin im Hause, bestand nun darauf, die Sammlung nach Madrid zu geben. Angeblich für den Titel einer vakanten Marquesa.
Nun hat die Thyssen-Sammlung ein neues Zuhause gefunden. Und Carmen Maria ist endlich salonfähig. In Spanien.

Kurzgeschichte

Dies ist ein sehr persönliches Stichwort und seine Beantwortung jederzeit anfechtbar (darüber sind wir uns durchaus im klaren).
Deshalb zuerst das Urteil eines Zeitzeugen – des amerikanischen Schriftstellers Tom Wolfe.
In seinem Roman »Fegefeuer der Eitelkeiten« läßt er den britischen Nobelpreis-Kandidaten Audrey Buffing sagen: »Edgar Allan Poe schrieb eine Geschichte, in der alles steckt, was wir wissen müssen über den Moment, den wir jederzeit erleben ... ›Die Maske des roten Todes‹ ...«
Wir stimmen dem Urteil zu, schlagen aber eine andere, viel skurrilere, entlarvendere und seltsam erfrischende Kurzgeschichte vor: nicht etwa »Die schönste Geschichte der Welt« von Rudyard Kipling, sondern sein »Das Dorf, das beschloß, die Erde sei flach«.
Diese Kurzgeschichte ist die perfekte PR-Nummer, eine gelungene Satire auf die Werbung, auf Propaganda, Neuigkeitensucht und Informations-Desinformation, ein unentbehrlicher Leitfaden für jede ehrgeizige Agentur ...

L

Lachs

Der beste Lachs kommt aus den Fjorden Norwegens. Der beste ist der »Mowinkel« oder »Mowi-Lachs«. Er ist der zarteste und der mit der bezauberndsten Farbe.
Ja, es ist wirklich wahr, daß man den besten Lachs daran erkennt, daß Leute, die ihn mit Zitrone betreufeln, mit dem Tode bestraft werden. Man darf ihn natürlich mit Brot essen, mit allem möglichen darf man ihn vermischen, doch mit Zitrone?
Wer den Geschmack töten will, spart viel Geld, wenn er im Laden um die Ecke »Abba«-Lachs kauft.

Laden für unnütze Dinge

Das, was Sie suchen, finden Sie dort wahrscheinlich nicht.
Dafür wissen Sie anschließend, was es alles gibt, wonach Sie noch nie gesucht haben.
Der definitiv beste Laden für völlig unnütze Dinge ist »Asprey & Company« in der Londoner New Bond Street.
Freßnäpfe für Hunde aus Sterlingsilber, ein Tomaten-Sandwich aus Edelsteinen oder Tennisschläger aus purem Gold sind dort ebenso auf Lager wie ein sechsarmiger Kandelaber aus dem Gregorianischen England oder eine Diamantbrosche, die einst Königin Victoria trug.
Aber von den oft unbezahlbaren Geschenken sollte man sich nicht abhalten lassen, einen Blick in die Lederwarenabteilung des Hauses zu werfen. Dort gibt es auch äußerst schlichte und absolut klassische Brieftaschen, Geldbeutel und Attachékoffer.
Bei »Asprey« kauft übrigens auch die gesamte königliche Familie Englands ein.

Land

Ein Stichwort – zwei Definitionen: Für die einen, die Deutschen, ist es das *Vaterland;* für die anderen, die Briten etwa, das *Motherland.* Ein feiner etymologischer Unterschied.
Das demographische Jahrbuch der UN wartet mit einer ganz anderen Möglichkeit auf, das beste aller Länder zu bestimmen: Wo lebt die Bevölkerung am längsten? Ein Faktum, das von allen Menschen bekanntlich hochgeschätzt wird.
Frage im Jahrbuch: Wieviel Prozent der Bürger werden wohl älter als fünfundachtzig Jahre?
Antwort, nach Männlein und Weiblein unterschieden:

Männer:

1. Puerto Rico 21,6%
1. Island 19,1%
3. Albanien 17,9%

Frauen:

1. Puerto Rico 33,7%
2. Kanada 33,6%
3. Schweden 33,3%

Nun gibt es sicher keinen Mann, der deshalb freiwillig nach Island oder Albanien zieht (gegen eine Umsiedlung unserer weiblichen Leser nach Kanada und Schweden ist ja grundsätzlich nichts einzuwenden). Es hat eben den Anschein, daß Langlebigkeit tatsächlich nicht die *Conditio sine qua non* sein kann.
Der Ausweg ist schlicht:
Nach allem, was man in aller Welt so hört, scheint die Bundesrepublik Deutschland trotz aller Wenns und Abers immer noch das Land zu sein, in dem es sich am besten leben läßt.

Land, in dem man innerhalb eines Jahres reich werden kann

Es liegt *down under*, und damit ist die Frage bereits beantwortet: Australien – heute mehr als jemals zuvor, aber auch schon damals standen die Chancen nicht schlecht, sein Glück zu machen. Nur: Heute geht's in keinem anderen Land mehr ...
Ob mit einer guten Idee (deutsche Wurst für Sydney), mit Glück (der Opalkönig von Kalgoorlie) oder mit Fleiß (mit Lastwagen durchs Outback), zweihundert Jahre Existenz haben nicht genügt, die Potenz dieses Kontinents auszulaugen. Dort geht, was anderswo bereits als alter Hut am Nagel hängt.

Laufschuhe

Sämtliche Lauf- oder Joggingschuh-Hersteller dieser Welt haben wahrscheinlich immer noch Alpträume, wenn sie an den äthiopischen Läufer Bikila Abebe denken, der 1960 und 1964 die olympische Goldmedaille im Marathon gewonnen hat – ohne Schuhe.
Schon seitdem der fünfte Earl of Spencer (der Ururonkel Lady Dianas übrigens) im Jahr 1865 die professionellen Laufschuhe erfand, wurden diese zwar immer und immer wieder verbessert, erreichten aber doch nicht die Qualität des Barfußlaufens.
So können die Autoren auch nur konstatieren, welcher im Moment der beste Laufschuh ist. Das heißt, welcher Schuh bei minimalstem Energieverlust maximale Stoßdämpfung und optimalen Halt garantiert. In diesem Sinne kommen die eindeutig besten Laufschuhe von der Firma »New Balance«, weil diese nicht nur qualitativ hervorragend gefertigt sind, sondern auch noch bei jedem Modell verschiedene Fußbreiten berücksichtigen.
Auf der ISPO '88, der größten Sportartikelmesse der Welt, ging die Firma »adidas« allerdings zum Angriff über: mit ihrem Torsion-System.
Darunter versteht man eine Kerbe in der Mitte der Sohle, die bewirkt, daß der Fuß genau da »tordiert«, wo es der nackte Fuß tut bzw. ohne Schuh tun würde – in der Fußwurzel.

Um diese abgeknickte Drehung noch besser zu erreichen, wurde in die neuen Schuhe ein sogenannter »Torsion-Stab« eingearbeitet, der sich auf der Längsachse mitdrehen kann, gleichzeitig aber eine zu starke Drehung des Fußes verhindert, indem er Seitenstabilität garantiert. Außerdem verhindert der Stab ein Überbiegen des Schuhs und damit des Fußes.
Der Fuß kann mit diesem Schuh so hebeln wie sonst nur ohne Schuhe – und das auch noch mit einer schwungvolleren Abstoßbewegung. Im Gegensatz zu anderen, rein sportlichen Erfindungen hat »adidas« Torsion-Stab und -Kerbe auch in feste Wanderschuhe eingebaut.

Lebkuchen

Diese Frau weiß nicht nur, was gut ist, sondern vor allem, was gut und süß ist. Fürstin Gloria von Thurn und Taxis bezeichnet sich selbst als die größte Naschkatze der Republik. Grund genug, die Fürstin zu fragen, welche die besten Lebkuchen der Welt sind.
Ihre Antwort: »Die besten Lebkuchen der Welt kommen zunächst garantiert nicht aus Nürnberg, wie viele glauben wollen. Die besten Lebkuchen der Welt macht meiner Meinung nach die ›Konditorei Rosner‹ in dem kleinen Ort Waldsassen an der tschechoslowakisch-bayerischen Grenze.«
Aus Waldsassen kommen jedes Jahr zu Weihnachten nur zwei Sorten Lebkuchen: Schoko-Nuß und Mandel. Die Autoren haben sie bestellt, probiert und der Fürstin unumwunden recht gegeben. Telefonische Bestellungen werden gern aufgenommen: 0 96 32/13 70.

Lexikon

Wir sind nicht böse, wenn einer unserer Leser unser Urteil mit dem Satz kontert: »Wissen Sie, das ist Ansichtssache.« Was besonders beim Stichwort »Lexikon« zutrifft. Natürlich wird man sich im Hause »Brockhaus« keiner Unterlassung bewußt sein, und im Hause »Larousse« arbeitet man sicher genauso akribisch.
Wir haben deshalb einen Mann gefragt, der selber Lexika produziert, darunter alljährlich das berühmteste Nachschlagewerk: das »Guiness Buch der Rekorde«. Und für Norris McWhirter steht fest – das beste Lexikon der Welt ist die »Encyclopaedia Britannica«. Ein Lob, das auch deutsche Nachschlager durchaus bestätigen werden, ohne sich aber von ihrem »Brockhaus« zu trennen.

Liebhaber

Man erspare uns, Namen wie Casanova, Don Juan, Rubirosa oder Ali Khan zu nennen. Sie kann man in jedem zweitklassigen Lexikon finden.

Für uns besteht die Antwort auf diese Frage in einer Erkenntnis: »Der beste Liebhaber ist ein Mensch ohne Terminkalender, also Zeitmangel. Deshalb wird ein Penner auch immer im Bett besser sein als ein Manager.«
Eine Weisheit, die nicht unbedingt glücklich macht, vor allem nicht die Damen.

Likör

Unser Mann ist nicht nur eine Kapazität in Sachen Kochen, Spazierstöcke, Taschenmesser und Kreuzfahrt, Ex-Fernsehkoch Ulrich Klever gilt auch als einer der besten deutschen Likör-Fachleute.
Sein Votum lautet: »Der beste Likör der Welt ist der ›Zwack Pear Impe-

»Zwack-Pear-Imperial«-Likör

rial‹. Selbst Kenner kennen ihn oft nicht, diesen Birnenlikör aus österreichisch-ungarischen Anbaugebieten. Er bietet Nase und Gaumen das perfekte Aroma und den Geschmack von frischen Birnen. Er wird aus Williamsbirnen hergestellt, die entlang der Donau heranwachsen. Der Brand wird mit der natürlichen Süße von Birnensaft zu einer Spezialität gemischt, die nie klebrig-süß, sondern leicht und angenehm am Gaumen ist. Das hat auch seinen Preis, denn nur die Mittelteile der Früchte werden verwendet, der Rest wird weggeworfen. Es gehört eine mehr als hundertjährige Erfahrung dazu, einen so komplizierten Likör herzustellen. Wenn Ihnen je eine Z-förmige, ›verzwackte‹ Flasche begegnet, versuchen Sie ihn: schnuppern und schlückchenweise trinken.«

Linguist

Laut Kölner »Express« beherrscht er achtundzwanzig Sprachen, neunundzwanzig sind es in der Berliner »BZ« und sogar dreiunddreißig in der »Bildwoche«.
A little bit too much, würde er sagen, und das in (amtlich) – fünfzehn Sprachen.
Dr. Heinz F. Wendt, Jahrgang 1916 aus Berlin, Ex-Lehrbeauftragter für Neugriechisch an der Freien Universität und seit 1962 hauptamtlicher Lektor bei Langenscheidt.
Dr. Wendt kann ... Englisch, Französisch, Russisch, Rumänisch, Albanisch, Ungarisch, Türkisch, Persisch, Arabisch, Neugriechisch, Hebräisch, um nur mal schnell ein paar zu nennen, und zur Zeit büffelt er gerade »ein bißchen Chinesisch« (was bei ihm soviel bedeutet wie bei anderen Leuten ein Dolmetscherexamen).

Lippenstift

Die roten Lippen einer Frau sind zwar ein nicht wegzudenkender Bestandteil des sogenannten »Weibchen-Schemas« und somit besonders anziehend für das männliche Geschlecht; das Rot auf den Lippen hat aber auch die unangenehme Eigenschaft, sich oft an Tassen und Gläsern, auf Anzügen und Wangen wiederzufinden. Und das stört Männer wie Frauen.

Etienne Aigner Cosmetics mit ihrem Spitzenprodukt »Lip Firm«

Der beste Lippenstift der Welt ist also der, der sich nur dort befindet, wo er hingehört, und auch möglichst lange dort bleibt.
Am besten erfüllt diese Voraussetzungen der »Lip Firm« von »Etienne Aigner Cosmetics«. Dieser Lippenstift ist kein Stift mehr, sondern ein Puder, der – mit einem kleinen Applikator aufgetragen – den ganzen Tag hält. Der Puder schmiert nicht, bleibt selbst bei hohen Temperaturen in Form und hat zudem noch pflegende Wirkung.

M

Make-up

Männer wie Frauen kennen das Bild: Die Dame ist exakt geschminkt, Lidschatten, Rouge und Lippenstift sind genau aufeinander abgestimmt, nur der Ton der Gesichtshaut erscheint zum sonst sichtbaren Teint wie der eines Indianers neben einem Bleichgesicht. Nachdem die Inhaltsstoffe der verschiedenen Arten von Make-up weitgehend identisch sind, fanden die Autoren mit Hilfe von Kosmetikexperten das beste Make-up dort, wo der natürliche Teint einer Frau nicht übertüncht, sondern unterstrichen wird.
Das System »Colorprinting« von »Prescriptives«.
Mit vier speziell entwickelten Farbstreifen wird bei diesem Produkt zunächst die Farbfamilie des jeweiligen Hauttons ermittelt; danach läßt sich innerhalb dieser Untergruppierung binnen fünf Minuten die exakte Farbnuance ermitteln. Das Ergebnis ist ein Make-up, das in der Farbe äußerst natürlich erscheint und lediglich die ideale Grundierung für ein geschminktes Gesicht bietet.

Mango

»Wohl wirft der Mangobaum den meisten Schatten; wer aber unter ihm schläft, wird von heftigem Fieber befallen«, heißt es in Indien. Dennoch ist seine Frucht eine der edelsten der Tropen, und selbst unter den edelsten Mangos gibt es noch die beste.
Die »Langda«.
Unter siebenhundert Mango-Arten gewann sie 1988 auf dem Festival von Saharanpur (Indien) den ersten Preis. Vorsitzender der Jury: Everest-Erstbesteiger Sir Edmund Hillary aus Neuseeland.

Manschettenknöpfe

Nebenbei arbeitet er als königlicher Hoflieferant für die Queen und die Königinmutter. In der Hauptsache jedoch ist Paul Longmire in der Londoner Bury Street der Lieferant der besten Manschettenknöpfe der Welt.
Zwischen sechs- und siebenhundert Paaren kann der Kunde auswählen, auf Wunsch wird selbstverständlich ein individuelles Motiv in Emaille gefaßt.
Longmires beste Manschettenknöpfe sind jedoch die traditionellen Knötchen. Das sind Gummifäden, die mit Seide umwickelt und zu einer Art gordischen Knoten verschlungen sind.

Marmelade

Marmelade ist mehr Geschmackssache, als man denken sollte. Zwar wird vielerorts immer wieder die leicht bittere britische Orangenmarmelade* zur besten der Welt hochstilisiert, doch haben sich die Autoren in diesem Fall lieber

am deutschen Lieblingsgeschmack »Erdbeere« orientiert.
Jeder, der behauptet, die beste Erdbeermarmelade stamme aus der Küche seiner Mutter, hat natürlich recht. Nur stammt die beste allgemein käufliche Erdbeermarmelade aus den USA und wird von der »American Spoon Company« hergestellt.
Sie zelebriert eine Ernte von Hand, Waschen von Hand, Dreiteilung der Früchte von Hand, dann wird mit Zucker und Zitronensaft gekocht und das Ergebnis so lange mit Holzlöffeln gerührt, bis das Verhältnis von Früchten zu Zucker exakt 7:4 beträgt. Schließlich wird die Marmelade noch per Hand in die Gläser gefüllt.
Wenn das nicht wie bei Muttern ist …

Marschverpflegung

Unerwartet, aber wahr: Der meistzitierte Beitrag der Zeitschrift »Esquire« im Jahre 1988 war ein Test internationaler Kommißkost – von der Bundeswehr bis zum Heer der Vereinigten Arabischen Emirate. Und das Ergebnis? Überraschend und deshalb so gerne gelesen.
Paul Levy, der britische Gourmet-Papst, hatte die Marschverpflegung gekostet und kam zu folgenden Bewertungen:
Bundesrepublik – deftige Hausmannskost, Hauptsache kalorienreich. Das Schmalzfleisch mehr fettig als fleischig, die Blutwurst eine fast schwarze, puddingartige Masse. Schmackhaft und würzig das Gulasch, Nudeln … labberig und ohne Biß. Auf eine Suppe müssen die Männer verzichten.
USA – auf dem neuesten Stand der technischen Möglichkeiten … das heißt dehydriert. Erdbeeren köstlich, geschnetzeltes Hühnerfleisch fad, knusprig dagegen die Schokoladenkekse. Vorteil: Als Abfall bleiben nur Folien übrig.
Australien – gräßlich.
Eine Mischung aus Babybrei und Hundefutter. Einziger Lichtblick: ein fruchtiger Müsliriegel.
Spanien – ein echte gastronomische Inspiration. Leckerbissen, die auch noch mit Knoblauch, Zitronensaft und Olivenöl verfeinert sind.
Großbritannien – ähnelt fatal britischer Zivilkost. Die Suppe erinnert an Kleister, es fehlt das Salz, dafür liegt Toilettenpapier bei.
Schweiz – nur ein paar Tafeln Schokolade, aber von bester Qualität (»Lindt«).
Frankreich – von Stil und Lebensart.

*Um noch einmal auf das berühmte Beschwerdebuch des »Muthaiga Club« in Nairobi zurückzukommen. Dort findet sich unter dem Datum 8. September 1980 die Notiz einer Konfitüren-Connaisseuse.
Sie lautet: »Es sollte sich allmählich herumgesprochen haben, daß Mrs. Thomson aus Nakuru seit 1927 das beste Orangen-Jam Kenias einmacht, und es sollte dem Club möglich sein, für seine Gäste ein paar Gläser reservieren zu lassen …«
Wie man sieht – die beste Marmelade ist ein Problem auf mindestens drei Kontinenten.

Mit einem Fläschchen Schnaps (Pastis), Zigaretten und eingedicktem Traubensaft als Weinersatz. Rindfleisch, Thunfisch und mehrere Streichkäse.
Vereinigte Arabische Emirate (VAR) – das interessanteste und schwerste Paket. Köstliche Hühnerbrühe, hervorragende Bohnen, Huhn mit Gemüse und Lamm auf Reis. Datteln, Bonbons, Thunfisch, Cheddar-Käse und eine Batterie Teebeutel (»Lipton«).

Paul Levy hütete sich, Sterne zu vergeben. Wir tun's mal:
***** – Spanien;
**** – VAR;
*** – USA, Frankreich, Bundesrepublik;
** – Schweiz;
* – Großbritannien;
kein Stern – Australien.

Maßschuhe

Maßschuhe und der Name John Lobb sind so untrennbar miteinander verbunden wie Ei und Henne. Wer mit nahezu der gesamten internationalen männlichen Aristokratie auf einem Fuß stehen will, muß sich nur bei Schuhmacher »Lobb« in der Londoner St. James Street einen Leisten anfertigen lassen. Dieser verbleibt dann für immer und ewig dort und wird für alle künftigen Anfertigungen ihrer Schuhe verwandt.
Das einzige, was man zu Mr. Lobb noch mitbringen muß (außer Geld), ist Geduld. Bis die Maßschuhe fertig sind, geht mindestens ein halbes Jahr ins Land.

Methode, ins »Guinness Buch der Rekorde« zu kommen

Als wir Norman McWhirter, den Erfinder und Chefredakteur des »Guinness Buch der Rekorde« um seinen Kommentar baten, winkte er ab: »Eine beste Methode hat es tatsächlich noch vor zehn Jahren gegeben, aber jetzt ist alles zu wettbewerbsmäßig geworden, zu professionell. Ich könnte Ihnen keinen noch so verrückten Weg nennen, um ins Guinness zu kommen ...«
Wir können es: eine Achtzehn-Löcher-Runde Golf, ohne wirklich Golf zu spielen. Der Ball wird einfach mit der Hand geworfen. Der Rekord wird von einem gewissen Joe Flynn aus den USA gehalten, der die achtzehn Löcher am 27. März 1975 (als damals Einundzwanzigjähriger) in 82 Würfen schaffte, und zwar auf dem Golfplatz »Port Royal« auf Bermuda. Das klingt erst mal ziemlich einfach, aber der Rekord muß auf einem 5500 Meter langen Platz übertroffen werden, und wenn man bedenkt, daß man einen Golfball mit dem Schläger bis zu 250 Meter weit schlagen kann, mit der Hand aber nur höchstens 80 bis 100 Meter schafft, dann wächst der Respekt vor Mr. Flynn. Und eigenartigerweise ist sein Rekord einer

der ältesten im Guinness Buch. Es ist jedoch der, den man immer wieder am leichtesten, ohne großen Aufwand, versuchen kann – und einer, bei dem die Konkurrenz nicht sehr groß ist. Noch nicht!

Mineralwasser

Vor einiger Zeit existierte am Rodeo Drive in Los Angeles eine vielbeachtete Bar, in der es nichts als – Wasser gab. Daher auch ihr Name: »Water«.
56 Sorten wurden angeboten, vor allem Mineralwasser, und obwohl die Bar genau im Trend lag, mußte sie 1988 schließen. Geblieben ist jedoch die Statistik des Wirts, eines Mister Bernard Joseph, die beweist, welche nun die beliebtesten (Mineral-)Wasser waren – und was, nach Meinung der Connaisseure, das beste.
»Volvic«.
Mineralwasser aus der Auvergne, einem ehemals vulkanischen Gebiet in Zentralfrankreich.
Es gibt zwei Quellen (seit 1927): Clairvic und Goulot, aber nur Clairvic wird kommerziell genutzt und sein Wasser in Flaschen zu großen Mengen abgefüllt, ebenjenes Superlativwasser mit dem Namen »Volvic« – die ersten zehn Jahre nach der Entdeckung der Quelle allerdings noch nicht, erst seit 1938 lokal und seit 1965 international.
100 000 Liter können pro Stunde in Flaschen gefüllt werden. Zwischen 1970 und 1987 sprach sich die Qualität von Volvic so weit herum, daß die Verkaufszahlen ums Fünffache stiegen, und heute sprudeln auf den Tafeln der Welt 450 Millionen Liter, davon allerdings nur 15 Prozent im Ausland.
»Ein Wässerchen von einzigartigem Berggeschmack«, lobt Mister Joseph (der wahrscheinlich selbst nicht genau weiß, wie dieses Lob zu verstehen ist). Die Chemiker jedenfalls stellten einen extrem niedrigen Natrium- und Kalziumgehalt und einen beachtlichen Magnesiumanteil fest. Im einzelnen:

Volvic-Mineralwasser

Kalzium 10,4 Milligramm/Liter
Magnesium 6,0 Milligramm/Liter
Natrium 8,0 Milligramm/Liter
Pottasche 5,4 Milligramm/Liter
Hydrocarbonat 64,0 Milligramm/Liter
Chlorid 7,5 Milligramm/Liter
Sulfat 6,7 Milligramm/Liter
Nitrat 2,0 Milligramm/Liter

Übrigens: Die ideale Temperatur, um »Volvic« zu trinken, beträgt 8 Grad Celsius. So kalt entfaltet es seinen Wohlgeschmack erst richtig.

Fragt man Martin Strick, den Autor des ersten deutschen Mineralwasser-Führers, nach seinem Urteil, antwortet er: »Das Mineralwasser ›Staatlich Fachingen‹ schmeckt mir am besten von allen Wässern weltweit. Erstens hat es mit 2,97 Gramm Mineralienanteil pro Liter eine gute Gesundheitswirkung. Zweitens mag ich seine feinperlige Kohlensäure. Und drittens schmeckt es auch hervorragend in der Mischung mit Wein. Es ist der Mercedes unter den Mineralwässern.«

Mittel zum Einschlafen

Vor einiger Zeit bot ein deutscher Veteran, den eine Kriegsverletzung seit dreiundzwanzig Jahren am Schlafen gehindert hatte, sein gesamtes Vermögen demjenigen an, der ihm nur eine einzige durchschlafene Nacht verschaffte.

Wer nicht in der Lage ist, den Zustand totaler Erschöpfung zu erreichen, und wem Schafezählen zu dämlich ist, der kann zwischen neunundzwanzig sogenannten »Hausmitteln« wählen – und zwar vom Zwiegespräch mit den eigenen Körperteilen bis zur Gutenachtlektüre absolut unverständlicher Bücher, vom Zählen der Haare auf dem Kopf (rund 100000) bis zur Suche nach der Fliege auf dem Dach des Kölner Doms.
Wir halten Gedankenspiele für das beste Mittel und schlagen speziell einen in England entwickelten Trick vor: Liegen Sie ruhig auf dem Rücken, und wispern Sie leise die Silben »Puh« und »Bah«, und zwar immer häufiger, wobei Sie immer zwei »Bah« weniger als »Puh« nennen müssen. Also zum Beispiel: »Puh Puh Puh Puh Bah Bah«, »Puh Puh Puh Puh Puh Bah Bah Bah«, »Puh Puh Puh ...« – hallo, aufwachen, Sie können doch hier nicht einfach einschlafen!

Model

»Schön aussehen können sie fast alle – schön sein kann man nicht können«, sagte einmal ein großer Agenturchef, als es darum ging, *das* Model für ein großes Pariser Modehaus zu finden.
Das beste Model ist also das, das die jeweilige Mode nicht vertritt, sondern verkörpert; das dem Designer praktisch immer als Inkarnation seiner Mode vor dem

*Inès de la Fressange,
das Topmodell des Hauses Chanel*

geistigen Auge schwebt.
Dieser Anforderung am besten gerecht wird nunmehr schon seit fünf Jahren die Französin Inès de la Fressange für das Haus »Chanel«. »Ich reise für ›Chanel‹ wie eine Ministerin um die Welt«, sagt sie selbst, und »Chanel«-Designer Karl Lagerfeld bekennt: »Sie ist meine Muse.«

Modellbauer

»Vor fünfzehn Jahren habe ich plötzlich aufgehört, erwachsen zu sein«, bekennt der beste Modellbauer der Welt, der 1943 geborene Franzose Jean-Pierre Hartmann aus Nogent-sur-Marne, 10 Kilometer östlich von Paris.
Hartmann begann während eines sechsmonatigen Krankenhausaufenthalts »aus Langeweile« mit Abfällen und anderen Fundsachen zu experimentieren und ist seitdem längst bei Gold, Silber und Juwelen

gelandet. Weshalb seine Modelle auch zwischen 1500 und 450000 Mark kosten.
Man muß aber die Geduld aufbringen, die zweijährige Wartezeit durchzustehen, die Hartmann allen seinen Kunden verordnet.
Der Franzose hat seit 1972 rund 3500 Modelle gebaut, darunter eine kleine Kutsche, für die er über 2000 Arbeitsstunden benötigte; dafür enthält sie aber zum Beispiel niedliche Aubusson-Teppiche. Preis des Spielzeugs: rund 300000 Mark.
Hartmann macht's aber auch preiswerter, und wer sein museumartiges Haus besichtigen darf, entdeckt dort unter anderem fünfhundert ausgestopfte Tiere, tausend Modellboote und etwa sage und schreibe fünftausend Eisenbahnzüge en miniature.
»Sie müssen davon ausgehen«, verrät Hartmann, »daß die Sammler von solchen Modellen mindesten so verrückt sind wie die Leute, die sie bauen.«
Und zu diesen Sammlern, seinen Kunden, zählen der Fürst von Monaco, eine ganze Reihe japanischer Industrieller, vor allem arabische Potentaten und der Direktor des berühmten Spielzeugmuseums in Barcelona.

Motorrad

Komisch – zur Klasse gehört eine gewisse Betulichkeit, zum Chic ein gerüttelt Maß an Konvention.
Das beste Motorrad ist deshalb

Die ElectraGlide von Harley-Davidson

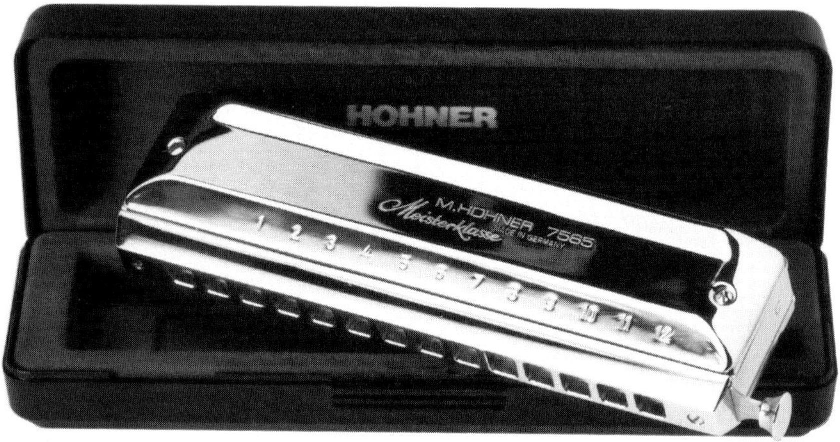

Mundharmonika von Hohner

ein bißchen altmodisch: die »ElectraGlide« von »Harley-Davidson«. Sie fährt sich, wie ein Fan schrieb, »wie ein Straßenkreuzer«, und ihre Grundkonzeption stammt
aus dem Jahre 1922, ist somit zwei Generationen alt. Aber Gefühl drückt sich nicht in Geschwindigkeit aus und Feeling nicht in Fahrtechnik.
»Wenn die ›ElectraGlide‹ mit Vollgas vorbeibraust«, heißt es im Buch »Quintessenz«, »hört es sich an, als würde ein Dinosaurier gurgeln.«
Genau das ist es.

Mundharmonika

»Hohner«, was sonst?
Als wir Blues-Barden wie John Mayall fragten, womit sie den Mood per Mund am liebsten produzieren (damit er am besten klingt), da fiel der Begriff »Blues Harp«: ein zehnlöchriges Zinn-Sandwich aus Trossingen in Germany.
Von »Hohner« eben.
Zitat aus der amerikanischen Ausgabe von »Esquire«: »Es mag seltsam klingen, daß wir eine Mundharmonika empfehlen, die aus Deutschland stammt – einem Land, das nicht gerade als ›bluesy‹ bekannt ist. Aber dort erfand 1821 ein sechzehnjähriger Uhrmacher namens Christian Friedrich Ludwig Buschmann die Mundharmonika ...«
Die »Blues Harp« und die etwas schwierigere, für Spitzenspieler gedachte »Pro Harp« sind Variationen der »Marine Band«, die seit 1896 produziert wird. Und hier ein paar Künstler, die auf den Harps unsterblich wurden – und mit ihnen das Instrument und der Blues –: Little Walter, James Cotton (»Take

Me Back«), Junior Wells, Snooky Pryor, Paul Butterfield, Charlie Musselwhite und – the Best of the Best – »Big Walter« Horton with »Carey Bell«.

Münze

Eine Münze muß man haben, nur die eine – und die macht jede Sammlung zur Kollektion.
Laut Holger Rosenberg, Papier- und Hartgeldhändler in Hamburg, ist das eine deutsche Münze aus dem Jahre 1917. Sie zeigt Kaiser Friedrich den Weisen und wurde nur hundertmal geprägt.
Das ist der Grund für ihren hohen Preis: Etwa 120000 Mark muß man für die Rarität anlegen.

Als diese Zeilen in Druck gehen sollten, ereignete sich eine jener Aktionen, die in der Grauzone deutsch-deutscher Beziehungen liegen und – wie »Der Spion, der aus der Kälte kam« – immer wieder passieren: Eine Münze, die es nur in drei Exemplaren gibt (die zudem noch als verschollen galten), wurde aus der DDR geschmuggelt und tauchte in Hamburg auf. Und sie ist wohl die beste aller Prägungen.
Der »Ausbeute-Doppeltaler« zum hundertjährigen Bestehen der »Bergakademie Freiberg« in Sachsen aus dem Jahre 1866.
Das Jubiläum konnte wegen der Besetzung durch die Preußen nicht gefeiert werden; also beschloß man, einen silbernen Doppeltaler

Ausbeute-Doppeltaler

(zwei Taler) zu prägen. Prof. Eduard Heuchler und der Graveur Alois Stanger reichten ähnliche Entwürfe ein; das Finanzministerium entschied sich für Stangers Idee – Vorderseite: Brustbild König Johannes vor dem Prinzregenten Xaver, Rückseite: allegorische Dame, Bergmann und Minengerät.
Das Gewicht der Münze beträgt 37,07 Gramm, der Feingehalt 900/1000, das Feingewicht 33,33 Gramm.
So weit, so gut; aber Stanger hatte das Relief seines Entwurfs vermutlich zu hoch geschnitten. Beim Prägen

zersprang der Maschinenhebel nach dem dritten Exemplar. Es gibt also nur drei Münzen dieser Art.
Im Weltmünzkatalog von Günter Schön und Jean-François Cartier findet sich der Doppeltaler auf Seite 424, und seine Existenz ist derart rätselhaft, daß die Autoren sich nicht mal über die existierende Anzahl im klaren sind (»circa drei Exemplare«) und über den Preis schon gar nicht: Sie haben ihn offengelassen.
Aber, wie gesagt – ein Exemplar des »Ausbeute-Doppeltalers« existiert mit Sicherheit, und zwar zur Zeit in Hamburg bei einem Privatmann.

Museum

So überraschend das auch klingen mag: Das beste aller Museen liegt in der amerikanischen Hauptstadt Washington und verbirgt sich unter dem nebulösen Begriff »Smithsonian Institution« (vgl. JUWELEN).
Das sind eigentlich elf Museen unter einem Dach zusammengefaßt: das »National Museum of Natural History«, das »National Museum of American History«, das »National Air and Space Museum«, das »Hirshhorn Museum and Sculpture Garden«, die »Freer Gallery of Oriental Art«, das »Museum of African Art«, das »National Museum of American Art«, die »National Portrait Gallery«, das »Anacostia Neighborhood Museum«, die »Renwick Gallery« und das »Cooper-Hewitt Museum«.
Die Sammlungen bestehen im Moment aus mehr als 75 Millionen Stücken, von denen knapp 5 Prozent zur selben Zeit gezeigt werden können. Was immer noch 3,75 Millionen Exponate bedeutet …
Nun mag einer geringschätzig meinen, da habe sich ein reicher Amerikaner die Kultur zusammengekauft, die dem Land nicht gewachsen ist. Falsch: Mr. James Smithson war Brite, und seine Institution besteht seit dem 10. August 1846.

Musical

We're singing in the rain …
Das beste Musical, auch noch aller Zeiten? Tut man nicht »Cats« unrecht, wenn man die »Klassiker« überbewertet? Ist die »West Side Story« nicht gerade deshalb höher einzustufen, weil das Werk all die Jahre gehalten hat, was Bernstein versprach?
Henry Marx ist der deutschamerikanische Broadway-Experte, und seine Meinung ist eindeutig – mit einem zweideutigen, überraschenden Nachsatz:
»In meine engere Wahl kommen:
1. ›Show Boat‹ (1927) von Jerome Kern und Oscar Hammerstein II. Weil es das erste ist, das den Gattungsnamen Musical verdient, wenngleich die letzten Spuren der alten Operette noch nicht verlöscht sind.

2. ›Oklahoma‹ (1943) von Richard Rogers und Oscar Hammerstein II. Weil hier zum ersten Mal die völlige Verschmelzung von Gesang, Dialog und Tanz glückte, die in den folgenden zwei Jahrzehnten alle guten Musicals auszeichnen sollte.
3. ›My Fair Lady‹ (1957) von Frederick Loewe und Jay Allen Lerner. Weil man es hier mit dem fast einzigartigen Glücksfall zu tun hat, daß Geist und Witz einer brillanten Vorlage – Shaws ›Pygmalion‹ – erhalten blieben, und somit ein neuer Maßstab für Musicals gesetzt wurde.

Doch während ich dies schreibe, will es mir scheinen, daß das beste Musical eins ist, das keins ist: ›Porgy and Bess‹ (1935) von George Gershwin, DuBose Heyward und Ira Gershwin. Es wurde als Oper konzipiert und übte dank seines folkloristischen Einschlags und seiner frechen Jazzrhythmen einen das Musiktheater beherrschenden Einfluß aus, ohne je wieder erreicht zu werden.«

N

Nachtklub

Nachtklubs kommen und gehen, sind »in« und auch schnell wieder »out« – und den besten zu bestimmen heißt, eine bewährte Institution zu wählen.
»Annabel's« in London.
»Wo man sich als was Besonderes fühlt, noch bevor man eingelassen wurde«, wie ein Nachtschwärmer schrieb. Sehr konventionell und – vor allem – ein echter Klub, dessen Mitglieder im Moment 250 Pfund Jahresbeitrag zahlen, das sind umgerechnet etwa 700 Mark.
Wer rein will, muß einen Bürgen haben, und die gediegene Atmosphäre ist die Schöpfung des Besitzers Mark Birley, der den Klub ach seiner Ehefrau benannte und auf jedes noch so kleine Detail – Dekor, Gastronomie, Service – strengstes persönliches Augenmaß legt.
»Annabel's« ist einer der wenigen Plätze auf Erden, wo sich die königliche Familie sicher fühlen kann und wo man sie trifft.
44 Berkeley Square, London W1, Telefon: 0 04 41/6 29 35 58.

Nagellack

Auf der Suche nach dem besten Nagellack der Welt stand den Autoren vor allem das Bild der Frauen vor Augen, die mit abgespreizten Fingern und wild mit den

Nagellack »One coat« aus der Serie Colors von Laura Biagiotti

Händen fächelnd durch die Wohnung laufen.
Der beste Nagellack kann demnach nur derjenige sein, der möglichst schnell trocknet und trotzdem in Form und Farbe stabil bleibt. Fündig wurden wir bei der Italienerin Laura Biagiotti, die unter der Formel »One coat« einen Nagellack herstellt, der nicht nur wesentlich schneller trocknet als andere Produkte, sondern bei dem auch bereits eine aufgetragene Lackschicht voll und ganz zur Deckung ausreicht.

Nationalflagge

»Wer hat eigentlich dieses merkwürdige Stichwort auf unsere Liste gesetzt?« fragte einer der Autoren seine beiden Kollegen.
Wir wollen es dennoch versuchen, zumal es einen ganz klaren und eindeutigen Sieger gibt: die Nationalflagge der ozeanischen Republik Papua-Neuguinea.
Sie zeigt, schräg zweigeteilt, im oberen roten Feld einen goldenen Paradiesvogel, in der unteren, schwarzen Hälfte das Kreuz des Südens.
Was diese Flagge zur besten macht, sind unserer Meinung nach zwei Kriterien: Erstmals wurde mit diesem Design das starre Schema der Streifen und Farben verlassen, zum zweiten wurde diese Nationalflagge (die am 1. Juli 1971 zum ersten Mal gehißt wurde) im Rahmen eines Wettbewerbs gewählt, den eine Hausfrau gewann. Demokratischer geht's wirklich nicht mehr – und hübscher auch kaum.

Nationalflagge von Papua-Neuguinea

Nationalhymne

Die beste ist immer die eigene, die italienische gefällt kaum einem, die sowjetische klingt wie ein Militärmarsch, und die der Elfenbeinküste eignet sich vorzüglich zum Tanzen.
Man sollte jedoch niemandem die Chance geben, mit der Nationalhymne Schindluder zu treiben, und wenn man sich schon erheben und mitsingen will, dann bitte kurz.
Der Titel »Beste Nationalhymne« geht deshalb eindeutig an das Scheichtum Kuwait. Denn dessen Nationalhymne verfügt über keinen Text, besteht aus lediglich 18 Takten und ist nur 16 Sekunden lang.

Notizbuch

Das beste, weil belastbarste, umfangreichste, schlichteste und deshalb professionellste Notizbuch kommt aus der Volksrepublik China (aus Schanghai, um genau zu sein), trägt die Nummer 6420 und ist schwarz mit roten Ecken und Rücken.
Eine ähnliche Ausgabe gleicher Provenienz heißt »Flying Eagles« und unterscheidet sich von der Nr. 6420 nur durch eine etwas gelblichere Papierqualität.
Ein ganz persönlicher Tip für Snobs, die ihre Notizen in Museumsstücken unterbringen möchten: Man besorge sich die reproduzierten Kunstwerke der Firma »Il Quaderno di Venezia« – gleich mit passendem Bleistift (Santa Croce 515, I-30125 Venedig).
Da ist jede Seite zu schade, um sie zu bekrakeln, was bei den chinesischen Ausgaben keine Rolle spielt.
Die Entscheidung liegt bei Ihnen.

Nüsse

Wer irgendwo in Afrika eine Maschine der »Swissair« besteigt, bekommt zur Begrüßung ein kleines Beutelchen mit Nüssen aus Kenia ausgehändigt. An sich nichts Besonderes, bis auf den Vermerk auf der Rückseite der vakuumverpackten Früchte: *This is the world's most sophisticated and exclusive nut!*
Ihr Name: »Macadamia« – Austral- oder Hawaiinüsse.
Sie wurden 1857 von den Botanikern Ferdinand von Müller und Walter Hill im nördlichen Australien, bei Brisbane in Queensland, entdeckt und nach dem Sekretär des »Philosophical Institute of Victoria«, Dr. John Macadam, benannt.
Es gibt zehn verschiedene Arten (nach alten Quellen: achtzig Arten), aber nur zwei sind eßbar.
Der bis zu zwanzig Meter hohe Baum wurde schon 1892 nach Hawaii gebracht, später auch nach Afrika, doch erst ab 1922 gelang die Kommerzialisierung dieser extrem empfindlichen Pflanze.
Die Nüsse können nur geerntet

werden, wenn der Baum sie von selbst abwirft, und die Schale ist derart hart, daß sie jedem Nußknacker widersteht. Vielleicht heißt die »Macadamia« auch deshalb »Königin der Nüsse« – was jedoch auch an ihrem ziemlich hohen Preis liegen kann.
An Geschmack und vielfältigen Möglichkeiten der Zubereitung übertrifft tatsächlich keine andere Nuß die »Macadamia«, mag sie nun aus Australien, Hawaii, Kenia, Japan oder Neuseeland stammen.

Nußknacker

Der beste Nußknacker der Welt stammt aus der heutigen DDR, hat aber eine lange erzgebirgische Tradition. Es ist der Nußknacker unserer Kindheit und somit unserer Erinnerung und Phantasie. Es ist die bunte Figur aus den Kinderbüchern und den Märchen, ein Lieblingsgegenstand der Illustratoren und der stilvollen Adventbegeher. Wer einen »Klassiker« haben möchte, erkundige sich nach einem der etwa zwanzig verschiedenen Nußknacker aus den »Vero-Werkstätten«, einem sogenannten »Seiffener Nußknacker« (den es in zwei verschiedenen Größen gibt). Man sollte ihn in der DDR kaufen, etwa in den Intershops von Sachsen und Thüringen (wo der große Knacker etwa 40 Westmark kostet), denn dann bekommt man zum romantischen Werkzeug gleich ein Stück Politik mitgeliefert. Zitat von

Die schönsten Nußknacker kommen aus dem Erzgebirge

der Originalpackung: »Im Seiffener Nußknacker spiegelt sich ein Stück lebendigen erzgebirgischen Volkskunstschaffens wider, hinter dem sich früher ein sozialer Protest der Spielzeugmacher verbarg. Voll Ironie und mit sichtlichem Vergnügen ließen sie sich deshalb von den protzig-bärbeißigen Gestalten die Nüsse knacken.«

O

Oberhemd

Als der Große Gatsby vor Daisy seine Schranktüre öffnete und sie darin Dutzende der feinsten Hemden wie Briketts aufgestapelt liegen sah, entfuhr der Dame ein spitzer Schrei: »Noch nie habe ich so schöne Hemden gesehen ...« Nun, diese Hemden waren allesamt von der Firma »Turnbull & Asser« aus der Londoner Jermyn Street. Und wenn selbst die Tokioter Modeexpertin Yuki Maekawa sagt: »Bessere Hemden gibt es weltweit nicht«, will das schon etwas heißen. Davon abgesehen läßt sich auch Prinz Charles seine Oberhemden dort anfertigen. Amerikas Präsident George Bush liefert mit seinem Hemdenschneider höchstens noch eine billigere Alternative zu den Meistern aus der Jermyn Street: Er läßt bei Ascot Chang im Hotel »Meridien« in Hongkong arbeiten, und wer ihm je nacheifert, wird nicht unzufrieden sein, vor allem nicht mit den Preisen ...

Oldtimer

Fast alle Oldtimer-Experten sind uns an den Kühler gefahren: Die Frage nach dem besten sei nicht zu beantworten, allein schon die Fragestellung sei falsch.
Also wandten wir uns an den Schriftsteller und Oldtimer-Sammler und Experten auf diesem Gebiet, Philip Vandenberg. Auch er wich aus, aber sein Statement scheint informativ:
»Der teuerste und seltenste Oldtimer ist der Bugatti Royale, Typ 41 (1931 - 1933, 8 Zylinder, 300 PS). Er wurde nur sechsmal gebaut und ist inzwischen 16,5 Millionen Mark wert. Aber das Ding hat den Teufel im Leib, springt nur höchst selten an und ist nur unter Schweißausbrüchen chauffierbar. Alle sechs Exemplare stehen in Museen.
Noch teuer genug und ebenfalls nicht ganz leicht zu steuern ist der Rolls-Royce Silver Ghost (1907-1925, 6 Zylinder, ausreichend PS). Vom Vorkriegsmodell (14/18) mit Parallel-Bonnet gibt es noch über hundert Exemplare, die zwischen 250000 und 750000 Mark gehandelt werden. Zu seiner Zeit galt der Silver Ghost als ›best car of the world‹.«

Olivenöl

Die eigentlich so einfach erscheinende Frage nach dem besten Olivenöl erwies sich im Laufe unserer Recherche als zunehmend schwieriger. Denn je tiefer wir in die Materie vordrangen, desto nebulöser wurde die Wahrheit. Bis sich schließlich herausstellte, daß das Stichwort überhaupt nicht mit einem einzigen Produktnamen zu beantworten ist.
Daß jeder Produzent, den wir befragten – von der Großindustrie bis zum Kleinbauern –, schwor, sein Öl sei das beste, war zu erwarten.

Und natürlich trat dieses Phänomen auch länderweise auf:
hie Frankreich, da Spanien, hie Italien und da jedes andere Land, in dem Ölbäume wachsen. Deren sind viele, und sie liegen nicht ausschließlich rund ums Mittelmeer. Man denke nur an Südafrika, Kalifornien, Australien und Südamerika.
Es galt zunächst zur Beantwortung der Frage nach dem besten Olivenöl, erst mal eine Länderauswahl zu treffen, und Umfragen bei Händlern ergaben, daß Öl aus Italien der Spitzenreiter ist. Die Qualität hängt allerdings sehr davon ab, in welcher Region der langen und von Nord nach Süd so unterschiedlichen Halbinsel die Bäume wachsen bzw. oft schon seit Jahrhunderten Früchte liefern.
Zweites Kriterium: Wie sind diese Bäume gepflegt worden, vor allem – wann und wie geschnitten?
Wie ist die Bodenbeschaffenheit? Wie wird der Boden heutzutage bearbeitet? Wie bewässert? Ist er Regen oder Dürre ausgesetzt? Welchen anderen klimatischen Einflüssen?
Plötzlich sind sich alle Experten einig: Die Toskana ist es (wobei auch noch ganz gut im Rennen liegen: Umbrien, Marche und Ligurien).
Warum die süditalienischen Provinzen so weit unten rangieren, ist für den Laien schwer verständlich, denn wer einmal die wohlgepflegten, uralten Olivenhaine Apuliens gesehen hat, müßte eigentlich meinen, von hier käme das beste italienische Olivenöl. Dem ist anscheinend nicht so – es heißt vielmehr, daß dieses Öl von den großen Fabriken aufgekauft und als jenes billige »Olio d'Oliva« in Blechkanistern auf Bahnsteigen oder am Straßenrand verramscht wird.
Freilich – sogar diese Öle sind klar, goldgelb und durchaus wohlschmeckend. Aber sie waren nachträglichen Raffinierungsprozessen, chemischen Extraktionsmitteln, hohem Druck und Wärme ausgesetzt.
Heutzutage muß ein gutes Olivenöl jedoch »kalt gepreßt« sein, dazu »extra vergine«, je grüner und trüber, desto besser (allerdings wird auch dieses so aussehende, frisch gepreßte Öl später durch Absetzen eines Niederschlags klar, bleibt aber grünlich).
Warum es »*extra* vergine« heißt oder sein muß, läßt sich nur unzureichend klären. Scheinbar genügt die reine, eben jungfräuliche Unberührtheit (von chemischen und sonstigen Mitteln und Prozeduren) nicht.
Der Begriff an sich stammt übrigens aus der Provence – »Huile vierge«. Dort breitet man die reifen, ausgelesenen Oliven auf dem Boden zum Trocknen aus, und das dabei aus den Früchten quellende Öl ist das echte »Huile vierge« – Jungfräulichkeit ohne Druck.
Ölgewinnung bedeutet in der Regel jedoch das Gegenteil: Die Oliven sind einem großen Druck

ausgesetzt. Qualität bedeutet jedoch, daß möglichst wenig Druck angewendet werden sollte. Oder: je geringer der Druck, desto besser das Öl. Ist der Druck zu stark, quetscht man zwar auch noch den allerletzten Tropfen aus den Oliven, aber zusammen mit dem Tropfen höchst unerwünschte Stoffe, die später mit allerlei Industrie-Schnickschnack wieder herausgeholt werden müssen (oder besser sollten).

Wir haben uns umgesehen in einer kleinen privaten Ölmühle, in der heute noch kalt gepreßt wird. Diese winzigen Unternehmen führen einen verzweifelten Kampf gegen die übermächtigen Konzerne der Olivenöl-Branche, und ein Treppenwitz unserer ökologisch so bewußten Zeit ist es, daß gerade diese Industrieunternehmen mit ihrem qualitativ nur mäßigen Öl den Umweltschutz als Hebel ansetzen, um die kleinen Mühlen mit ihrem Top-Öl kaputtzumachen: angeblich, weil ihre Produktionsart nicht den Reinheitsgeboten entspricht.

Eine üble »grüne« Kehrseite.

Eine solche kleine Mühle versorgt einmal im Jahr für ein paar Wochen im November und Dezember die Bauern, die zwischen vierzig und tausend Ölbäume besitzen und eine Olivenmenge von 300 Kilogramm aufwärts produzieren.

»Unsere« Mühle war ein Zwei-Mann-Betrieb. Der Besitzer, ein jovialer älterer Herr mit einer viel zu kleinen Mütze auf einem kahlen Schädel, bediente Schalter und Ventile und rechnete mit Kunden ab, während sein stämmiger Sohn die Maschinen mit exakten Handgriffen fütterte. Das Mahlen ist ein mehrstufiger Vorgang mittels elektrischer Pumpen, Trommeln und – abschließend – einer Zentrifuge, mit der die wäßrigen, aber bitteren Anteile aus dem Öl geschleudert werden.

Wir hatten 350 Kilogramm Oliven mitgebracht, schwarze, rotgrüne und ganz grüne gemischt (die die geringste Menge, aber wohl das beste Öl geben) und gingen mit 39 Litern »vergine« in zwei großen Korbflaschen nach Hause.

Aber was ist denn nun das beste vom besten Olivenöl?

Wir haben einen toskanischen Conte, einen deutschen Grafen (seit 25 Jahren Ölhersteller und Pferdezüchter in der Toskana), einen beliebten Gastwirt auf Elba, ein Bauernehepaar in Umbrien, einen auf Ölpressen spezialisierten Mechaniker, den Kellner eines Straßencafés in Florenz, eine deutsche Dame, die sich aus Liebe zur sanften Schönheit der Toskana zu einer italienischen Landwirtschaftsexpertin entwickelt hat, und natürlich den Besitzer der kleinen Ölmühle gefragt.

Ihr Fazit: Die Öle der großen Firmen kommen allesamt nicht in Frage, da sie durchweg »künstlich« behandelt wurden. Die besten Öle stammen von kleinen Aziendas und wurden in kleinen lokalen Ölpressen produziert.

Diese Öle sind allerdings nur sehr schwer erhältlich, man muß, um sie wirklich so zu bekommen, wie sie sein sollten, eine sehr individuelle Toskana-Reise planen, möglichst im eigenen Wagen, und muß Ort für Ort abklappern, wenn's geht, mit Hilfe von dort ansässigen Freunden.
So haben wir das gemacht und fanden den Superlativ, das beste vom besten Olivenöl:
»Olio Badia a Coltibuono
Extra vergine di Oliva
Gaiole in Chianti – Siena«.
Dieses Öl wird in quadratischen Flaschen verkauft und trägt eine Jahrgangsbezeichnung. Der oben erwähnte Gastwirt aus Elba* holt es sich für 29000 Lire pro 0,7 Liter (das waren bei Redaktionsschluß immerhin etwa 40 Mark) und verwendet es wegen seiner Kostbarkeit nur für Salate, Mayonnaisen, Spaghettisoßen und so weiter, jedoch nicht zum Braten.
Der Einkaufspreis nährt die Vermutung des deutschen Grafen, einige clevere Geschäftsleute würden dieses »extra vergine« in jeder Menge exportieren, um es zum Beispiel in New York für umgerechnet 100 Mark pro Liter zu verkaufen. Gerade bei diesem Öl fiel während unserer Recherchen auch irgendwann mal der Name »Mafia«.
»Extra-vergine«-Öle vielleicht nicht ganz so exklusiver Produktion bekommt man mittlerweile in italienischen (und deutschen) Feinkostläden und sogar in den Servicestationen entlang der Autostrade. Um hier nicht in eine industrielle Falle zu tappen, denn bekanntlich sind Etiketten geduldig, ein weiterer Tip: Wenn schon nur die zweite der ersten Wahl, dann möglichst »Olio EXTRA VERGINE«, Azienda agricola Piero Gonelli, Reggello in Florenz.

* Signore Luciano, Ristorante »Il Chiasso«, Capoliveri, Elba.

Oper

»Es gibt keine ›beste Oper‹. Es gibt – Gott sei Dank – nur sehr viele gute Opern. Denn wer entscheidet schon, was wann und wo die ›beste Oper‹ ist?
Wenn Sie uns in diesem Moment fragen, was für uns persönlich die beste Oper ist, dann antworten wir: die ›Zauberflöte‹ von Mozart. Sie ist für einen Regisseur die größte Herausforderung – und für einen Dirigenten nicht minder.
Sie ist Volksoper und Philosophentheater. Sie ist lustig und sehr ernst. Sie handelt von Dingen hic et nunc und weist weit darüber hinaus.«
Prof. August Everding, Generalintendant der »Bayerischen Staatstheater«.

Orden

Nein, nicht Bundesverdienstkreuz Erster Klasse mit Band und allem anderen Drum und Dran.

Der Pius-Orden,
die höchste Auszeichnung des Vatikans

Gratulation für den, der es an den Frack heften kann, aber da gibt es schon noch Höheres.
Der »Pius-Orden«, die höchste Dekoration des Vatikans, ist für den europäischen Raum wahrscheinlich das Nonplusultra. Zum ersten Mal verliehen wurde er 1847 von Pius IX. Er existiert Erster und Zweiter Klasse, die Nummer eins ist vererblich, die Nummer zwei nicht. Was muß man für ihn leisten? Schwer zu sagen. Natürlich, Verdienste um die heilige Mutter Kirche, im weitesten Sinne, doch der Heilige Stuhl läßt sich nicht in das Korsett eines Kriterienkatalogs zwängen. Er verleiht den Orden einfach nur äußerst selten an außergewöhnliche Sterbliche.*
Auch nicht zu verachten ist das »Goldene Vlies«, ursprünglich ein burgundischer Orden, den man 1430 ins Leben rief. Er wurde schließlich der ranghöchste Hausorden des österreich-ungarischen und des spanischen Hofes und wird heute nur noch vom Chef des Hauses Habsburg verliehen, S.K. u. K.H. Erzherzog Otto von Österreich-Ungarn alias Otto von Habsburg MdEP. In Deutschland dekoriert dieser Orden zur Zeit die Brust von Fürst Joachim zu Fürstenberg – erhalten unter dem Motto »Wohltätigkeit«.
Der höchste deutsche Orden ist der »St.-Georgi-Orden«, der Hausorden der Familie Wittelsbach. Verliehen wird er vom jeweiligen Chef des Hauses Bayern.

*Das Großkreuz-Set hängt an einer Schärpe, das Kleinod besteht aus 36 Gramm Gold; der Bruststern hat einen Durchmesser von 7 Zentimetern, die Farben des Ordens sind Gold und Blau (Emaille).
Im Handel kostet der »Pius-Orden« mindestens 1000 Mark, zählt also auch dort zum Besten vom Besten.

P

Paradies

Wir gehen bewußt das Risiko ein, einige unserer Leser zu enttäuschen. Aber das wahre Paradies auf Erden liegt in uns selbst. Oder wie das der deutsche Romantiker Jean Paul ausdrückte: »Die Erinnerung ist das einzige Paradies, aus dem wir nicht vertrieben werden können.«

Party

»Die absolut beste Party, die eine, für die Sie wirklich einen halben Arm geben würden, um eingeladen zu werden – das ist jene Party, bei der der schlimmste Gast genau Sie sind ...«
Sagte Andy Warhol einmal, und der muß(te) es ja wissen, da er sein ganzes verrücktes Leben als Party zelebrierte.

Woran liegt es? Seit geraumer Zeit wagt es niemand mehr, exzentrische Partys zu geben. Personen öffentlichen Interesses müssen heute ihr Privatleben gegenüber einer neidischen, Klatschkolumnen lesenden Öffentlichkeit rechtfertigen. Bereits wenn es heißt: »Der Champagner floß in Strömen«, wird dies als Dekadenz verurteilt. Mit Nostalgie blickt man da auf die Gesellschaft der zwanziger und dreißiger Jahre. Auf die Gräfin Marie-Laure de Noailles zum Beispiel, eine geborene Prinzessin Brankowan. Sie war eine der exzentrischsten und faszinierendsten Gestalten der französischen, der europäischen Society. Sie liebte es, mit einem Leoparden an der Leine, im Pelz, mit Juwelen behangen, in Paris durch die Straßen zu spazieren. Diese überaus distinguierte und zugleich kuriose Figur – ein Phänomen, das nur in der Zeit zwischen den beiden Weltkriegen denkbar war – war mit einem relativ konservativen französischen Aristokraten verheiratet, der ihre Verrücktheiten tolerierte. Sie lebten in einem prachtvollen Haus mit einer Bildergalerie, die von Goyas, Delacroix, Dalís und Picassos nur so strotzte. Ihr außergewöhnlicher Reichtum erlaubte es ihnen, als Mäzene verschiedenster Künste zu fungieren, und so finanzierten sie beispielsweise zwei außergewöhnliche Filmprojekte: »Das Blut eines Dichters« von Cocteau und »Der andalusische Hund« von Buñel und Dalí.
Die Premiere dieses experimentellen Stücks Filmgeschichte provozierte damals einen Skandal – zurückzuführen auf einige recht schockierende Szenen. Die Noailles wurden von der konservativen Öffentlichkeit gemieden, und die Diözese erwägte die Exkommunizierung des Grafen Charles, ihres einflußreichen und allseits geachteten Gatten. Er verlor mehrere Ehrenposten. Sollten Graf und Gräfin Noailles von nun an nicht mehr salonfähig sein, verbannt von der snobistischen Pariser Gesellschaft?

Ja. Doch so schlimm dies auch war, so führte es doch zu ihrer eigentlichen »Befreiung«: Marie-Laure sah sich nun endgültig von allen noch übriggebliebenen Zwängen der Konvention befreit, und Charles gefiel es, endlich nur noch mit den Leuten zu verkehren, die er mochte, anstatt sich mit langweiliger Pflichtgesellschaft herumschlagen zu müssen. Bereits vor dem Skandal waren die Feste der Noailles berüchtigt – mit ihrer geschichtlich wohl einmaligen Mischung von Gästen: vom Klerus, der Aristokratie und der Wirtschaftswelt bis zu Künstlern oder einfachen Leuten, die die Spontaneität der Gräfin herausforderten – Leute, die sie buchstäblich von der Straße auflies.

Berühmt wurde ihr »Materials Ball« im Jahre 1929. Die Gäste mußten in Kostümen aus Papier, Zellophan oder ähnlichem Material erscheinen, es wurden gotische Tänze aufgeführt. Die Maler Dalí, Max Ernst und Paul Morand waren da.
Unvergeßlich ist auch die »Fête des artistes« im Februar 1956. Mrs. Ian Fleming, die Frau des Erfinders von James Bond, schrieb damals in einem Brief an ihren Mann:
»Gegen Ende der Party kamen als Priester verkleidete Gestalten auf alle hübschen Damen zu, hielten ihnen ein Kruzifix entgegen und sagten: ›Ich sehe, Sie haben einiges zu berichten.‹«
Feste, die noch am ehesten an die der Noailles heranreichen, waren die des Baron und der Baronin Guy de Rothschild. In ihrem »Château de Ferrières« wiederbelebten sie die bereits totgeglaubte Ballkultur ein letztes Mal. 1972 gaben sie einen Maskenball, der wohl als der beste der »Neuzeit« bezeichnet werden kann – der »Surrealistische Ball«. Das Schloß wurde in rotes Flutlicht getaucht, als wäre es zuvor mit Blut übergossen worden, die Gäste irrten zuerst durch ein riesiges Labyrinth, bevor sie den Ballsaal erreichten. Dort standen Tische, die von Salvador Dalí dekoriert worden waren. Die Gäste waren sensationell verkleidet: Baronin Denise Thyssen hatte sich von einem Wachsfigurenkabinett eine Imitation ihres Kopfes anfertigen lassen und ihn auf ihren eigenen aufsetzen lassen – die Frau mit zwei Köpfen. Die Gastgeberin trug die Maske eines echten Elches mit riesigen Geweihen.
Audrey Hepburn hatte sich einen Vogelkäfig um ihren Kopf herumbauen lassen, im dem echte Vögel flogen. Salvador Dalí mußte sich nicht verkleiden – er war schon so surrealistisch genug.
Der »Surrealistische Ball« ist bis heute einzigartig geblieben.

Partyservice

Sosehr die deutsche Partygesellschaft auf die Dienste des nimmermüden Münchners Gerd Käfer schwören mag, auch dieser hat

noch einen Lehrmeister bzw. eine Lehrmeisterin.
Die Königin der Partyveranstalter weltweit ist die Engländerin Lady Elizabeth Anson. Seit fünfundzwanzig Jahren ruft man sie, wenn es darum geht, eine königliche Trauung zu inszenieren, einen Ball für die Herzogin von Kent im Hongkonger Hotel »Regent« zu arrangieren oder für Bier-Multi Freddie Heinecken eine Müll-Party auf einem Schweizer Berg zu veranstalten.
Lady Anson veranstaltet an jedem Tag des Jahres durchschnittlich vierzehn Feste – vom Galadiner bis zum Kindergeburtstag.
Dies ist nun wiederum eine Zahl, über die man bei der Firma Käfer in München lächelt (bei etwa siebzig Veranstaltungen pro Tag!)

Pflastermaler

Der beste Pflastermaler, den man auf der Welt finden kann, ist Kalifornier und heißt Kurt Wenner (Jahrgang 1959).
Der fast zwei Meter große Künstlerriese reist alljährlich quer durch die USA und Europa und wirft seine Bilder mit Pastellfarben auf Plätze und Straßen – oft so täuschend echt, daß die Passanten weite Bogen um seine Höllenschlünde und Wolkenkratzer machen.
»Es stört mich nicht«, sagt Wenner, »wenn der nächste Regen oder die städtische Straßenreinigung meine Kunst wegspült. Sie ist ja nur für einen überraschenden Moment gemacht.«

Pflastermalerei von Kurt Wenner

Ein Plakat, das Geschichte machte

Plakat

Kaum ein Stichwort erscheint schwieriger zu beantworten – und ist am Ende doch so leicht.
Das beste aller Plakate ist die Aufforderung an alle männlichen Amerikaner passenden Alters, sich zur Armee zu melden: Der aus unbegreiflichen Gründen fuchsteufelswilde Uncle Sam zeigt mit seinem überdimensionalen rechten Zeigefinger auf YOU! und WANTS Dich ...
Kein Poster konnte sich so lange halten, keins wurde häufiger kopiert und verballhornt (zum Beispiel als Titel dieses Buches), und keins ist weltweit populärer geworden – sowohl in der grafischen Ausführung als auch in der darin enthaltenen Message.

Planet

Auch die hoffnungsvollsten Zukunftsforscher geben unserer alten Mutter Erde nur noch ein paar Jahrtausende zu leben. Höchste Zeit also, sich nach dem besten Planeten unseres Sonnensystems umzusehen.
Professor Jürgen Kaminski von der Sternwarte Bochum liebäugelt eindeutig mit der Venus.
100 atü und derzeit rund 500 Grad im Schatten sind zwar momentan noch nicht die allerbesten Voraussetzungen, könnten es aber werden. Eine Flotte von Großraumraketen, beladen mit einfachen Blaualgen von der Erde, würde genügen, um die Venus in ein echtes Paradies zu verwandeln.
Die Blaualgen würden das Kohlendioxyd (96 Prozent auf der Venus) in Kohlehydrate (Stärke) umwandeln und dabei Sauerstoff freisetzen. Die Stärke wiederum würde herabrieseln und sich in wärmeren Regionen wieder in CO_2 und H_2O (Wasser) umsetzen. Von dem CO_2 könnten wiederum die Blaualgen leben und so weiter.
Nach ein paar Jahrhunderten müßte sich der dicke Dampf aufgelöst haben, der die Venus im Augenblick noch in ein Treibhaus verwandelt. Die Oberflächentemperatur würde auf ein erträgliches Maß sinken, ebenso der atmosphärische Druck. Und Sauerstoff wäre dann reichlich vorhanden.

Pommes frites

Sie können sie probieren an fast jedem Ort der Welt, und Sie werden nirgendwo bessere Pommes frites oder »French fries« (wie die Amerikaner sagen) finden als bei »McDonald's«.
Einen überzeugenden Grund für dieses Urteil lieferte den Autoren das ausgeklügelte Herstellungsverfahren der goldbraunen Kartoffelstäbchen durch den US-Massenversorger.
Verwendet werden nur beste Kartoffeln, das Sortieren, Waschen und Schälen geschieht vollautomatisch. Anschließend werden die

Luxusprodukte aus der Staatlichen Porzellanmanufaktur Meissen

Kartoffeln in Heißluft vorgetrocknet, vorfritiert und tiefgefroren. Damit nicht einmal eine Aushilfskraft die Dinger zu lange im Fett läßt, sind die von der Konzernzentrale weltweit standardisierten Friteusen computergesteuert, halten zudem über eine Sonde die Temperatur des Fettes bei konstant 170 Grad. Wenn die Pommes fertig sind, klingelt es laut. Die Qualität des Fettes kontrolliert »McDonald's« direkt beim Hersteller. Außerdem besagt eine strenge Vorschrift in allen Filialen, daß das Fett alle 15 Stunden gesiebt und alle 45 Stunden gewechselt werden muß.

Porzellan

Jedes der 250 000 lieferbaren Teile des »VEB Staatliche Porzellanmanufaktur Meissen« in Meißen (man beachte den feinen Unterschied in der Schreibweise).
Der Aufwand, der in der DDR mit dem Kulturgut reinsten kapitalistischen Luxus' getrieben wird, wäre im Westen gar nicht mehr möglich – zumindest nicht zu den eh schon sündhaft teuren Preisen. Aber im stillen Elbtal hinter Dresden geschieht nun mal seit 278 Jahren nichts nicht per Hand, und so sind achthundert Maler beschäftigt –

und vier von ihnen, die »Schwerterer«, nur mit dem Pinseln des Markenzeichens, den gekreuzten Schwertern.
So besehen wird in Meißen nichts anderes gemacht als unter seinem Vorgänger Johann August Bött(i)ger.

Potenzmittel

Völker mit hochstehender Kultur haben ebenso wie die schlichtesten Naturvölker die seltsamsten Methoden entwickelt, das Lustgefühl zu steigern – und damit auch die Potenz.
Auf Borneo und der Malayischen Halbinsel durchbohrt man den Penis und führt kleine, das weibliche Geschlechtsorgan reizende Stäbchen ein – die Potenz kommt also als Echo zurück.
Auf den Sundainseln verfeinert man diese Methode noch, indem man an die beiden Enden der Stäbchen Kugeln oder Glöckchen hängt. Fachausdruck: »Ampallang«.
Die patagonischen Indianer tragen eine Art Penis aus an Schnüren befestigten Männerhaaren an der Eichel (den »Guesquel«), während dafür in Nord-Celebes die Lidränder von Ziegenböcken verwendet werden.
Wir folgen Dr. G. Lombard Kelly, Präsident des »Medical College of Georgia«, der in seinem Buch »Sex manual for those married or about to be« schreibt: »Massiert der Mann etwa eine viertel bis eine halbe Stunde vor der Liebesvereinigung die Eichel seines Gliedes einige Minuten lang mit einem kleinen Quantum ›Nupercainal‹ (etwa soviel, wie dem Umfang einer Erbse entspricht), dann kann er durch die dabei erfolgende leichte Betäubung der Nervenenden in der Eichel den Orgasmus so verzögern, daß die Frau in vielen Fällen eher zum Höhepunkt kommt ...«
»Nupercainal« ist eine Salbe, die ursprünglich zu einem ganz anderen Zwecke verwendet werden sollte – gegen Sonnenbrand und zum Heilen leichter Verletzungen. Sie ist deshalb rezeptfrei erhältlich.

Privatdetektiv

Philip Marlowe.
Wir haben Hansjörg Martin gefragt, einen der erfolgreichsten anspruchsvollen Kriminalschriftsteller deutscher Zunge: Warum gerade dieser ungehobelte Held aus Los Angeles? Seine Antwort: »Für einen, der selber Detektive erfindet und mit ihnen Geschichten zu erzählen versucht, ist der beste Detektiv derjenige, der seinen persönlichen Idealen entspricht. Das ist, glaube ich, in der Literatur sehr oft so, daß Autoren ihre Helden, Autorinnen ihre Heldinnen nach ihren Ideal-Wunschvorstellungen formen und beschreiben. Da ich in vielem so reagieren, denken, handeln und überhaupt

Humphrey Bogart in »Die Spur des Falken«

sein möchte – richtiger: so reagieren, denken, handeln und sein können möchte – wie Raymond Chandlers Detektiv Philip Marlowe, ist er für mich, literarisch, der beste Detektiv weit und breit. Er ist, ohne tollkühn zu sein, ein Mann mit Courage ... hat sogar Zivilcourage gegen den Übermut der Ämter, und er ist, wenn er gewinnt, ein Gewinner ohne Siegerpose.
Er ist ein gestandenes Mannsbild, aber beileibe kein Chauvi. Es tut ihm weh, wenn er weh tun muß. Und er ist gelegentlich so sympathisch sentimental, daß er zynisch wird, um nicht zu verzagen.
Wenn es ihn wirklich gäbe, wäre er gewiß ein sehr guter Detektiv, weil er auch Menschen, die er jagt, nicht verachtet.
Kurzum: Mein bester Detektiv bleibt Philip Marlowe.«

Privatflugzeug

Wir haben zu diesem Stichwort jene Piloten befragt, die Privatmaschinen so fliegen, wie der Otto Normalverbraucher Auto fährt: Missionare und Buschkutscher in der Dritten Welt. Weil es Leute sind, die sich auf keine Wettervorhersage, keine Landepiste und keinen

Das beste Privatflugzeug: die »PA-18-150« von Piper

Wartungsdienst verlassen können – und die doch tagtäglich unterwegs sind. Das Ergebnis war eindeutig: Das beste Privatflugzeug ist die »Super Cub PA-18« mit einem Lycoming-Motor von 150 PS. Um noch einmal den legendären Wildhüter der Serengeti, Myles Turner, zu zitieren: »Es gab nie ein besseres Buschflugzeug, und es wird nie ein besseres geben. Ich mußte mal aus dem Ngorongoro-Krater starten, hatte 270 Meter Piste zur Verfügung, auf der nach einem heftigen Regen 60 Zentimeter hohes Gras stand, und was machte die ›Super Cub‹? Sie hob, vollbeladen, nach 135 Metern ab. Man kann von dieser Maschine nur in den höchsten Tönen schwärmen.« Die »PA-18-150« wird von der »Piper Aircraft Corporation« in Vero Beach (Florida) hergestellt, ist 209 km/h schnell und hat die Maße 10,8 mal 6,9 mal 2 Meter. Preis: rund 60000 Dollar in Deutschland.

»The Legendary Cub« (so die Firmenwerbung) ist derart legendär, daß »Piper« auch einen Baukasten anbietet. Diese Version für den Heimbastler kostet nur etwa die Hälfte der komplett gelieferten Maschine – ist jedoch bereits auf Jahre hinaus ausverkauft bzw. nur sehr schwer zu bekommen.

»Poudre Pure« von Chanel

Puder

Welche weiblichere Geste kann es auf der Welt geben als den Augenblick, in dem die Dame in ihr Handtäschchen greift, die kleine Puderdose hervorholt, sie aufklappt, prüfend ihr Make-up betrachtet, um sich dann mit dem kleinen Tupfer die Nase zu pudern?
Grund genug, um nach dem besten Puder der Welt Ausschau zu halten. Die Autoren fragten eine Frau, die es wissen muß – Claudia Rieger, Beauty- und Kosmetikjournalistin, Fachautorin der Frauenzeitschrift »Cosmopolitan«: »Der beste Puder der Welt ist ›Poudre Pure‹ von ›Chanel‹. Er verleiht dem Teint über Stunden hinweg Frische und mattschimmernden Glanz.
Er mattiert, verfeinert und hellt einzelne Gesichtspartien auf. Er ist von besonders feiner Konsistenz. Und schließlich ist auch noch das Döschen mit den eingelegten Goldfäden ein Schmuckstück in der Handtasche.«

R

Rätsel

In Lawrence Durrells Roman »Tunc« findet sich das beste Rätsel, nämlich folgendes:
»›Aber was nützt einem Gesundheit‹, sagte Banabula traurig, ›wenn man das verkehrte Schicksal hat? Seit einigen Jahren studiere ich Abraxas, und ich weiß – mein Schicksal ist gegen mich. Wissen Sie, wie ich mich davor schütze?‹
Ich schüttelte den Kopf. Er löste aus seinem Schlüsselring ein kleines chaldäisches Bronzeblättchen, auf dem – wie auf einem Amulett – folgendes stand:

SATOR
AREPO
TENET
OPERA
ROTAS

Banabula nickte mechanisch wie eine Mandarin-Figur. ›Ich will Ihnen damit nur beweisen, daß ich nichts unversucht lasse ...‹«
Dies ist eines der geheimnisvollsten Rätsel, auf die die Menschheit je gekommen ist: die Sator-Arepo-Formel, das beste aller magischen Quadrate, Anagramme und Palindrome.
Die wörtliche Übersetzung lautet: Der Bauer (Sämann) Arepo (Eigenname) lenkt mit seiner Hand (Mühe) den Pflug (Räder).
Aufs Kosmisch-Religiöse bezogen, kann man die Formel auch so deuten: Gott (sator) beherrscht (tenet) die Schöpfung (rotas), die Werke der Menschen (opera) und die Erzeugnisse der Erde (arepo = Pflug, wie ein byzantinischer Gelehrter das Wort übersetzt).
Liest man dagegen die Worte »bustrophedon«, also so, wie ein Sämann pflügt, kommt man auf folgenden Satz: »Sator opera tenet, tenet opera sator« – »Der Sämann erhält seine Werke« oder »Der Bauer hält den Bau der Welt zusammen« oder »Der Ackerbau ist die Grundlage der Kultur« oder aber »Gott erhält die Welt«.
Dieses magische Quadrat mit seinen nur drei Vokalen und fünf Konsonanten steckt voller Geheimnisse:
1. Die fünf Wörter »Sator arepo tenet opera rotas« lassen sich von links nach rechts, abwärts, von rechts nach links und aufwärts lesen. Also insgesamt viermal.
2. Aus diesem geringen Buchstabenmaterial kann man folgende anagrammatischen Sätze bilden:
»Petro et reo patet rosa Sarona.«
»Orae nostrae oporteat stare.«
»Eros operans portat aere tota.«
»Arte optate ornare posse orta.«
»Poenas eas portet orator arte.«
»A se optat orare: O pater noster.«
»Persona e torto aere parate est.«
»Optatore orante portares aes.«
»Oratores se apte orare optant.«
»Ore torta aperta sonare potes.«
»Tantopere potes orare oratas.«
»Ora, Nestor, pro postera aetate.«
»Ante portas eat o pereat soror.«
»O Apostata, poena retro terres.«
3. In der Mitte des Quadrats erscheint in Kreuzform ein zweimaliges TENET. Dieses Kreuz »tenet«

(hält) das Christentum. Wobei auffallend ist, daß die vier Ecken selbst wieder in die frühchristliche Form des Kreuzes – T – auslaufen.
4. Bei einem Rösselsprung bekommt man zweimal die Worte PATER NOSTER und ein doppeltes A und O, also das Symbol Christi: (Illustration I).
5. Gruppiert man alle anderen Buchstaben um das nur einmal vorkommende N als Mittelpunkt, bilden sie folgendes Kreuz:

A
·
P
A
T
E
R
A · PATERNOSTER · O
O
S
T
E
R
·
O

6. Sieben andere Rösselsprünge ergeben zweimal den Satz »Oro te pater«, wobei das Palindrom-Wort SANAS übrigbleibt. Die Formel enthält also auch ein Gebet um Gesundheit.
Kein Wunder, daß diesem besten aller Rätsel magische Kraft zugeschrieben und es zu allen Zeiten als Wundermittel verwendet wurde.

Rache

Die beste Rache, von der wir je gehört haben, liegt schon eine ganze Weile zurück und fand im weltberühmten Pariser Restaurant »Maxim's« statt.
Der Vorfall wird von dem Schriftsteller Joseph Wechsberg wie folgt geschildert: »Eines Abends kam Madame Otéro herein und hatte ihren gesamten Schmuck angelegt, weil sie einen Streit mit Liane de Pougy hatte. Madame Otéro klingelte wie ein Christbaum, und als sie sich hinsetzte, klirrte es förmlich.
Ein paar Minuten später kam Madame de Pougy. Sie trug ein einfaches schwarzes Kleid und kein einziges Schmuckstück unterstrich ihre schlichte Eleganz. Aber sie hatte ihre Zofe mitgebracht, und als diese ihren Mantel ablegte, sahen alle, daß sie sämtliche Schmuckstücke von Madame de Pougy trug ...«
Wunderbar elegant und tödlich treffend. Allerdings schwer kopierbar – und deshalb hier ein kleiner Trick für den Hausgebrauch: Versuchen Sie den Vornamen der Gattin Ihres Lieblingsfeindes herauszufinden, und schreiben Sie ihn mit seiner Telefonnummer in so viele Telefonzellen und Herrentoiletten wie möglich, aber vergessen Sie nicht, die Gattin irgendwie bezüglich ihres überdurchschnittlichen Sex-Appeals zu loben. Wir versichern Ihnen auf Ehr und Gewissen, daß Hunderte anrufen werden.

Rasierpinsel

Was verbindet die Pyrenäen mit einer exzellenten Rasur? Das »Rückenzupfhaar« der dort lebenden Hochgebirgsdachse.
Aus ihm werden die besten Rasierpinsel hergestellt – weiß und extrem weich an der Spitze, dunkel und sehr stabil an der Wurzel. Der Meister, der daraus die schaumgeborenen Superlative bündelt, lebt in Düsseldorf und heißt Toni Münnix.
Auf eins allerdings müssen Sie sich einstellen: Für das, was so ein Pinsel kostet, können Sie rund vierhundertmal zum Barbier gehen ...

Regenmantel

Nach der Überlieferung war König Edward VII. der erste, der – anstatt einfach nach seinem Regenmantel zu verlangen – den Kammerdiener anwies, ihm seinen »Burberrys« zu bringen.
Der Erfinder dieses Regenmantels, der seit einem Jahrhundert als der beste der Welt gilt, war der gelernte Dekorateur Thomas Burberry aus der Grafschaft Hampshire.
Angeregt durch die einfachen Tuchgewänder der Bauern, entwickelte dieser Mann einen Faden, der vor dem Weben so imprägniert wurde, daß das Gewebe ohne Beimischung von Gummi wirklich wetterfest wurde und trotzdem noch Luft an den Körper ließ.
Der Gabardine war geboren.
Das Urmodell dieses Mantels ist heute noch als der sogenannte »Tielocken« erhältlich und erinnert in seinem Schnitt bereits an den wenig später entworfenen klassischen Trenchcoat von »Burberrys«.

Regenschirm

Der Mann namens Jonas Hanway machte sich regelrecht zum Gespött der Leute, als er bei strömendem Regen im London des Jahres 1720 erstmals einen Schirm entfaltete, um sich so vor der Nässe zu schützen.
Man war es damals eher gewohnt, daß ein Mann einen Degen in der Hand trug als einen Stock mit einem Stück Stoff darüber.
Immerhin: Bereits 1730 schaffte die Universität Cambridge einen (einzigen) Regenschirm für ihre Studentenschaft an ...
Nachdem heute der exakt gerollte Regenschirm als die elegante Waffe des feinen Herrn gilt, empfiehlt es sich, den besten aller Schirme wie einen Schmuck zu tragen. Er wird von der Firma »Swaine, Adeney, Brigg & Sons« am Londoner Piccadilly gefertigt.
Dort trifft man in der Regel morgens um 10 Uhr immer eine stattliche Anzahl weiterer Gentlemen, die ihr gutes Stück vom Waschen, Bügeln und Rollen abholen.
Der königlich-britische Hoflieferant ist auch der einzige, der seine Schirme mit imprägnierter Seide bespannt, die Griffe aus feinsten

Tropenhölzern fertigt und garantiert keinen automatischen Öffnungsmechanismus einbaut.
Sämtliche »Brigg«-Schirme haben ein besonderes Erkennungsmerkmal: Geöffnet ergeben sie eine perfekte hemisphärische Form.

Regiestuhl

Der beste Regiestuhl – gibt's so was? Ja. Denn diese stoffbespannten Klappsitze gehören nicht nur zur erschwinglichen Grundausstattung von Studentenbuden – meist erworben in schwedischen Massenmöbelhäusern –, sondern es gibt einen Klassiker darunter: den »MK 16« aus dem Jahre 1932. MK sind die Initialen des dänischen Designers Mogens Koch, und er entwarf den Regiestuhl für einen Wettbewerb der »Dänischen Gesellschaft für Kirchenkunst«, die eine preiswerte, aber schöne Bestuhlung für Gottesdienste suchte. 1938 produzierte der Schreinermeister Jensen Kjaer die ersten vier Exemplare für eine Ausstellung seiner Innung, und weitere einundzwanzig Jahre später, 1959, setzte die Serienproduktion ein: erst durch die Firma »Interna«, dann bei »Cado« und heute durch die »Rud. Rasmussens Snedkerier«, Kopenhagen.
Der »MK 16« besteht aus einem Buchengestell, leinenen Rückenlehnen und Sitz, die Armlehnen sind aus Leder und die Beschläge aus Messing.

Reiseproviant

Der beste Reiseproviant ist so alt wie die christliche Seefahrt und so bekannt wie – Bündner Fleisch. Die Meergängigen nannten es Dörrfleisch, bei Karl May heißt es »Pemmikan«, und die Form, die wir meinen, nennt sich »Biltong«. Das ist Fleisch, das so intensiv geselcht wird, daß es die Konsistenz verdorrter Baumäste annimmt, ewig haltbar ist und im Mund zergeht wie Tiefgefrorenes. Was »Biltong« so nützlich macht, ist an mehreren Faktoren festzumachen:
Erstens kommt ein Mensch mit einer Stange pro Tag gut aus. Zweitens enthält es kaum Ballaststoffe, man kann also zeitweise auf lästigen Stuhlgang verzichten (was auf extremen Expeditionen sehr vorteilhaft sein kann). Drittens ist es sehr leicht an Gewicht, so daß sich folglich große Mengen auf kleinem Raum mitnehmen lassen.
Und viertens schmeckt »Biltong« sehr gut, enthält alle notwendigen Salze und regt den Speichelfluß an.

Reiseschreibmaschine

Fragen Sie jemanden, der viel reist und viel schreibt, nach einer Reiseschreibmaschine, und er wird einen weiblichen Kosenamen flüstern und eine kleine Träne wegdrücken: die »Gabriele« von »Triumph-Adler«.
Sie ist das Werkzeug der Professio-

nals. Der Schriftsteller Heinz Konsalik zum Beispiel verfaßt seine Bestseller auf ihr – und selbst wenn manche längst zu computerisierten Japanern umgeschwenkt sind, halten sie ihre »Gabriele« in Ehren und sprechen von diesem Instrument wie von einer verflossenen Geliebten.

Aber wir möchten eine weitere Reiseschreibmaschine erwähnen, und zwar wegen der wunderbaren Geschichte, die mit ihr verbunden ist: die »Valentine« von »Olivetti«. Und der Verfasser dieser Geschichte ist einer der wahrhaft großen Reporter im Nachkriegsdeutschland – Randolph Braumann, damals beim »stern«:

»Der letzte Söldnerkrieg im Kongo, Sommer 1967. Ich hatte seit Jahren jedesmal, wenn ich in die Nähe Belgiens gekommen war, Abstecher nach Brüssel gemacht und mich dort in Söldnerkneipen herumgetrieben. Von mehreren Kontakten, die da hergestellt worden waren, muß einer besonders eng gewesen sein. Denn am 3. August rief mich ein gewisser Paul in Hamburg an und sagte: ›Übermorgen greifen die Söldner Bukavu an.‹ Man wußte – dies zur Erklärung – damals nicht, wo der Söldnerführer Jean Schramme mit seinen 150 wilden Gesellen geblieben war. Er hatte Kisangani etwa einen Monat vorher verlassen und war im Busch untergetaucht.

Ich mußte meiner Chefredaktion nun erst einmal überzeugend klarmachen, daß der Tip echt war. Denn jeder Chefredakteur überlegt es sich sehr genau, ob er einen Reporter auf eine Reise schickt, die 5000 Mark kostet und kein sicheres Ergebnis verspricht. Mir gelang es, die entsprechenden Leute zu überzeugen, und ich flog los.

Zuerst mit einer normalen Linienmaschine von Brüssel nach Entebbe in Uganda. Dort charterte ich eine kleine ›Cessna‹ samt Pilot und flog nach Kigali in Ruanda. Übernachtung in Kigali in einer Missionsstation. Ein landeskundiger Missionar erklärte mir, daß Bukavu im Kongo keine Landepiste habe, daß aber auf der anderen Seite der Grenze – Bukavu liegt in der Nähe der Grenze –, in Ruanda, eine kleine Piste sei.

Name: Kamembe-Ciangugu.

Ich mietete mir am nächsten Morgen also wieder ein kleines Flugzeug. Das ist in den entlegenen Gebieten Afrikas so selbstverständlich, wie man bei uns ein Auto mietet. Diesmal war es eine kleine ›Piper‹, und die brachte mich nach Kamembe.

Die Gegend hat etwas Schweizerisches, und die Piste von Kamembe – das ist natürlich kein Flughafen im europäischen Sinn, sondern eine Art Asphaltstraße im Buschland – liegt auf einem Plateau. Unten sieht man den Kivu-See, und auf der anderen Seite, vielleicht vier Kilometer entfernt, erkennt man Bukavu und hinter Bukavu eine Bergkette, die sich etwa tausend Meter hochzieht.

Ich marschierte los, von Kamembe hinunter ins Tal, nach Ciangugu. Afrikanisches Städtchen, Riesenbetrieb, Menschen überall, herumsitzend auf Koffern, Weiße, Schwarze – Flüchtlinge aus dem Kongo.
Der Kivu-See hat einen Abfluß. Das ist der Ruzizi-Fluß. Er bildet, als Verlängerung des Sees, die Grenze zwischen dem Kongo – heute Zaire, bis 1960 belgisch – und Ruanda, das bis 1918 Teil des ehemaligen Deutsch-Ostafrika gewesen ist. Über den Ruzizi führt eine Brücke. Darauf hielten damals Ruanda-Soldaten Wache. Sie hatten eine Sandsack-Barriere aufgebaut und wollten mich nicht durchlassen.
Das wäre völlig verrückt, sagten sie, alle Weißen wären aus dem Kongo geflüchtet, und ich wollte als einziger wieder zurück: hirnverbrannt!
Ich sagte immer wieder: ›Je suis diplomate!‹, behauptete, ich müsse die Interessen meines Landes in Bukavu wahrnehmen, und dann kletterte ich einfach über die Sandsäcke und marschierte los – Richtung Kongo.
Eine schmale Straße, rechts und links dichtes Buschwerk und Obstplantagen. Kein Mensch zu sehen. Ich hatte nie zuvor ein so seltsames Gefühl im Magen gehabt, und ich kann auch sagen, daß ich später nie wieder solche Angst gehabt habe, wie auf diesen – sagen wir – zwei, drei Kilometern zwischen der Ruzizi-Brücke und den ersten Häusern von Bukavu. Ich dachte nur instinktiv: ›Hoffentlich gibt es keine ANC mehr hier!‹
ANC, das war damals Synonym für Schreckliches, ›Armée Nationale du Congo‹ – die Jungs hatten gerade eine Woche vorher elf italienische Flieger, die als Ausbilder auf einem Luftstützpunkt tätig waren, umgebracht und tatsächlich verspeist.
Nun, offensichtlich war auch die ANC getürmt, denn am Stadtrand von Bukavu stand ein Jeep, und darauf war ein MG montiert, und daneben saßen zwei Bleichgesichter, ein Franzose und ein Portugiese. Die Söldner waren da, vor ein paar Stunden erst eingetroffen. Die beiden mit dem Jeep brachten mich ins Hauptquartier Jean Schramms, den man damals ›Black Jack‹ nannte, obwohl er blond ist.
Ich blieb ein paar Tage in Bukavu, wo die 150 Söldner darangingen, die Alkoholvorräte der Hotels zu vertilgen. Es gab eine gute Reportage – ›Die Söldner und ihr Paradies‹ hieß sie.«
Die Bezeichnung »Paradies« stimmte, denn zum ersten Mal in der neueren Geschichte gründeten Söldner ihren eigenen Staat – das »Gouvernement du Salut Publique de Bukavu«, eine Art Gegenregierung zu Mobutus Regime in Kinshasa.
Nur: Wie kann man einen Staat gründen, wenn man nicht eine Unabhängigkeitserklärung abfaßt? Und: Wie kann man eine Unabhängigkeitserklärung verfassen,

wenn man nichts zum Schreiben besitzt – zumindest nichts, dessen Produkt später als »offizielles Dokument« gelten kann?
Jetzt sind wir wieder beim Thema Reiseschreibmaschine und dem damals zweiunddreißigjährigen (1967) deutschen Reporter Randolph, genannt »Randy« Braumann.
»Paul Ribau, der französische Fotograf, hielt sich ebenfalls in Bukavu auf und hatte als ehemaliger ›Pied Noir‹ noch den Text der algerischen Unabhängigkeitserklärung (Fallschirmjäger gegen de Gaulle) im Kopf, und ich hatte meine Reiseschreibmaschine. Also tippten wir die Unabhängigkeitserklärung der Söldner von Bukavu auf einen Briefbogen des Brüsseler ›Hilton‹.
Diese Erklärung wird anschließend über Radio Bukavu verlesen, und am nächsten Tag bekommen Ribaud und ich journalistische Gesellschaft: ein Korrespondent der Nachrichtenagentur Reuter erscheint, interviewt Schramme und bekommt von mir eine Kopie der Unabhängigkeitserklärung. Die Welt nimmt die neue Regierung zur Kenntnis, die Söldner halten sich allerdings nur drei Monate. Dann zwingt sie vor allem Munitionsmangel, sich nach Ruanda zurückzuziehen, wo sie interniert werden.
Die historische Reiseschreibmaschine existiert leider nicht mehr, aber ich weiß noch genau, was es war: eine ›Olivetti-Valentine‹.«

Reisesouvenir

An einer düsteren Straßenecke einer üblen Stadt in den Anden zieht ein verkommenes Subjekt einen amerikanischen Touristen aus den Reihen einer Reisegruppe und flüstert: »Welchen von denen würden Sie denn gerne haben?« Er meint natürlich als Schrumpfkopf, und die Szene findet sich auf einer der makabersten Karikaturen des amerikanischen Horror-Zeichners Gahan Wilson.
Ein solches Reisesouvenir wäre an Originalität kaum zu überbieten, aber das beste Mitbringsel ist es nicht. Unser Vorschlag stammt zwar vom selben Kontinent, ist jedoch von gelber Farbe, hell glänzend und jederzeit vorzeigbar: ein Garimpeiro-Goldklumpen aus dem Amazonasbecken.
Hunderttausende von Goldsuchern sind im Dschungel Brasiliens unterwegs, und wenn sie fündig werden, stehen sie vor der nächsten Schwierigkeit: einen anständigen Preis für das Nugget zu erzielen, ohne tagelang marschieren zu müssen. Jeder Tourist erweist sich dann als Glücksfall für den Garimpeiro, zumal der das Gold in Devisen bezahlen kann, die in Brasilien seit Jahren nur noch schwarz zu bekommen sind.
Die Goldklümpchen sehen aus wie jene Fabelformen, die an Silvester beim Bleigießen entstehen; oft findet man aber Formen, die sehr attraktiv sind; etwa wie das Goldene Vlies, wie ein

hängender Tropfen oder ein vielgezackter Stern.
Und noch eins: Dieses Rohgold ist pur, und mit dem Kauf direkt an der Quelle macht man meist ein enormes Schnäppchen unter dem Weltmarktpreis.
Man muß seinen nächsten Urlaub allerdings so planen, daß man durch Orte wie *Jacareacanga, Itaituba* oder wenigstens nach *Manaus* kommt.

Reitsattel

Schon der Zar von Rußland wußte sie zu schätzen, die exquisiten Lederprodukte aus dem berühmten Haus am Pariser Faubourg Saint-Honoré. Seit fünf Generationen hat dort die Familie *»Hermès«* ihren Stammsitz und gewann Weltruhm mit der Devise: »Alles ohne Anstrengung Erreichte lehnen wir ab.«
Gewaltige Anstrengung kostete es auch den Präsidenten der amerikanischen Reiterequipe, *William Steinkraus,* einen Sattel für seine Springreiter zu entwickeln, der Form, Funktion und gute Verarbeitung gleichermaßen optimal miteinander verband.
Das Ergebnis dieser Anstrengung, verbunden mit den handgestochenen Sattlernähten der »Hermès«-Handwerker, ergibt den *»Stein-*

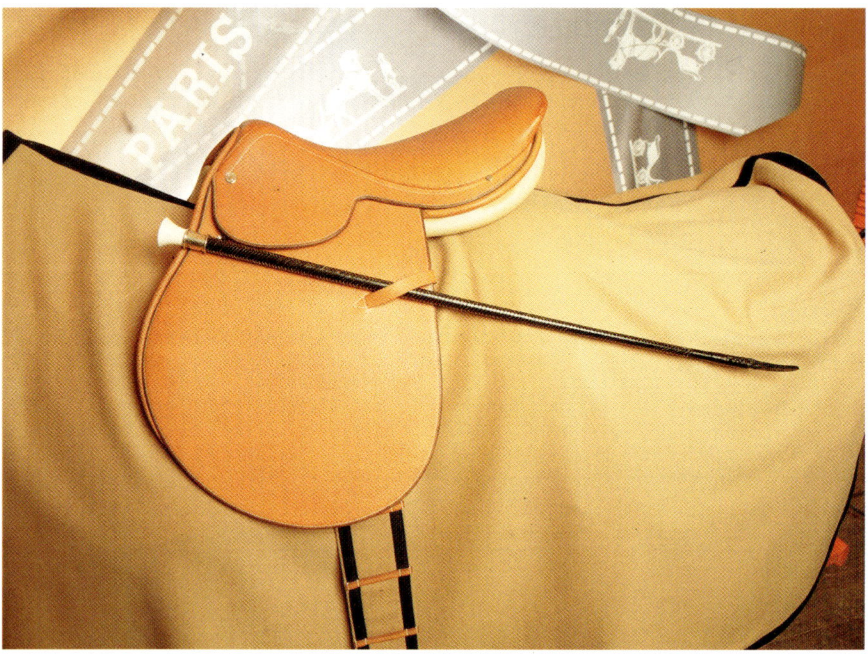

Der Reitsattel von Hermès – der Tradition verpflichtet

kraus-Sattel« aus Schweins- und Kuhleder. Das einzige übrigens, was je zwischen Roß und Reiter kommen sollte.

Restaurant

Genau dies ist das Stichwort, bei dem uns die professionellen Mitesser der Nation, die Berufsfeinschmecker und besserwisserischen Zungenwanderer an der Fonduegabel aufhängen werden.
Kein Mensch kann sagen, welches das beste Restaurant der Welt ist. Da hangeln sich selbst die Kritiker von Ausflucht zu Ausflucht, und Bewertungskonstruktionen werden gebaut, die zwar Sinn machen – aber sofort von anderen »Experten« unter Beschuß genommen werden.
Zum Beispiel die »*Hornstein-Liste*«, bei der die Bewertungen von *Michelin, Varta* und *Aral* addiert und auf diese Weise die Hitparade der Gourmettempel bestimmt wird (zumindest für den deutschen Bereich).
Paul Levy, der führende britische »Essen&Trinken«-Journalist (Redakteur des »*Observer*«), hat in »*Courvoisier's* Book of the Best« ungerechtfertigterweise die zehn besten Restaurants der Welt kraft seiner Position genannt. Bei ihm an der Spitze: »*Robuchon*« in *Paris* vor »*Girardet*« in *Crissier* (Schweiz) und »*Michel Guerard*« in *Landes* (Frankreich).
Levy kann gar nicht recht haben. Besonders wenn er dann ein japanisches Restaurant auf Platz 4 setzt, ein rotchinesisches auf Platz 6, ein britisches (!) auf Platz 8, ein kalifornisches auf Platz 9 und ein australisches (!!) auf Platz 10!
Peter Passell egibt sich in seinem amerikanischen Buch »The Best« von vornherein nicht auf dieses Glatteis, und so findet man bei ihm nicht den leisesten Hinweis auf eine Rangfolge.
Wir haben Helga Baumgärtel gefragt: deutsche Food-Journalistin, selbst hervorragende Köchin, eine der großen Weinkenner des Landes, von Köchen und Kollegen gleichermaßen geachtete Kritikerin all dessen, was auf Tellern und in Gläsern serviert wird. Ihre Antwort auf die Frage nach dem besten Restaurant der Welt:
»Kulinarische Sternstunden widerfahren selbst den professionellen Vorschmeckern einer Nation höchst selten.
Stunden, in denen sinnliche Genüsse, Ambiente und Wohlbehagen in perfektem Dreiklang zusammenfließen, sind so rar wie die Blaue Mauritius, ein Sechser im Lotto, ein Hole-in-one auf dem Golf Course von Augusta.
Ich war jedenfalls völlig unvorbereitet, als ich an einem trüben Novembertag oberhalb von Lausanne das Dörfchen Crissier ansteuerte, um mal wieder bei Fredy Girardet vorbeizuschauen, ein wenig zu essen, ein paar Dezi vom neuen Dézaley zu probieren.
Daß *Fredy Girardet* nicht nur der

Fredy Girardet lädt ein

bestaussehende Drei-Sterne-Koch Europas ist, sondern sicher auch einer der kreativsten, frei von Lehrmeistern und Vorbildern, da er sein Dörfchen kaum jemals verlassen hat, darüber haben sich schon andere professionelle Kulinariker in wortreichen Lobeshymnen ergangen.
Jeglicher Nachvollzug scheitert für den Transit-Touristen allerdings daran, daß der schlichte, lichte Saal im ehemaligen Bürgermeisteramt von *Crissier* meistens monatelang im voraus ausgebucht ist.
Zumindest am Abend.
Und mittags rauscht die Genfer Geld- und Politszene in glänzenden hochpreisigen ›Newtimern‹ frisch aus dem Genfer Automobilsalon heran.
An diesem trüben Novembertag war das Restaurant wie leergefegt.
Zwei, drei Tische nur besetzt.
Der Meister, wie immer in maßgeschneiderten Jeans und Bragard-Kittel, stand ausnahmsweise nicht hinter den Kulissen, sondern plötzlich an meinem Tisch.
Wir sprachen über den neuen Weinjahrgang, über Michel Clavin, den Winzer-Geheimtip aus dem Wallis.
›Haben Sie schon gewählt?‹ fragte

Girardet plötzlich in seinem singenden Vaudois.
Ich schüttelte nur den Kopf.
›Warten Sie, ich mache Ihnen ein paar Happen von den Gerichten, die ich gerade ausprobiere‹, sagte der Meister und entschwand daraufhin.
Und nun begann das Märchen vom Sterntalerchen. Der kulinarische Himmel tat sich auf, und es regnete ein Sterne-Gericht nach dem anderen auf mich nieder: Gänsestopfleber und Bries, geliert mit einer Fenchelessenz, Ravioli, schier mit einem duftenden Kräutergarten gefüllt, Schneckenragout mit Pilzen und fritierten Tintenfischen, eine duftende Kartoffel-Charlotte mit schwarzen Trüffeln, die Rougets an drei verschiedenen Saucen und, und, und ...
Sternstunden an Originalität, Kreativität und Geschmacksharmonie, wie ich sie in dieser Form nie wieder erlebt habe.
Ich bin gemeinhin kein Freund von Superlativen. Ich kenne nicht den besten Wein (höchstens zwei Dutzend beste), und die Frage nach dem besten Restaurant der Welt hätte mich sicher in Verlegenheit gebracht. Wenn, ja wenn ich nicht unverhofft lustvoller Genießer, stiller Teilhaber an der spontanen Sternstunde eines Kochgenies geworden wäre.«

FREDY GIRARDET, 1, rue d'Yverdon, *Crissier*, Telefon 0 41 21/27 01 01. Sonntag und Montag geschlossen.

Roman

Wagt es jemand, *William Somerset Maugham* zu widersprechen? Der britische Schriftsteller und Literatur-Nobelpreisträger legte sich in seinem 1948 erschienenen Buch »Great Novelists and Their Novels« fest.
Seine Liste der zehn besten Romane der Weltliteratur sieht demnach wie folgt aus:
1. »Krieg und Frieden«
von *Leo Tolstoi* (1866);
2. »Vater Goriot«
von *Balzac* (1834);
3. »Tom Jones«
von *Henry Fielding* (1749);
4. »Stolz und Vorurteil«
von *Jane Austen* (1813);
5. »Rot und Schwarz«
von *Stendhal* (1831);
6. »Die Sturmhöhe«
von *Emily Brontë* (1848);
7. »Madame Bovary«
von *Gustave Flaubert* (1857);
8. »David Copperfield«
von *Charles Dickens* (1849/50);
9. »Die Gebrüder Karamasow«
von *Dostojewski* (1880);
10. »Moby Dick«
von *Herman Melville* (1851).

Nun mag Maugham einen etwas konservativen, auf das 19. Jahrhundert fixierten Geschmack gehabt haben – tatsächlich aber steht »Krieg und Frieden« bei fast allen Umfragen ähnlicher Art ebenfalls an erster Stelle.
Und daran hat sich wahrscheinlich bis heute auch nichts geändert.

Rum

»Fifteen Men on a Dead Man's Chest, Ho! Ho! Ho! And a Bottle of Rum ...«
Natürlich – aber was für ein Rum?
Der alte Piratensong verrät uns das leider nicht, die Piraten lassen uns stehen im tropischen Regen, wild experimentierend mit den Rums dieser Welt, den tödlichsten aller Gebräue, die deshalb sehr treffend »Killdevil« genannt wurden.
Frage: Wie trinkt man Rum?
Mit Cola? Magen, vergib uns!
Im Cocktail, etwa als Daiquiri?*
Schon besser. Pur? Nicht mit dem, was jahrzehnte-, jahrhundertelang auf dem Markt war.
Aber dann brachte das glorreiche Jahr 1980 das Aus für viele »rumreiche« Genießer, als Margaret Thatcher beschloß, daß der Rum, der jeden Tag seit dreihundert Jahren an jeden Mann in der »British Navy« ausgegeben wurde, nicht länger sprudeln würde.
Bevor das geheime Rezept weggeschlossen und vergessen wurde, gelang einem Amerikaner, Charles Tobias, ein Erstlingswerk: Er darf diesen Navy-Rum auf Flaschen ziehen (was bisher ausgeschlossen war, da wurde er im Faß geliefert) und einer breiten Öffentlichkeit verkaufen.
Damit sind wir beim Superlativ!
Da kann einer sich pur darin verbeißen, und dieser Rum wird ihn und alle Zeiten überdauern.
Da weiß man endlich, warum die »British Navy« dreihundert Jahre nicht bereit war, das Schlückchen Deputat mit anderen zu teilen.
Und so merke man sich den langen Namen: »British Navy Pusser's Rum«.

*Nichts gegen Daiquiri, und wenn Ernest Hemingway gefragt wurde, wie seine Bücher sich verkaufen, antwortete er: »Like frozen Daiquiris in hell« – also massenhaft.

S

Safari

Safari bedeutet Afrika und auf Kisuaheli nichts anderes als »Reise«.
Was nun die beste Safari betrifft, so gibt es auf dem ganzen Kontinent nur noch eine, die für diesen Superlativ in Frage kommt – und sie führt quer durch das südliche Afrika, durch drei Länder ...
Start in Windhuk mit dem Auto über Gobabis in die Kalahari. Grenzübertritt von Namibia nach Botswana. Dauer: gemütlich in zwei Tagen.
Dann über Ghanzi zum Ngami-See und nach Maun. Ein weiterer Tag.
Von Maun in einer kleinen Sportmaschine ins Okavango-Delta. Da sollte man nicht hetzen und sich drei Tage Zeit lassen, denn nach Auto und Flugzeug folgt jetzt ein längerer Ausflug im Einbaum durch die Sümpfe.
Nach dem Rückflug geht es von Maun nordöstlich in den Chobe-Nationalpark, einen der schönsten, wildesten, tierreichsten der Erde. Anfahrt mit dem Auto, aber dann wird ordentlich marschiert, wie in alten Abenteurertagen – »Fußsafari« heißt das Zauberwort. Dauer: fünf Tage.
Am zwölften Tag kurze Asphaltfahrt hinüber zu den Victoria Falls in Zimbabwe, Erholung im fabelhaften Hotel »Vic Falls« und an den Fällen (vgl. WASSERFALL, Seite 271). Diese Safari, die letzte große, echte in Afrika, wird meist von Reiseunternehmen in Maun organisiert und kostet etwa 7000 bis 8000 Mark ab Frankfurt.
Eine Warnung: Fußsafaris und Übernachtungen im Freien, Selbstversorgung im Busch und der Kontrast von Wüste, Sumpf und Dschungel verlangen einen Menschentyp besonderer Art. Man hat schon Urlauber auf dieser Tour bitterlich weinen sehen nach fünf Tagen ...

Safarianzug

Strenggenommen gibt es ihn gar nicht. Es gibt die klassische Safarijacke mit beliebiger Hose, aber ein durchgehender Anzug wurde erst im Zeitalter des Salontourismus erfunden.
Aber gehen wir mal davon aus, daß man aus dem Material einer Jacke ruhig auch eine Hose schneidern kann, und dann fällt zum zweiten Mal in diesem Buch der Name der amerikanischen Ausrüstungsfirma »Abercrombie & Fitch« in Los Angeles.
Aber der Reihe nach: In den zwanziger Jahren unseres Jahrhunderts benötigten die Großwildjäger eine Bekleidung, die strapazierfähig genug für den Busch, aber leicht genug für 40 und mehr Grad Hitze sein mußte, außerdem jederzeit mit wenig Wasser zu reinigen sein und über jede Menge Taschen für das Überlebensbesteck verfügen sollte.
Die Lösung lieferte für »A & F«

der Expeditionsausrüster »Willis & Geiger« – mit einem Baumwollstoff von 340 Lagen Garn auf ein Inch (was ungefähr dreimal so dicht ist wie bei üblichen Stoffen).
Man nannte die daraus geschneiderte Jacke »Modell 486«, und sie wird heute noch produziert, gemeinsam mit rund zwölf anderen, einschließlich des »Modells 476«, an dem Ernest »Papa« Hemingway mitgewirkt hat: Er ließ für seine Brille eine weitere Tasche auf dem Oberarm anbringen.
Dieses »Modell 476« dürfte der beste Safarianzug sein, und wer ihn nicht in der Tropenboutique von »Abercrombie & Fitch« kaufen möchte, sollte sich eine Abbildung einstecken und ihn nach Maß anfertigen lassen: bei »Safji Damji & Co.« in Mombasa.
Einziger Nachteil: Die freundlichen indokenianischen Schneider verfügen nicht über den Originalzwirn, sind dafür jedoch rund 80 Prozent billiger.

Salz- und Pfefferstreuer

Kaum ein Funktionsgegenstand wurde und wird derart häufig und in derart unterschiedlichen Designs produziert. Einen Superlativ zu postulieren fällt deshalb besonders schwer.
Nach Meinung des Direktors der »Neuen Sammlung« in München, Hans Wichmann, gebührt der Titel »The Best« jedoch dem Salz-und-Pfeffer-Gespann »Max und Moritz«, das Wilhelm Wagenfeld 1952/53 entwarf.
Es besteht aus mundgeblasenem Kristallglas, die Deckel sind aus poliertem Cromargan, und die Höhe beträgt 6,8 Zentimeter.
Hersteller: »Württembergische Metallwarenfabrik« (WMF).

Sandwich

Hat jemand »Club-Sandwich« gesagt? Richtig, wer es bestellt, weiß weltweit in etwa, was er ungefähr zu erwarten hat. Das ist gut so und das »Club-Sandwich« somit wahrscheinlich das beste seiner Art.
Nur – es ist weltweit unelegant amerikanisch, und deshalb wollten wir den Begriff »Bestes Sandwich« geographisch-kulinarisch etwas enger einkreisen. Dabei stießen wir auf den englischen Schriftsteller und Sandwich-Fan Hammond Innes. In seinem Buch »Sea and Islands« liefert er jene Superlative, die wir benötigten.
Zuerst: das Restaurant I mit den besten Sandwiches. Es befindet sich in Hankö (Südnorwegen), heißt »Blom's«, und Innes schreibt: »… berühmt für seinen Smörgåsbord, und das in lauschiger Atmosphäre, holzgetäfelt und sehr, sehr gemütlich.«
Zweitens: das Restaurant II mit einer fast meterlangen Sandwich-Karte. Es heißt »Andersens«, ist in Kopenhagen, und Innes schwärmt: »Das Angebot übersteigt die

Vorstellungskraft, und was ›Andersens‹ bietet, ist absolute Spitze an Sandwiches.«

Schachcomputer

Der deutsche Schach-Großmeister, Arzt und Psychologe Dr. Helmut Pfleger weiß aus eigener schmerzlicher Erfahrung, welches der beste Schachcomputer der Welt ist. Schließlich hat er sich schon oft mit dem genialen Elektronengehirn herumschlagen müssen. Pflegers Urteil: Der beste käufliche Schachcomputer der Welt ist der »Mephisto Roma« der Münchner Firma »Hegener & Glaser«.
Das 32 Zentimeter große Wunderquadrat verfügt allein über 5000 Eröffnungsvarianten und ist Seriengewinner der letzten vier Computer-Weltmeisterschaften.
Dennoch kann man den »Roma« matt setzen: mit der High-Tech-Großrechenanlage des amerikanischen Fernschach-Weltmeisters Prof. Berliner. Allerdings benötigt der Rechner einen ganzen Universitätsflügel – so voluminös ist er.

Schachcomputer »Mephisto Roma«

Schauspieler

1648 wurde in England ein Gesetz verabschiedet, das besagte, daß alle Schauspieler als Landstreicher zu betrachten seien. In Frankreich verfügte der Nationalkonvent 1789, daß Schauspieler und Scharfrichter von der Wahlfähigkeit auszuschließen sind. Die Zeiten ändern sich …
Der Unterschied zwischen einem Schauspieler und einem Star ist … daß ein Schauspieler jede Rolle spielen kann, ein Star immer sich selbst spielt – John Wayne zum Beispiel oder Gary Cooper, die stets ein Stück ihrer eigenen Persönlichkeit einbrachten.
Auf der Suche nach dem Besten stießen wir auf die eigenartigsten Kriterien. Da bezeichnete das US-Nachrichtenmagazin »Time« als den besten Schauspieler unserer Tage – den Franzosen Philip Noiret.
Nach Meinung der Pianisten und Schriftsteller Arthur Gold und

Robert Fitzdale gebührt dieser Ruhm – dem Briten Sir John Gielgud.
Aber kann man Katherine Hepburn aus diesen Überlegungen herauslassen, die innerhalb von sage und schreibe fünfzig Jahren vier Oscars gewann?
Jeder, der bisher ein Buch unserer Intentionen verfaßt hat, drückte sich um dieses Stichwort, und vielleicht ist die Antwort tatsächlich unmöglich. Zumal es ein fast unüberwindbares Einstiegsproblem gibt: Zählen nur lebende oder auch tote Mimen, kann man Sarah Bernhardt gegen Vanessa Redgrave aufrechnen und Talma gegen Richard Burton (der siebenmal für den Oscar nominiert wurde, aber nie einen gewann)?
Die Lösung ist ganz persönlich und wird von den Autoren wie folgt getroffen: Der beste Schauspieler muß leben und heißt – Robert de Niro, ist Amerikaner und Jahrgang 1943.

Schlager

Jedem fallen spontan Lieder ein: »Stardust« von Hoagly Carmichael, »As Time Goes By« von Herman Hupfeld und »Yesterday« von den Beatles – ganz zu schweigen von Bing Crosbys jahreszeitlich beschränktem Dauerbrenner »White Christmas«.
Aber nur ein Schlager erreicht seit mehr als einem halben Jahrhundert eine so durchschlagende Wirkung wie die des Todes von Rudolph Valentino: die ungarische Schnulze »Trauriger Sonntag« (Szomorū Vasárnap) von Rezsö Seress aus dem Jahre 1933.
Zitieren wir die Publizistin Erika Bollweg aus ihrem Budapest-Führer: »... er zeigte auf den kleingewachsenen Mann mit dem zu großen Kopf an der Hammondorgel, dessen Fußspitzen nicht den Boden erreichten. Ja, da saß er, Rezsö Seress, der Komponist des schwermütigen Schlagers, der in den dreißiger Jahren in der ganzen Welt eine Selbstmordwelle ausgelöst hatte. Hundert Menschen, wie eine schwedische Zeitung schreibt, hat dieses Lied in den Tod begleitet – einige von ihnen starben mit der Schallplatte, dem Notenblatt, dem Text in den Händen.
Rezsö Seress lächelte. Dann spielte er den ›Traurigen Sonntag‹, sprach leise die Worte des Liedes, von einem Mädchen, das an einem sehr kalten Sonntag beschließt, freiwillig aus dem Leben zu gehen, weil der Geliebte es verlassen hat.«
Die schwedische Zeitung ist sehr maßvoll in ihrer Schätzung der Opfer. Nach ungarischen Angaben entleibten sich bisher etwa 30000 Menschen wegen des »Traurigen Sonntags«. Die Regierung in Budapest war sogar zweimal gezwungen, selbst Gewalt anzuwenden: Erst wurde »Szomorū Vasárnap« verboten, und als das nicht klappte, ließ man einen neuen, abgemilderten, das Drama

ins Heitere ziehenden Text verfassen. Wieder ergebnislos. Zitieren wir noch einmal Erika Bollweg: »Es entbehrt nicht einer makabren Logik, daß Rezsö Seress an einem klaren Sonntagmorgen aus dem Fenster seiner Wohnung sprang und einige Tage später seinen Verletzungen erlag ...«
Hat noch jemand Zweifel daran, daß dieser musikalische »Werther« aus dem Lande der Magyaren der wirklich beste Schlager ist?

Übrigens gibt es eine hervorragende englische Version: Sie heißt »Gloomy Sunday«, der Text stammt von Desmond Carter, und gesungen wird sie von keiner Geringeren als Billie Holiday. Unbedingt besorgen – die Platte besitzt zwar nicht das ungarische Flair, ist dafür jedoch zum Heulen verständlich.

Schlangenmittel

Als die Afrika-Expedition von Prof. Heinrich Harrer 1977 mit dem Chef der »Flying Doctors«, Michael Woods, Kontakt aufnahm, um sich durch Seren oder rechtzeitigen Abtransport gegen Schlangengift zu schützen, schüttelte der erfahrene Tropenarzt den Kopf: »Es sterben mehr Menschen an Schlangenserum als an Schlangengift.
Kennen Sie den Schwarzen Stein der Weißen Väter?«
Die Expeditionsteilnehmer kannten ihn nicht, aber Dr. Woods trug ihn in einem Beutelchen um den Hals. Zehn Jahre später wird der geheimnisvolle Stein fast mit Gold aufgewogen – wenn er überhaupt noch zu bekommen ist.
Wir zitieren aus einer alten Schrift der »Weißen Väter«:
»Unser Schwarzer Stein ist ein wirksames Mittel gegen Gift, das durch Bisse oder Stiche von Schlangen, Tausendfüßlern, Spinnen, Bienen, Wespen oder anderen giftigen Insekten ins Blut gelangte. Der Stein ist ein unfehlbares und deshalb sofortiges Gegenmittel.
Der Schwarze Stein hilft ebenso vorbeugend gegen alle Arten von Blutvergiftung ... und sogar gegen die Bisse tollwütiger Hunde und Pfeilgift ...
Anwendung: Die verletzte Stelle zum Bluten bringen. Dann den Stein auf die Wunde pressen, bis er festklebt und nicht mehr entfernt werden kann. Dies ist erst wieder möglich, wenn alles Gift aus dem Kreislauf gesaugt worden ist.
In einigen Fällen verschwindet der Schmerz, manchmal jedoch ruft gerade der Schwarze Stein einen Schmerz hervor, weil die Wunde durch ihn besonders schnell heilt ...
Nach Gebrauch wird der Stein etwa dreißig Minuten lang in warmes Wasser gelegt und kurz aufgekocht. Danach taucht man ihn für etwa zwei Stunden in Milch, wäscht ihn mit kaltem Wasser und bringt ihn zum Trocknen an die frische Luft.
Der Stein hält unendlich.«

Kaum glaublich, aber Buschpiloten, Missionare, Barfußärzte und Farmer schwören auf ihn.
Wir haben den »Schwarzen Stein der Weißen Väter« untersuchen lassen, und dabei stellte sich heraus, daß er aus siebzehn bis achtzehn Kräutern besteht, die in Asien und Afrika wachsen. Diese wurden offensichtlich so lange gekocht, bis nur noch ein schwarzer Rest im Topf übrigblieb, der dann zerrieben und zu einem Stück Kohle zusammengepreßt wurde. Genauso sieht der Schwarze Stein nämlich aus.
Ein kleiner Tip der Autoren: Der Stein ist, wenn überhaupt, nur durch die »Weißen Väter« in Antwerpen (Belgien) zu bekommen ...

Schnaps

Sein Stand ist einer der zentralen Anlaufpunkte des Kanzlerfestes: Thomas Ziegler aus Freudenberg am Main. Verständlich, denn der Vierunddreißigjährige brennt bereits in der vierten Generation den besten Schnaps der Welt.
Die Nummer 1 unter den Zieglerschen Schnäpsen heißt schlicht, aber dennoch anmaßend »Nr. 1« und ist ein Destillat aus der Ernte seiner fünfhundert wilden Kirschbäume im eigenen Garten.
Besser als der beste Schnaps ist nur noch ein Produkt aus dem Hause »Ziegler«, das gar keinen Namen trägt: der Brand aus 1000 Kilo wilden Weichseln, der immer nur in 100 mundgeblasene, per Hand numerierte und vergoldete Flaschen aus Murano-Glas abgefüllt wird.
»Wenn es an Bord der ›Lufthansa‹ den ›Nr. 1‹ nicht gäbe«, bekannte der deutsche Friedensapostel Hans-Jürgen Wischnewski einmal, »ich wüßte gar nicht, wie ich die langen Flüge überstehen sollte.«

Schokolade

Verfolgt man die Schokoladengeschichte zurück bis zu ihren Anfängen im 16. Jahrhundert, ergibt sich ein europäisches Gemeinschaftsbild, in dem leider Deutschland völlig fehlt.
Kurz nach der Entdeckung Amerikas brachte der Spanier Hernán Cortés die Kakaobohne über den großen Teich; der Holländer Coenraad van Houten erfand das Kakaopulver; die Engländer Fry & Sons machten daraus den ersten Schokoladenriegel; der Schweizer Henri Nestlé brachte die Milch dazu; und der Franzose Jean-Jacques Bernachon schließlich gilt heute als Kompositeur der besten Schokolade der Welt.
Die rund vierzig verschiedenen, handgemachten Süßigkeiten des Lyoner Praliné-Papstes sind der Gipfel der Patisserie-Kunst. Meister Bernachon fertigt seine Schokolade grundsätzlich selbst, und zwar aus Kakaobohnen, die er eigens aus Venezuela, Ecuador und Trinidad importiert. Dort wach-

»Wildkirsch Nr. 1« aus der Edelobstbrennerei Ziegler

sen zwar weniger als 10 Prozent der Weltproduktion, dafür aber die allerbesten Bohnen. In der Hinterhoffabrik seines kleinen Ladens an der Cour Franklin Roosevelt werden sie langsam geröstet, gemahlen und dann tagelang abwechselnd erhitzt, dabei bis zu zwölf Stunden geschüttelt und abgekühlt.
Die Perfektion dieses Verfahrens zeigen am besten die Bernachon-Schokoladentrüffel, gefüllt mit Crème fraîche.

Schönheitsfarm

Eine harte Woche, in der der Körper mit dem Geist korrespondiert und der Geist sich dem Körper unterwirft, kann ein ganzes Leben ändern.
Das ist die Philosophie der besten Schönheitsfarm, »The Golden Door« im kalifornischen Escondido.
Kein Telefon, kein Fernsehen, kein Streß, der Busen von Mütterchen Natur, ein unter Zen-Gesichtspunkten gestyltes Ambiente (Haus und Garten) und dazu passend die Kleidung, die gestellt wird.
Nur neun Wochen pro Jahr sind Männer hinter der »Goldenen Tür« zugelassen, ganze sieben Wochen lang Ehepaare.
Dort in Escondido wurden ein paar Fitneßtricks entwickelt, die längst weltweit Anwendung finden. Etwa die »Da-Vinci-Klasse«, 45 Minuten lang Bewegung ohne Pause zu dröhnenden Disco-Klängen.
Oder das Programm zum positiven Denken, genannt »Inner Door«.
»The Golden Door« ist sündhaft teuer, denn man muß pro Person mit mindestens 3000 Dollar die Woche rechnen.
Adresse: P. O. Box 1567, Escondido, CA. 92025.
Telefon: 00 17 14/7 44 57 77.

PS: »Das gute an dieser Schönheitsfarm ist«, schreibt Andrea Chambers in ihrem Buch »Dream Resorts«, »daß der derartig gute Ruf, den sie besitzt, die Besucher bereits Wochen vor ihrer Ankunft zur Disziplin zwingt ...«

Schraubenschlüssel

Wenn schon eine Schraube locker ist, so sollte man sie wenigstens mit dem besten aller Schlüssel anziehen: dem »BAHCO«.
Auch dieses an sich schlichte Werkzeug ist längst ein Museumsstück aufgrund seines Designs von Johan Petter Johansson aus Schweden (weswegen der »BAHCO« landläufig »Schwedenschlüssel« genannt wird).
Das fast Unglaubliche ist, daß der Schlüssel mit der Werksbezeichnung Nr. 0673-300 bereits seit 1882 existiert, und zwar aus phosphatiertem oder verchromtem Stahl für eine Schraubenbreite von 33 Millimetern.
Schließen wir uns der Darstellung der »Neuen Sammlung« in Mün-

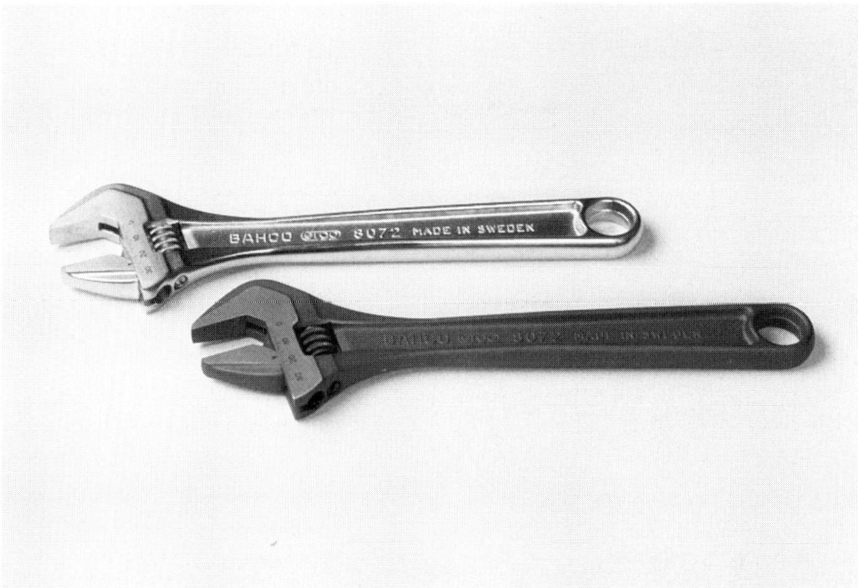

»BAHCO«-Schraubenschlüssel

chen an: »Stiel mit I-Profil; Kopf mit einer starren und einer beweglichen Backe, deren Abstand über eine integrierte Endlosschraube variiert werden kann. Neigung einer Backe: 15°. Länge: 30,5 cm, Breite am Kopf: 7,5 cm. Hersteller: AB Bahco (B. A. Hjort) Vertyg, Enköping, Schweden.«

Schuhputzer

Es gibt einen verschlafenen Ort, eher eine Art Geisterstadt, am Mississippi, die heißt Port Gibson. Nichts Aufregendes: Vier Straßen zum Fluß und drei parallel, das Ganze eingebettet in südstaatliche Hitze, und wenn Sie etwas einkaufen oder essen wollen – *forget it!* Aber Port Gibson verfügt über zwanzig Friseursalons. Und mindestens genauso viele Schuhputzbuden. »Spit 'n Shine« steht draußen dran, und wenn Sie die in Anspruch nehmen, erleben Sie eine unverändert Mark Twainsche Prozedur: Ein Schwarzer wird Ihnen die Schuhe von den Füßen ziehen, sich lange sammeln und dann abgrundtief auf Ihre Treter spucken. Und mit der natürlichen Feuchtigkeit den spiegelndsten Glanz produzieren, den Sie nie für möglich hielten.
Also Namen merken und auf der Landkarte suchen: Port Gibson am

Mississippi im US-Bundesstaat Mississippi. Und wenn der Schuhputzer dann noch sagt: »The best spit 'n shine this side of the Mississippi«, dann haben Sie auch noch den Besten der Besten entdeckt …

Schundhefte

Dies ist ein Begriff aus den fünfziger Jahren unseres Jahrhunderts, und der Duden definiert ihn so: »Schundheft – Heft, das Schundliteratur enthält«.
Es waren kleine Hefte voller Abenteuer, Fernweh und Phantasienahrung, die 10 bis 40 Pfennig kosteten und bis zu siebzig Seiten stark waren, oft grell bebildert als Vorläufer der später sehr viel aufwendigeren Comic-Literatur. Das beste Schundheft erschien nach dem Zweiten Weltkrieg mehr als 250mal und nannte sich »Rolf Torring's Abenteuer«. Diese weltumspannenden, dramatischen Reisen der beiden Deutschen Rolf Torring und Hans Warren-Holm sowie ihres »treuen schwarzen Begleiters« Pongo sind zudem auch ein Teil Kulturgeschichte und stehen nicht zuletzt deshalb bei uns auf Platz 1.
»Rolf Torring's Abenteuer« entstanden in den zwanziger Jahren, wurden von Dutzenden von Autoren fortgeschrieben und im Dritten Reich wegen der Zuneigung der beiden deutschen Helden zu ihrem afrikanischen Freund (der sie häufig aus Todesgefahr rettete) verboten.
Die Alliierten gestatteten eine Neuauflage, und die Schundhefte erreichten schnell einen hohen Absatz, vor allem bei Jugendlichen, die dringend ein bißchen Nationalstolz entwickeln und von der weiten Welt träumen wollten.
Mit dem Aufkommen bunter Bilderblätter, der Verkleinerung der Welt durch die Kommunikation, der Popularisierung des Fernsehens und der Öffnung der Urlaubsgrenzen hatten die Schundhefte keine Chancen mehr, und »Rolf Torring's Abenteuer« verschwanden so ums Jahr 1960 – um in den achtziger Jahren wiederaufzutauchen, und zwar als Sammelobjekte.
»Rolf Torring's Abenteuer« Nr. 1 – »Das Gespenst im Urwald« – kostet mindestens 10 Mark.

Show

The greatest show on earth … – das ist weder »Queen's Birthday« in London noch »Beating Retreat« in New Delhi (obwohl diese Parade ziemlich knapp den Titel »The Best« verfehlte).
Die größte Show sind immer noch die sogenannten »Highland Shows« von Papua-Neuguinea. Bis zu 60000 Krieger aus allen Teilen der Insel nahmen bereits daran teil, singend, tanzend, drohend, kämpfend, und wenn sie aufmarschieren auf den riesigen Gebirgswiesen des Hochlandes, dann bebt die Erde, und der Besucher ändert sein Bewußtsein.

Zitieren wir Heiner Wesemann in seinem Reiseführer »Papua-Neuguinea«: »Mount Hagen und Goroka wechseln sich ... jährlich in der Veranstaltung ... ab – in geraden Jahren finden die Shows in Goroka statt, in ungeraden in Mount Hagen. Die Shows wurden ursprünglich nicht für Touristen durchgeführt, sondern als Treffen der verschiedenen Stämme zum Zweck gegenseitigen friedlichen Kennenlernens. Natürlich stellte sich die Zusammenkunft prächtig geschmückter Krieger, die ihre lokalen Tänze und Zeremonien vorführten, schnell als bedeutsame Touristenattraktion heraus – was dann natürlich auch den Niedergang zum inhaltsleeren Spektakel für die Fotoapparate zur Folge hatte.« Soweit das Zitat aus dem Reiseführer.
Dennoch: Die Autoren haben bisher noch nichts Gewaltigeres zu sehen bekommen.

Siegesfreude

Eindeutig – die Palme gebührt dem britischen Zehnkämpfer Daley Thompson. Der quittierte seinen Olympiasieg von 1984 in Los Angeles in der anschließenden Pressekonferenz mit dem Satz: »Dies ist der schönste Tag in meinem Leben, seit meiner Omi eine Titte in die Mangel gerutscht ist ...«

PS: Thompson wuchs als Waisenkind auf.

Silvesterscherz

Das hat nichts mit Feuerwerk, Bleigießen oder anderen Gesellschaftsspielen zu tun, sondern ist ein guter Vorsatz, den wir mal auf der »Seite 3« der »Hörzu« fanden ...
»Was machen Sie eigentlich an Silvester?«
»Ich gehe um Punkt Mitternacht auf den Sportplatz und laufe Jahresweltbestzeit über hundert Meter.«
»Sind Sie denn wirklich so schnell?«
»Nee, aber der Erste ...«

Skandal

Am Nachmittag des 16. Februar 1866 schied Felix Faure im Élysée-Palast zu Paris aus dem Leben. Er war Präsident der französischen Republik. Er starb vor dem lodernden Kamin im Salon bleu, dem Blauen Salon – mitten im Liebesakt. Der durch die Schreie der Mätresse, einer gewissen Marguerite Steinheil, herbeigerufene Sekretär mußte mit der Schere die Haare der schönen Frau losschneiden, die Monsieur le Président im Augenblick des Todes umklammert hatte.
Frankreich ist das Land der Skandale und Affären. Nicht der blutigen und abstoßenden, sondern der delikaten. Eine Affäre – besonders wenn Frauen eine Schlüsselrolle spielen – ist immer auch ein

Stück Volksbelustigung. Die klassischsten aller Affären spielten sich in Frankreich ab: die sogenannte »Halsbandaffäre« oder die »Dreyfustragödie«. Paris ist eine Bühne. Ein Skandal, der als simple Mordgeschichte begann und als Polit-Thriller endete, gehört zu den faszinierendsten aller Fälle. Wieder steht eine Frau im Mittelpunkt ...
Am 16. März 1914 begibt sich Henriette Caillaux in das Waffengeschäft des Georges Fromentin. Sie verläßt den Laden mit einem Browning, Kaliber 6,35.
Schnitt. – Kurz vor fünf hält eine Limousine mit Chauffeur vor dem Gebäude der Tageszeitung »Le Figaro«, in der Rue Drouot Nummer 26. Henriette Caillaux verläßt den Wagen, begibt sich in das Redaktionsgebäude. Sechs Minuten später wird der Chefredakteur des »Figaro«, Gaston Calmette, tot sein. Ermordet. Erschossen. Mit fünf Schüssen aus einer Browning, Kaliber 6,35. Madame Caillaux läßt sich ohne Widerstand verhaften. Ihr Chauffeur muß ohne sie weiterfahren – sie wird im Polizeiwagen ins Frauengefängnis nach St. Lazare transportiert.
Henriette ist nicht irgend jemand. Sie ist eine der elegantesten und prominentesten Damen der Pariser Society, ihr Mann der verhaßteste aller Franzosen: Joseph Caillaux, Finanzminister. »Erfinder« der Einkommensteuer und überdies Außenpolitiker, der sich bei den Landsleuten unbeliebt gemacht hatte, nachdem er 1911 einen Kompromiß mit den verhaßten Deutschen gesucht hatte.
Der Chef des »Figaro«, Monsieur Calmette, war politischer Gegner von Caillaux. Er plante einen publizistischen Kreuzzug gegen den Finanzminister. Doch ist dies Motiv genug für einen Mord? Calmette stand schließlich nicht allein, sondern war eher die Stimme des gesunden »Volksempfindens«.
Es kommt zum Prozeß. Es sieht schlecht aus für das Ehepaar Caillaux. Er ist mittlerweile zurückgetreten, sie sitzt auf der Anklagebank. An der Seite Henriette Caillaux' steht Maître Fernand Labori, der legendäre Verteidiger des Kapitän Dreyfus. An der Seite des Ermordeten steht ganz Frankreich. Der Prozeß wird zum Schauspiel, von geheimen Liebesbriefen ist die Rede, die Henriette ihrem jetzigen Mann schrieb, als er noch mit seiner ersten Frau verehelicht war. Es heißt, Calmette hätte beabsichtigt, diese Briefe im »Figaro« abzudrucken.
Dann tritt Joseph Caillaux auf. Der Volkstribun. Der typische französische Hochintellektuelle: hohe Backenknochen, eine scharfe Nase, stechende Augen. Er hält eine Rede, die die Geschworenen in ein Wechselbad von Emotionen und Analysen taucht. Am Ende der Rede der Höhepunkt: Er beschuldigt den Ermordeten, ein Verräter gewesen zu sein, im Sold der Deutschen gestanden zu haben.
Der Verlagsleiter des »Figaro«,

Georges Prestat: »Niemals! Warum sollte eine Zeitung in deutschem Solde einen französischen Minister beschuldigen, mit den Deutschen gemeinsame Sache zu machen?« (Beifall.)
Plötzlich wendet sich der Prozeß. Es geht nicht mehr um die Schuld Henriettes. Niemand bezweifelt ihre Tat, sie selbst leugnet nichts. Die bisherige Person des Hauptinteresses wird zur Statistin. Jetzt geht es um Frankreich: Wer ist der Verräter? Joseph Caillaux oder der getötete Chefredakteur?
In einer Atmosphäre herannahenden Krieges, da schon morgen französische Soldaten gegen Deutschland ziehen könnten, würde ein Minister, der des Verrats überführt werden wird, der französischen Kapitulation gleichkommen. Die Moral der Truppe wäre gebrochen, Frankreich am Ende. Auf der anderen Seite: Ist der Chefredakteur Gaston Calmette der Verräter, könnte man keine Frau verurteilen, die einen Feind *de la patrie* tötete – im Gegenteil, sie würde zur Staatsheldin.
Der Gatte der Angeklagten, Joseph Caillaux, befand sich nun in der Zwickmühle. Sollte er seine Karten auf den Tisch legen oder schweigen? Auch die Bloßstellung des Chefredakteurs einer Zeitung wie des »Figaro« könnte nicht voraussehbare Konsequenzen für Frankreich haben. Er mußte sich entscheiden, ob er nun Politiker oder Ehemann sein wollte. Er entschied sich für den Ehemann …

Am Abend des 27. Juli trifft Graf Károlyi, ein ungarischer Politiker, in Paris ein. Im Gepäck trägt er brisante Dokumente, die er dem Gericht übergibt. Als erstes Calmettes Testament. Aus ihm geht hervor, daß er riesige Geldsummen der Steuer hinterzogen hat. Das war also der wahre Grund für jenen Haß, den Calmette für den »Erfinder« der Einkommensteuer hegte.
Das zweite Dokument ist noch brisanter: ein Vertrag. Als der Richter Albanel das Dokument liest, an dessen Authentizität kein Zweifel besteht, wird er blaß: »Es ist meine Pflicht, dies zu verlesen!« – Ein Vertrag zwischen dem Presseamt der österreich-ungarischen Regierung und dem Chefredakteur des »Figaro«. Gegen Geldzahlung verpflichtet sich Calmette darin, Artikel zu schreiben, die dem Interesse Deutschlands und Österreich-Ungarns dienen.
Die Szene, die sich im Gerichtssaal abspielte, war mehr als paradox: Die Mörderin wurde zur Heldin, der verhaßte Politiker zum Liebling der Nation, das bemitleidete Mordopfer zum Verräter. »Die Kugel war noch zu gut für ihn!« skandierten die Zuschauer von der Tribüne. Das Ehepaar Caillaux verließ mit Freudentränen in den Augen den Gerichtssaal. Henriette wurde natürlich freigesprochen. In der gleichen Stunde noch erfahren die Pariser in Extraausgaben, daß Österreich Serbien den Krieg erklärt hat.

Was ist dagegen eine kleine unbedeutende Abhörgeschichte in einem Hotel der amerikanischen Hauptstadt oder der Tod eines deutschen Provinzpolitikers in einer Schweizer Badewanne?

Skatblatt

Alle vier Buben – und dann von oben ...
Natürlich, das weiß jeder Laie, aber wir wollten es von einem Profi wissen, von Reinhard Wynands, dem Skat-Weltmeister von 1988/89 (und Angestellten des Ordnungsamtes Aachen). Seine Antwort: »Weltmeister – das ist Übungs- und Konzentrationssache. Man muß das Beste aus den schlechten Blättern machen und wissen, wann man bei einem nicht so guten Blatt passen muß.« Das beste Skatblatt (das ihm schon »ein paarmal« begegnet ist, allerdings nicht bei einer WM) ist Wynands Meinung nach ein »Grand Ouvert« (zählt 36) mit allen Buben und Karten von oben – As, Zehn, König, Dame und dann »irgendwas, eine Sieben oder Acht«. Hauptsache, alles in einer Farbe, und die braucht in diesem Grand-Fall nicht unbedingt Kreuz zu sein.

Ski

Der beste Ski aller Zeiten, so signalisieren die einschlägigen Fachleute (die nicht vertraglich an irgendeine Firma gebunden sind und dennoch ungern namentlich genannt sein möchten), war und ist der »VR 17« des österreichischen (aber exfranzösischen) Herstellers »Dynamic«. Er bestand aus einer bemerkenswerten Torsionskastenkonstruktion, die heute bereits als Sammlerstück unter Kennern gehandelt wird.
Neben vielen anderen haben auch Jean-Claude Killy und Rosi Mittermaier ihre Goldmedaillen auf dem »VR 17« gewonnen.
Das spricht ohne Zweifel für seine Qualität.
Nur – es ist ein antiquierter Ski, der so nicht mehr gebaut wird. Man muß also versuchen, ein Paar zu finden, das dem »VR 17« möglichst nahekommt. Oder das Paar, das man zufälligerweise noch besitzt, sollte man um keinen Preis weggeben ...
Ein Tip aus neuester Neuzeit für ausgesprochen sportliche Fahrer: der »Kästle RX National Team GF-Sport«.

Skiabfahrt

Darunter verstehen wir eine ungespurte Piste, die jungfräuliches Gleiten durch unberührten Tiefschnee gestattet.
Auf der Welt unübertroffen: der »Twilight-Run« im Heli-Skiing-Gebiet der kanadischen Kariboos. Das ist eine etwa zwei Kilometer lange, vertikale »Fluffy-Stuff-Mulde«.

Skigebiet

Das schönste, vielseitigste und gleichzeitig natürlichste Skigebiet der Erde ist und bleibt (hoffentlich noch lange) die Jungfrau-Region mit den beiden autofreien Orten Wengen und Mürren sowie den Abfahrtsklassikern Lauberhorn und Schildhorn (mit der Inferno-Strecke).
Das Gebiet ist ein Kapital der Schweiz, das im Endeffekt mehr zählt als Schokolade und Käse (wo die Eidgenossen *nicht* an der Spitze liegen).

Skipiste

Nach Meinung von Claus Deutelmoder, Chefredakteur von der Zeitschrift »Ski« und Weltreisender in Sachen Schnee, kann die Frage nach der besten mit einer Bergbahn erschlossenen Piste eindeutig beantwortet werden: Sie führt im savoyischen Les Arcs von Aiguille Rouge über 2126 Höhenmeter hinunter nach Villaroges.
Was diese beste aller Skipisten besonders auszeichnet, ist ihr Abwechslungsreichtum – schwierige hochalpine Hänge oben und sanfte Waldpassagen zum Ausklang.

Sonnenbrille

Die beste Sonnenbrille der Welt ist so untrennbar mit dem Namen »Ray Ban« des amerikanischen Herstellers »Bausch & Lomb« verbunden wie der Begriff Füllfederhalter mit »Montblanc«.

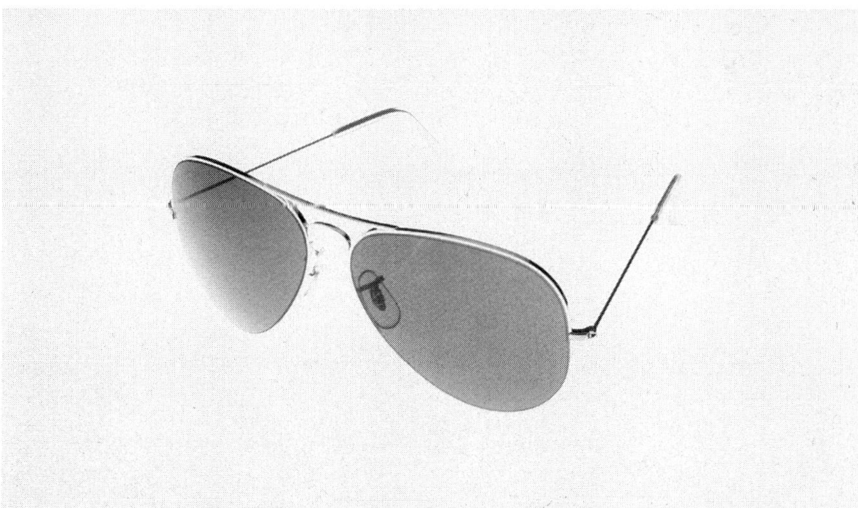

Die Sonnenbrille: »Ray Ban«

Obwohl schon seit über fünfzig Jahren im Handel, ist die Pilotenbrille »Aviator« nach wie vor die beste Sonnenbrille der Welt. Entwickelt wurden die Gläser, die ursprünglich die Bezeichnung »Anti-Blend-Schutzbrille« trugen, zusammen mit der amerikanischen Luftwaffe im Jahr 1930. Die Piloten benötigten damals einen wirksameren Schutz gegen die starke Sonnenstrahlung über den Wolken als heute. Die Tropfenform entsprach genau den benötigten Sichtwinkeln, die grünen Gläser absorbierten das helle Licht am besten, und das Material hält auch heute noch dem Aufprall einer Stahlkugel aus einem Meter Höhe stand.

Spaghetti

»Kein Mensch fühlt sich einsam, der Spaghetti ißt«, scherzte der britische Schauspieler und Schriftsteller Robert Morley einmal.
Wie recht er doch hat, wenn man es richtig bedenkt.
Marco Polo wird zwar immer noch als Vater der italienischen Nudeln bezeichnet, weil er sie angeblich im 15. Jahrhundert von seiner China-Reise mitgebracht hat. Dennoch wissen wir, daß bereits die Etrusker einen dünnen Teig ausrollten, ihn in Streifen schnitten und kochten. Aus dem alten Rom wird ein ähnliches Gericht, »laganum« genannt, als Lieblingsspeise Ciceros überliefert. Und Berichte aus dem Sizilien des späten 12. Jahrhunderts beschreiben unsere heutigen Spaghetti schon recht genau.
Mindestens so streitbar wie ihre Herkunft ist auch die Qualität dieser dünnen Teigfäden: Sicher kommen sie aus Italien, gemacht werden sie nur aus Hartweizen, und gekocht sein müssen sie »al dente«.
Wer aber die besten Spaghetti der Welt macht, weiß einer, der nicht nur für seine Souveränität, sondern auch für seinen enormen Konsum an Teigwaren bekannt ist: Luciano Pavarotti.
Der Star-Tenor: »Die besten Spaghetti serviert man im Ristorante ›Fini‹ in Modena (am Largo San Francesco). Wer die ›Spaghetti alla panna‹ dort gegessen hat, hat den Olymp der Nudeln erklommen.«

Sparer

Die besten Sparer der Welt sind die Schweizer: Pro Kopf haben sie fast 40000 Mark auf der hohen Kante liegen.
So sieht es zumindest aus.
Aber natürlich errechnet sich die Summe, indem die Spareinlagen aller Schweizer Banken auf die Bevölkerungszahl umgelegt wird. Und dabei werden den Eidgenossen Beträge gutgeschrieben, die gar nicht ihnen gehören, sondern ausländischen Kontoinhabern.
Sei's drum: Statistisch gesehen

sind die Schweizer die besten, gefolgt von den Japanern, US-Amerikanern, Belgiern – und den Bundesdeutschen.

Spielcasino

Oh, es hat seine Reize, wenn man vor die Spielbank tritt und am Horizont ein Nashorn stehen sieht. Wie in Sun-City (Bophuthatswana, Südafrika).
Und besäße irgend jemand in Monte Carlo jenen makabren Witz, den wir alle so lieben – man könnte sich im Casino Bodenplatten wie auf dem Hollywood Boulevard vorstellen: »Hier spielte …«, »… verspielte …« oder »… erschoß sich …« Das Ergebnis wäre ein zementiertes Zocker-Who-is-Who.
Aber diejenigen, die neben dem Chemin de fer auch noch knüppeldicke Atmosphäre und eine Geborgenheit im Kreise wohlerzogener Mitspieler suchen, für die gibt es nur eine Spielbank: Baden-Baden.
Sie ist nur wenig jünger als die USA und wesentlich älter als ganz Las Vegas. Und was in Monte Carlo unter »Bourbon-Louis«-Architektur laufen muß, erweist sich an den Gestaden der Oos als gediegen und echt: in den Jahren 1838 bis 1868 von den Franzosen Jacques und Édouard Bénazet im Stil ihrer Châteaus erbaut (und daher so ähnlich wie die Traumschlösser des verrückten Ludwig II.).
In Baden-Baden stellt man sogar von Mai bis September und bei mildem Wetter im Mosaikhof zwei französische Roulette-Tische unter dem freien Abend- und Nachthimmel auf – und wer dann in Jeans sein Glück versucht, kommt sich deplaziert vor.
Die massiv silbernen und goldenen Jetons allerdings, die noch gegen Ende der siebziger Jahre (unseres Jahrhunderts) an einem Sondertisch ausgespielt wurden, sind nur noch unter Glas zu besichtigen – als Ausstellungsstücke.
Dennoch: Rien ne va über Baden-Baden, weil der verehrten Direktion etwas Besonderes einfiel, um die Spieler von (Brieftaschen-)Format in die historischen Räume zu locken: Jeden Samstag ab 21 Uhr öffnet ein Baccarat-Tisch mit einem Minimaleinsatz von 500 Mark, auf Wunsch auch von 1000 Mark.

Spielzeug

Wir haben hin und her überlegt, aber die Verleihung des Superlativs in Sachen Spielzeug muß an »Lego« gehen. Diese Spielbausteine kombinieren die Errungenschaften moderner Technik mit den unendlichen Möglichkeiten kindlicher Phantasie.
Zitieren wir aus dem Büchlein »Formbeständig« des »Design Center« Stuttgart: »Als der Spielzeugfabrikant Godtfried Kirk Christiansen seine erste Spritzgußmaschine kaufte, wollte er, in Ergänzung zu seiner Holzspielwarenproduktion, einen Spielzeug-

stein aus Kunststoff herstellen. Orientiert am Beispiel griechischer Marmorquader, die, mit Löchern und Knöpfen versehen, mörtelfrei aufeinandergeschichtet wurden, sollte man die Steine zur Hälfte bzw. zu einem Viertel überlappend verbinden können, genau wie bei einem richtigen Mauerwerk.
1949 war die Lösung des Problems gefunden. 1955 kam es als Konstruktionsspiel für Kinder ab etwa fünf Jahren auf den Markt – 1956 in der Bundesrepublik – und wurde im Laufe der Jahre zu einem vielfältigen Sortiment mit ungefähr 250 Bausätzen und mehreren hundert verschiedenen Elementen für alle Altersgruppen ausgebaut.«
Maße eines üblichen Lego-Steins mit acht Knöpfen: 9,6 mal 32 mal 16 Millimeter.

Spion

Der beste Spion ist selbstverständlich der, der nie enttarnt wurde. Wir kennen ihn also nicht, und der Gegner sucht ihn noch heute.
Oder gibt es ihn doch?
Wir haben Wolfgang Lotz, den langjährigen Agenten des israelischen Geheimdienstes in Ägypten, um seine Meinung gebeten – und er nannte uns, »in aller angeborenen Bescheidenheit«, den »zweitbesten« Spion:
»Für mich besteht kein Zweifel, daß der erfolgreichste Spion zumindest dieses Jahrhunderts der israelische Geheimagent Eli Cohen war. Weil es in diesem Metier im Endeffekt nur auf die Resultate ankommt. Bemühungen alleine zählen nicht. Keiner kümmert sich darum, wie geschickt ein Agent operiert, wie oft er sein Leben aufs Spiel setzt, wie viele Nächte er im Regen steht und auf jemanden wartet, der dann nicht kommt – wenn er keine entsprechenden Resultate vorweisen kann. Und was die betrifft, wüßte ich nicht, wer sich mit Eli Cohen vergleichen könnte.
Cohen wurde 1924 in Alexandria als Sohn eines jüdischen Textilkaufmanns geboren. Muttersprache: Arabisch.
Er wanderte 1956 nach Israel aus und wurde 1960 vom Mossad angeworben und ausgebildet.
Im Februar 1961 schickte man ihn zur Vorbereitung seiner Tarnung nach Buenos Aires, wo er unter dem Namen Kamal Amil Taabs als Exilsyrer auftrat, sich unter anderem mit dem syrischen Militärattaché, General Amin Hafez, anfreundete und im Dezember 1961 als wohlhabender Geschäftsmann und Anhänger der Baath-Partei nach Damaskus reiste und sich im exklusiven Stadtviertel Abu Rumani ansiedelte.
Durch seine politische Tätigkeit gewann Cohen einflußreiche Freunde unter Politikern und im Generalstab. Er verschaffte sich Zugang zu den geheimsten Informationen, die er über Funk an den Mossad weiterleitete. Zum Beispiel begleitete er hohe syrische Offiziere auf Inspektionsreisen in das streng

abgeschirmte Militärgebiet auf den Golanhöhen.
Nach einem Staatsstreich im März 1963 kam Cohens Freund, der Ex-Militärattaché General Hafez, an die Macht, wurde Staatspräsident und Oberbefehlshaber der Streitkräfte. Nun gab es kaum noch Informationen, die ›Kamal Amil Taabs‹ wirklich verborgen blieben. Seine Berichte trugen maßgeblich zu den israelischen Blitzsiegen an der syrischen Front vor und während des Sechstagekrieges bei.
Cohen war sogar für das Amt des stellvertretenden syrischen Verteidigungsministers vorgesehen, wurde jedoch kurz vor seiner Ernennung durch ein Mißgeschick enttarnt und nach einem spektakulären Schauprozeß am 18. Mai 1965 öffentlich gehenkt.
Selbst Günther Guillaume (einer der Besten) brachte es gegenüber Eli Cohen nur zum Referenten im Kanzleramt – ganz abgesehen davon, daß er keine Gefahr lief, hingerichtet zu werden.
Und die ›berühmteste Spionin aller Zeiten‹, die Holländerin Mata Hari, war nach neuesten Erkenntnissen in Wirklichkeit überhaupt keine Agentin, sondern eine Luxusdirne, die sich durch ungeschicktes Agieren verdächtig gemacht hatte.
Sogar so berühmte Agenten wie Richard Sorge, Rudolf Abel, Heinz Felfe, Kim Philby und Klaus Fuchs fallen nicht in dieselbe Kategorie wie Cohen.«

Sportereignis

Natürlich ist eine Fußball-Weltmeisterschaft, vielleicht noch mit Deutschland im Endspiel, ein Sportereignis, das sich schlecht überbieten läßt. Nur finden Weltmeisterschaften, ebenso wie Olympische Spiele, nur alle vier Jahre statt.
Was also ist das beste alljährlich wiederkehrende Sportereignis? Die Rennen von Royal Ascot, behauptet Sterling Moss in »Courvoisier's Book of the Best«. Gerade er hätte es besser wissen müssen – denn das, was der Ex-Rennfahrer auf Platz 5 setzt, ist in Wahrheit die unbestrittene Nr. 1: der Grand Prix von Monaco.
Farbe, Dröhnen, Geschwindigkeit, Menschen, Spannung, alte Häuser, das Meer, der Fürst und die Seinen, Action, Auspuffqualm, Feuerstöße, Reifenquietschen und Haarnadelkurven – alles hineingepreßt in rasende Augenblicke und eine enge, winkelige Stadt.
Es ist der Anachronismus dieser Veranstaltung, der sie zum besten Sportereignis stempelt.
Der Grand Prix von Monaco findet wieder im kommenden Mai statt.

PS: Der Co-Autor Reinhard Haas besteht darauf, sich hier mit dem Großen Preis von Monaco nicht einverstanden zu erklären. Seiner Meinung nach ist das Pferderennen von Ascot unübertroffen an Spannung, Unterhaltsamkeit und Eleganz.

Der Porsche 911

Sportwagen

Muß er ein Kraftprotz sein, eine Art Arnold Schwarzenegger auf Rädern, oder eine Schönheit, eine Kim Basinger in Blech?
Der Autor und Autonarr Peter Lanz tat sich schwer, den optimalen Sportwagen aller Zeiten zu küren …
»Ich bin in gewissem Sinne krank. Jedesmal, wenn ich bestimmte Rundungen sehe, überkommt mich das Bedürfnis, meine Hände auf diese Formen zu legen, sie zu fühlen, zu halten, zu streicheln.
Die Wissenschaft hat diese meine Eigenschaft als typisch männlich abklassifiziert. In seinem erotischen Tastsinn lebt der Mann in der Vorstellung, daß alles, was schön ist, ihm gehören muß, es ist, sagen die Psychiater, nichts anderes als ein Aushaken der Schaltstelle unseres Hirns.
Lassen Sie uns in diesem Fall das pralle Menschenleben beiseite schieben, und reden wir Blech, von Autoformen.
Ein Sportwagen muß aussehen wie ein Sportwagen (und nicht wie ein Hühnerei auf Gummipuschen, auch wenn der C_W-Wert dann gleich Null ist). Das wichtigste bei der Wahl zum Optimalen: Liebe auf den ersten Blick. Deshalb war ich in den ›Daytona‹ von ›Ferrari‹ verknallt. Wenn ich heute irgendwo den ›250 LM‹ von Ferrari sehe,

Jochen Rindt selig gewann damit 1965 Le Mans, werden meine Augen feucht. Außerdem der ›GT 40‹ von ›Ford‹ aus den sechziger Jahren, natürlich der ›300 SL‹ und dann das Auto schlechthin, für das ich – nein, Mord würde ich keinen begehen, aber doch vieles dafür tun: der ›Ferrari 246 GT-Dino‹ mit seinem winzigen V-6-2,4-Liter-Motor, den die richtigen Ferrari-Fans nicht einmal als Auto anerkennen wollten.
Der optimale Sportwagen?
Gibt es einen, für den ich alle anderen wegschieben würde? Nein. Ich liebe sie alle.
Den ›Stallion‹, den neuen ›F 40‹ …
Aber halt, es gibt ein Auto, das für mich, wenn ich mich besinne und Lust und Laster abwäge und auch mal unter die Motorhaube schaue und nicht nur Auto-Erotik betreibe (sonst könnte, wahrscheinlich, auch der ›E-Typ-Cabrio‹ von ›Jaguar‹ gewinnen), das Optimum darstellt: der endgültige Sportwagen unseres Jahrhunderts, den, davon bin ich heute felsenfest überzeugt, auch meine Söhne noch so lieben werden: der ›11er‹. Seit 1963 auf dem Markt, von einem genialen Autokopf konstruiert, verflucht schnell (in 6 Sekunden auf 100), haarig zu fahren, weil, Gott sei Dank, der Motor immer noch achtern sitzt und die Sonntagsfahrer bei undosiertem Gasfuß einfach vom 217-PS-Triebwerk überholt werden.
Es ist das Auto, das dich, Mensch, zu einem Kraftpaket schnürt und das, selbst mit umweltfreundlichem Katalysator ausgerüstet, ein sicheres ›5,6-Kilo-pro-PS-Kraft-Leistungs-Potential‹ mitbringt.
Ein Auto, das als Sportwagen ausgereift, aber noch nicht ausgereizt ist, das heute, laut Werk, mit dem Ur-11er nur noch 15 Prozent gemein hat, aber trotzdem noch ein Sportwagen ist und kein Computer auf Fuchs-Felgen.
Der ›11er‹ schafft den Porsche-Leuten (habe ich's vergessen zu sagen? – ich rede vom ›Porsche 911 Carrera‹, luftgekühlter Sechs-Zylinder-Boxermotor, Ventiltrieb über Kipphebel, 95 mal 74,4 Millimeter Bohrung, 3164 Kubik, Dämpferbein, Querlenker, Drehstabfederung, Stabilisator, hinten Schräglenker, Stabi, 1210 Kilo Leergewicht) Freiraum für Spielchen mit anderen Autos.
Ich behaupte heute: Es wird, rundum gesehen, keinen Sportwagen geben, der besser sein kann als der ›11er‹. Es wird sicherlich Autos geben, die schneller sind, brutaler, knuddeliger zum Ansehen, aber in Anbetracht aller Komponenten ist den Leuten in Stuttgart das absolute Meisterstück gelungen.«

Stadt

»Wer von London die Schnauze voll hat, hat mit dem Leben abgeschlossen«, heißt es.
Als wir ein paar Zeitgenossen, auf deren Urteil Verlaß ist, nach der besten Stadt fragten, bekamen wir

so viele Antworten, wie Städte in »Knaurs Großem Weltatlas« stehen. Bis auf eins: Einige wenige Städte wurden mehrfach genannt – Venedig, Kyoto und New York. Weiter in der Hitparade:
Paris, London, Rio de Janeiro, Hongkong, Rom, Madrid, Sydney, Stockholm, Leningrad,
San Francisco, Siena, Guanajuato (Mexiko), Bourges, Barcelona und York (England).
Gehen wir einmal davon aus, daß die beste Stadt ein Platz von ungewöhnlicher Schönheit sein sollte, an dem sich nicht nur wohnen läßt, sondern wo man auch kulturell nicht ausdörrt, dann wird das Sieb immer feiner, und plötzlich liegen ganz andere Orte vorne:
Kapstadt, Singapur, Oslo, Florenz, Edinburgh, München, Amsterdam.
Legen wir uns fest:
Die beste Stadt im Moment ist – Singapur.
Die Begründung sollte sich jeder vor Ort selbst geben.

Statussymbol

Die stolzen Besitzer von »Citroën-Enten« erinnern sich mit Genugtuung eines Ausspruchs der Vaterfigur der »Commerzbank«, Paul Lichtenberg. Sein Institut kam bei der Galen-Pleite ohne Schaden davon, und Lichtenberg erklärte das mit einem Hinweis auf das Statussymbol des Hauptschuldners, des Landmaschinenhändlers Esch: »Ich leihe niemandem Geld, der mit einem Rolls-Royce durch die Stadt fährt.«
Das englische Super-Automobil ist also offensichtlich nicht das beste Statussymbol. Im Gegenteil – unserer Meinung nach geht nichts darüber, keinen Führerschein zu haben, auch wenn man einen haben könnte. Freiwillig zu verzichten auf Bleifuß und Steuerhand, das ist wahres Symbol eines Status und gleichzeitig das Signal absoluter Unabhängigkeit. Sowohl finanziell als auch geistig. Ganz abgesehen vom Parkproblem, das immer größere Ausmaße annimmt.

Steakmesser

»Iß nix Fisch mit Messer«, heißt es, und ähnliches gilt für Steaks: In guten Restaurants bekommt man zum Fleisch eben sein Steakmesser, und das ist vorne spitz, leicht krumm wie ein Türkendolch und scharf wie eine Rasierklinge.
Das beste stammt aus der Solinger Schmiede »PUMA«, ist 23 Zentimeter lang (Klinge: 12 Zentimeter), besteht aus poliertem Molybdänstahl und wird in reiner Handarbeit gefertigt (dazu noch in einem Stück). Sein Charakteristikum ist der heute nur noch selten verwendete Rasiermesser-Hohlschliff und die Härte des Stahls (55 bis 57 HRC).

»PUMA-GOURMET«-Steakmesser

Stoff

Sprechen wir von Stoff, meinen wir Tuch, wie es für Mäntel, Schals, Westen, Jacken und Hosen verwendet wird.
Das beste Tuch kommt aus dem kleinen oberitalienischen Städtchen Trivero, das sich an die Hänge der piemontesischen Voralpen schmiegt. Dort sitzt seit 1912 die »Lanificio« des Fabrikanten Ermenegildo Zegna, und seine Nachfahren sind es, die jene unübertroffenen traumhaften Stoffe weben.
Fragt man den Gründerenkel (der ebenfalls Ermenegildo heißt, aber der Einfachheit halber Gildo genannt wird), was für ihn das Beste unter seinen guten Tucharten ist, antwortet er: »Der Kaschmirstoff von den innermongolischen Bergziegen.«
Das naturweiße Vlies der wildlebenden Tiere ist jedoch nur ein Bestandteil des Tuches, der Rest bleibt Geheimnis.
Produziert wird es so: Wenn die gekämmte Wolle gewaschen, gefärbt, gesponnen und gewebt ist, entscheidet das »Finish« über die endgültige Qualität. Zegnas Erfolgsgeheimnis besteht in der Behandlung mit absolut kalkfreiem Wasser aus den Bergen oberhalb von Trivero, dem Kämmen mit Naturdisteln aus Süditalien und einer Qualitätskontrolle, bei der gegebenenfalls ein einzelner Faden noch per Hand eingesetzt oder repariert wird.

Strand

Einer der Autoren stand einmal – sprachlos – am Fuße der Landepiste auf der Karibikinsel St. Barthélemy, genannt »St. Bart«, und schaute auf den seiner Meinung nach schönsten Strand der Welt: eine fast hufeisenförmige Bucht, gesäumt von wiegenden Palmen, gefüllt mit einem kristallklaren, türkisblauen Wasser innerhalb eines Naturbeckens aus weißem Sand so fein wie Puderzucker.
»Schön, ja«, murmelte auch der Schlager-Weltstar Julio Iglesias beeindruckt, »aber nichts kommt auch nur annähernd der Südsee gleich. Auch nicht St. Bart. Willst du wirklich die besten Strände der Welt erleben – geh in den Pazifik.«
Courvoisiers »The Best« macht sich die Antwort leicht: Dort ist der »Diani Beach«, südlich von Mombasa, der beste der Welt, gefolgt vom ägyptischen »Marsa Matruh«, »La Digue« auf den Seychellen, »Lamu« in Kenia, »Hurghada« am Roten Meer und der Atlantikküste von Mauretanien.
Damit sind wir nicht einverstanden und folgen Old Julio in die Südsee.

Straße beim Monopoly

Nach Auskunft des deutschen Monopoly-Meisters 1988, Hans Günther Meyer, ist das Problem größer als von uns eigentlich erwartet – weil der Kauf von zwei Faktoren abhängt: dem Zeitpunkt

des Spiels und der Bargeldmenge des Interessenten.
Gleich zu Beginn eines Spiels empfiehlt Meyer jedoch die »hellbraunen« Straßen nach dem Westbahnhof – erstens die Wiener Straße (für 3600 Mark), zweitens die Berliner Straße (für 4000 Mark) und – zum Häuslebauen – natürlich auch die Münchner Straße.
Der Grund, laut Meyer:
»Da tappst man vor allen dann häufig drauf, wenn man aus dem ›Gefängnis‹ entlassen wird.«

Sumpf

Hört man nicht, ganz automatisch, den Hund von Baskerville über die Sümpfe von Dartmoor heulen? Klingt nicht der melancholische Song der Cajuns durch den Morast von Louisiana?
Nein, der Sumpf an sich hätte sich nicht qualifiziert für dieses Buch, gäbe es nicht im zentralen Südafrika das Okavango-Delta – eine 10000 Quadratkilometer grüne Wildnis mit Inseln mitten im Land, Flüssen, die einfach spurlos verschwinden und weit entfernt wiederauftauchen, mit Sümpfen, die einfach mal zu sandigen Pfannen austrocknen, um sich im nächsten Jahr wieder mit Wasser zu füllen und schiffbar zu werden.
Elefanten leben dort, Giraffen, Nashörner, Löwen, Leoparde, Hunderttausende von Antilopen, Krokodilen und Flußpferden, dazu seltsame Wasser-Buschmänner, Rinder treibende Nomaden und ein paar romantische Lodges.
Dort sind Einbäume die Taxis und die Zwiebel der Wasserlilien das Gemüse. Es ist, wie mal einer schrieb, der dort lebte, »ein Meer im Land und ein Land im Wasser«. Zeitlos, einmalig und unwiderstehlich. Schlicht und einfach der schönste Sumpf auf Erden und deshalb auch der beste.
Übrigens: Das Okavango-Delta liegt in Botswana.

Suppe

Die beste (ungewöhnlichste, exklusivste ...) Suppe der Welt kommt aus der japanischen Stadt Kagashima. Dort kocht ein Herr namens Kyoze Yamazaki einen Sud, der ebenso ungewöhnlich wie wohlschmeckend ist; die Suppe besteht nämlich hauptsächlich aus dem Urin ungiftiger Schlangen.
Yamazaki-san fängt sich ständig Dutzende dieser Reptilien, päppelt sie in Käfigen mit altem Reiswein auf und speichert ihre Ausscheidungen, die er mit Kräutern, Nudeln und – natürlich – Schlangenfleisch auf den Tisch bringt.
Ein Löffel voll kostet allerdings etwa 30 Mark.

T

Tafelsilber

Die Zeit, in der das exquisiteste Tafelsilber hergestellt wurde, ist längst vergangen. Im 17. und 18. Jahrhundert waren es wenige auserwählte Manufakteure in Europa, die für ihre Auftraggeber an den Höfen oder in den Kirchen in heute schier unvorstellbarer Feinarbeit das schufen, woran man heute noch als einzigartigem Kulturgut nagt.
Für die Qualität des Tafelsilbers ist die Herkunft, die Silbermine kaum von Bedeutung. Ausschlaggebend ist seine Verarbeitung. Und hierfür gab es in jedem europäischen Land mit der entsprechend zahlungskräftigen Klientel einige wenige Autoritäten.
In England waren es vor allem die Werkstätten folgender vier Meister, deren Tafelsilber als überdurchschnittlich in der Verarbeitung bezeichnet werden kann: Paul de Lamerie, seine Werkstatt stand in London, er lebte von 1713 bis 1750, Paul Storr, 1793 bis 1838, Paul Crespin und Nicolas Sprimont aus etwa derselben Generation.
Die französischen Meister waren: Thomas Jermain, Meissonnier Juste-Oreille sowie Jean-Baptiste-Claude Odiot.
In Italien war die Autorität natürlich Benvenuto Cellini – und blieb es für lange. Er gilt als einer der ersten, die die Silberschmiedkunst zur Vollkommenheit führten.
In Holland wurde die Werkstatt des Christian Van Vianen (Utrecht) als die beste betrachtet.
Deutschland kann eine ganze Reihe vorzüglicher Werkstätten aufweisen: vorneweg Wenzel Jamnitzer, dann Hans Petzolt, Ludwig Krug und Gottfried Holl aus Danzig. Die Städte Nürnberg und Augsburg beherbergten eine in Europa fast einzigartige Silberschmied-Gilde.
Welches sind nun die besten Einzelstücke, die je aus einer dieser Werkstätten hervorgegangen sind? Einzigartig – und somit unerreichbar – ist das Centrepiece (das Mittelstück) der königlich-englischen Tischdekoration.
Der Meister: Paul Crespin.
Die Sammlung des britischen Königshauses dürfte in ihrer Vollständigkeit einmalig sein.
Doch kann man das britische Königshaus als privat bezeichnen? Eigentlich ist es eine nationale Institution.
Ein Privatsammler, der mit der Sammlung des Königshauses konkurrieren kann, ist schwer zu ermitteln. Am ehesten ist es Fürst Johannes von Thurn und Taxis. Sein Tafelsilber ist Augsburger Silber. Der Fürst ist gemeinsam mit der Queen einer der wenigen, die ihr Tafelsilber auch stilvoll verwenden können, statt es in den Tresor zu sperren. Welches Privathaus ist heute schon in der Lage, Abendessen an einer langen Tafel für etwa neunzig Personen zu geben? So groß muß nämlich die Tafel sein, damit die gesamte Kollektion einer Serie Platz hat.

Talisman

Schon immer bemühten sich die Menschen, die Kräfte der Natur zu beherrschen und das Schicksal zu ihren Gunsten zu beeinflussen. Gelang dies nicht mit »natürlichen« Mitteln, vertraute man »geheimen« Kräften, die in Religion und Aberglauben ihren Ursprung besaßen.
Die vieltausendfältige, geheime, bunte, irrationale Welt der Amulette und Talismane entstand, die sich von Anbeginn der Geschichte an behaupten konnte – trotz der Anfeindungen der verschiedenen Religionen und trotz der Erkenntnisse aus Physik, Chemie, Geologie, Medizin und – Geschäftemacherei.
Von »Abrakadabra« bis zu den Zahlen, von Edelsteinen bis zu Tierpräparaten, von Sprüchen bis zu Innereien: der angeblich stärkste und damit beste Talisman ist nach wie vor die Alraune, gefolgt vom Diamanten und dem Zahlenzauber.
Zitieren wir, was Christine und Richard Kerler in ihrem Buch »Geheime Welt der Talismane und Amulette« über die Alraune zusammengetragen haben:
»Bei der Alraune handelt es sich um eine Pflanze, die bereits 3000 Jahre vor Christus bei den Ägyptern bekannt war. Wissenschaftler bezeichnen sie heute – sie ist übrigens mit Tabak- und Tomatenstaude verwandt – als ›Atropa mandragora‹, der Volksmund nennt sie ›Galgenmännlein‹, ›Galgenwurzel‹, ›Erdmännlein‹ oder ›Heckenmännlein‹. Ihre Blätter laufen etwas zugespitzt aus, die Blüten sind glockenförmig, die Früchte – runde kurzstielige Beeren – befinden sich innerhalb der Blattrosette.
Wichtig … aber ist ihre Wurzel, eines der wenigen Pflanzenamulette. Man behauptet gerne von ihr, sie hätte fast menschliche Züge, und bei einiger Phantasie könnte man sie auch mit einem Menschen vergleichen, der die Füße übereinandergeschlagen hat. So entdeckte bereits der berühmte griechische Gelehrte Pythagoras (6. Jh. v. Chr.), ansonsten mehr durch seine komplizierten geometrischen Formeln bekannt, etwas ›Menschenförmiges‹ an ihr.
Was nun hat den Glauben an die Zauberkraft der Alraunwurzel ausgelöst? Vermutlich war es wirklich nur diese eigentümliche, fast menschliche Gestalt. Und vieles wurde ihr zugesprochen: Schutz vor dem Teufel, vor dem Verhextwerden, vor der Zauberei und vor bösen Geistern; dazu sollte sie vor Gewitter- und Hagelschäden bewahren.
Nach einem alten Glauben, der aus Österreich berichtet wird, bringt ihr Besitz sogar Glück im Kartenspiel. Daraus leitet sich die Redensart ab: ›Der muß eine Alraundel im Sack haben‹, bekommt ein Kartenspieler besonders viele gute Karten zugeteilt.
Aber auch heimliche Furcht jagte

ihr magische Kraft ein: So meinte man lange Zeit, das Ausgraben der Wurzel sei mit großen Gefahren verbunden, und besorgte das im Mittelalter nur während der Sonnwende bei Vollmond. Darüber hinaus achtete man dabei noch streng darauf, daß Sonnwende und Vollmond mit einem Freitag zusammenfielen.
Diese Furcht verdeutlicht aber auch noch ein anderer weitverbreiteter Volksglaube: Angeblich soll die Alraune beim Ausziehen der Wurzel einen gellenden Schrei ausstoßen, der denjenigen, der sie herausreißt, zum Wahnsinn treiben kann.«

Taschenmesser

Die besten Taschen- oder Klappmesser fertigt der Amerikaner Ron Lake. Aber um so ein Messer zu besitzen, muß man erstens Geduld, zweitens Geld und drittens Geschmack haben.
Geduld, weil die Lieferzeiten über drei Jahre betragen.
Geld, weil die Preise bei 5000 Mark erst beginnen.
Geschmack, weil man alle diese Widrigkeiten klaglos auf sich nimmt.
Die Messer von Ron Lake bestechen nicht durch auffällige Schönheit, sind dafür aber grundsolide verarbeitet und stellen in puncto Material und Design absolute Maßstäbe auf. Wenn das Messer geschlossen ist, gibt es an keiner Stelle offenen Ritzen oder gar Spalten. Die Klinge verschwindet leicht und in Sekundenschnelle in einem Rahmen aus Raumfahrt-Leichtmetall, der mit Horn vom Big-Horn-Schaf, indischem Hirschhorn oder Schildpatt eingelegt ist. Ein einhändig zu bedienender Riegel stellt die Klinge fest oder löst sie. Wer das beste Taschenmesser der Welt besitzen will:
Ron Lake, 123 E. Park, Taylorville, Illinois 62568, USA.

Taschentuch

Man muß damit winken können, sich die Nase putzen, den Schweiß abwischen, es dekorativ in die Jackentasche stecken, Lippenstift entfernen, es unbemerkt fallen lassen und es in Notfällen sich schützend vor Mund und Nase halten können. Kurz: Das beste Taschentuch ist ein Allzweckmittel für alle Lebenslagen.
Und damit es auch in allen Lagen noch funktionsfähig und attraktiv bleibt, muß das beste aller Taschentücher aus feinstem Leinen gewebt sein und handgerollte Kanten aufweisen. Nur diese Machart garantiert höchste Saugfähigkeit und Hautverträglichkeit, Paßform und Eleganz.
Der Hersteller dieser Taschentücher ist die Firma »Hackett« in der Londoner New King's Road. Hier werden die Stücke noch originalgetreu nach Vorlagen aus dem 18. Jahrhundert gefertigt.

Taschenuhr

1875 staunte das Publikum auf der Pariser Weltausstellung über eine Uhr, die nicht nur die Ortszeit angeben, sondern zudem noch zwölf verschiedene Funktionen erfüllen konnte: die »La Grande Complication« von »Audemars Piguet«.
Lange Zeit galt dieses technische Wunderwerk aus der Schweiz als unschlagbar unter den Taschenschlagwerken. Im Jahre 1922 jedoch verließ ein feinmechanisches Meisterwerk die Werkstatt der Manufaktur »Patek Philippe«, das lange als die teuerste Taschenuhr der Welt ohne Juwelenbesatz galt: die »Packard«.
Im Auftrag des amerikanischen Automobil-Tycoons James Ward Packard wurde diese Uhr angefertigt – sie kostete damals 16000 Dollar und wurde jetzt vom Hersteller für rund 1,5 Millionen Mark zurückerworben.
Der Clou dieses Repetitionsschlagwerkes ist auf der Rückseite des goldenen Gehäuses unter einem Klappdeckel zu finden: Dort zeigt sich in einem »Fenster« exakt der Ausschnitt des Sternenhimmels, wie ihn James W. Packard zur jeweiligen Zeit von seinem Schlafzimmer im Heimatort Warren (US-Bundesstaat Ohio) aus sehen konnte. In der miniaturisierten Darstellung des Nachthimmels sind nicht weniger als fünfhundert Goldsternchen in sechs verschiedenen Größen – entsprechend der Sichtbarkeit der Himmelskörper – auf blauem Emaillegrund zu sehen.
Die beste käufliche Taschenuhr der Welt stammt ebenfalls aus der Manufaktur am Genfer See.
Die Kaliber 89. Ganze neun Jahre brauchte man für den Entwurf und die Herstellung dieses aus 1728 Teilen bestehenden Meisterwerkes, aber in knapp fünf Minuten wurde sie im Frühjahr 1989 für 5,17 Millionen Mark versteigert. Wer diesen Termin verpaßt hat, keine Sorge: Patek Philippe wird noch drei Exemplare auflegen. In Weißgold, Rotgold und Platin.

Tauchgebiet

In der Tiefe lauern die Zweifel: guter Taucher oder schlechter Taucher, Fotograf oder Direktgenießer, Fisch-Fan oder Riff-Kabyle? Fast alle Experten, die wir befragten, hielten das Stichwort »sooo pauschal« für nicht beantwortbar. Bis sich im Gespräch dann doch herausstellte:

1. Die besten Fotos schießt man im »Arri-Atoll« der Malediven.

2. Die meisten Fische bekommt man bei jenen Inseln zu sehen, die vor dem ostaustralischen »Barrier Reef« liegen.

3. Aber der Geheimtip, so die Taucherin Leni Riefenstahl, befindet sich ein paar Breitengrade nördlicher, um ganz genau zu sein – auf 7,30 Grad nördlicher Breite und

134,30 Grad östlicher Länge.
Im Pazifik also, östlich der Philippinen und nördlich von Neuguinea, mitten im sogenannten »Mikronesien«: Palau Islands, seit 1981 die unabhängige Republik Belau (mit 15 000 Einwohnern).
Von dort mietet man sich ein Boot zu der Insel Carp – und da an den Riffen schlagen selbst abgebrühte Taucherherzen höher, sagt Leni Riefenstahl, und die muß es eigentlich wissen.

Taxifahrer

Ja, wir wissen es: In jeder Negativbilanz von Reisenden bilden die Taxifahrer die Minuspotenz.
Wir möchten das hier nicht weiter ausführen, denn es gibt Ausnahmen von der Regel: die beinahe verdächtig liebens- und vertrauenswürdigen Cabbies von San Francisco und, unsere Besten, die öffentlichen Chauffeure von New und Old Delhi.
Es sind nette Menschen, die – wenn man sie richtig anpackt – den Kunden adoptieren und zu ihrer »Angelegenheit« machen.
Nur darf man sie nicht als verkehrstechnische Wegwerfmenschen betrachten, sondern muß sie pflegen wie einen festangestellten Kutscher, wie einen Chauffeur, der morgens die Kinder zur Schule, mittags die Memsa'b zum Friseur und am Abend den Sahib in den Klub bringt. Dann sind die Taxifahrer von Delhi unübertroffen.

Tee

Siehe Stichwort GETRÄNK.

Tee-Service

Über Geschmack läßt sich bekanntlich streiten (oder auch nicht), und was das beste Tee-Service anbetrifft, so kann man sich nur an der Funktionalität und dem optimalen Design orientieren.
Die Nr. 1: das schwarze Steingutgeschirr mit dem Namen »Black Basalt« der Firma »Wedgwood« in Stoke-on-Trent, England.
Dieses klassische Service wurde bereits 1768 geschaffen und hält sich bis in unsere Tage, wurde allerdings 1970 neu ausgeformt.
Die Kanne ist nur 13 Zentimeter hoch und besitzt einen Durchmesser von 10 Zentimetern, entspricht damit jedoch den höchsten britischen Ansprüchen der Teezeremonie.
Wer »Black Basalt« verwendet, trinkt aus einem oftmals in der Design-Literatur hochgelobten Museumsstück.

Telefonzelle

Die beste Telefonzelle dürfte, obwohl jetzt eingemottet, das Häuschen der »Staatlichen Britischen Telephongesellschaft« gewesen sein, der sogenannte »Jubilee Kiosk«: 2,50 Meter hoch und 96 Zentimeter im Quadrat.

Tee-Service »Black Basalt« der Firma Wedgwood

Rot, mit vier Krönchen im Dach und jenen vergitterten Glasfronten, hinter denen in zahllosen Filmen Agenten im Kugelhagel sterben mußten. Beim Vorbeigehen ist oftmals ein schrilles läuten zu vernehmen, denn die »Jubilee Kioske« konnte man bereits vor Jahrzehnten anrufen.
Das überraschende dabei: Ein gewisser Sir Giles Gilbert Scott hatte das gängige Modell »K6« erst 1935 entworfen. Dabei glauben wir, schon Watson habe seinen Meister Sherlock Holmes aus einer solchen urenglischen Zelle benachrichtigt.

Telegramm

Es gibt eine Menge bemerkenswerter Telegramme, und mit die ulkigsten stammen – wen wundert's? – aus Kriegszeiten.
Das beste allerdings dürfte die Antwort des Kriminalschriftstellers Raymond Chandler auf eine Anfrage des Filmregisseurs Howard Hawks sein; der hatte bei den Dreharbeiten zu »Tote schlafen fest« entdeckt, daß Chandler offensichtlich vergessen hatte, den Mörder des Chauffeurs zu identifizieren. Das war bis dato keinem Leser aufgefallen, aber Hawks

»Jubilee Kiosk« – mehr als eine Telefonzelle

benötigte die Information für sein Script und schickte dem Autor deshalb ein Telegramm: »Wer hat den Chauffeur ermordet?« Chandlers Erwiderung bestand nur aus zwei Worten: »Keine Ahnung.«

1. PS: Unser Lieblings-Cable ist die höfliche Telegrammkonversation zwischen einer amerikanischen Zeitschrift und dem Filmstar Cary Grant. Das Magazin wollte von Grants Agenten wissen, wie alt der Schauspieler ist: »how old cary grant.« Und Grant selbst kabelte zurück: »old cary grant fine.
how you.«

2. PS: Ein Telegramm möchten wir Ihnen allerdings nicht vorenthalten – im Original. Einer der Autoren bekam es am 11. Dezember 1980 von einem Freund namens Gian-Carlo aus Pretoria in Südafrika. Aber versuchen Sie selbst, den Text zu entziffern:

Axel Dhorer Herderweg 2
D 8191 Thanning
Federal-Republik
OF. ~~Schule~~ Scheminy

Tex: Urkently Jour New Telephone
Number Schop Have To Hont
Ayt Jou Asoon As Poss
Iple Sons Ernink Probable
Visit To Munisch Nest Week
Hope Lo See You Soon

Kiansarlo.

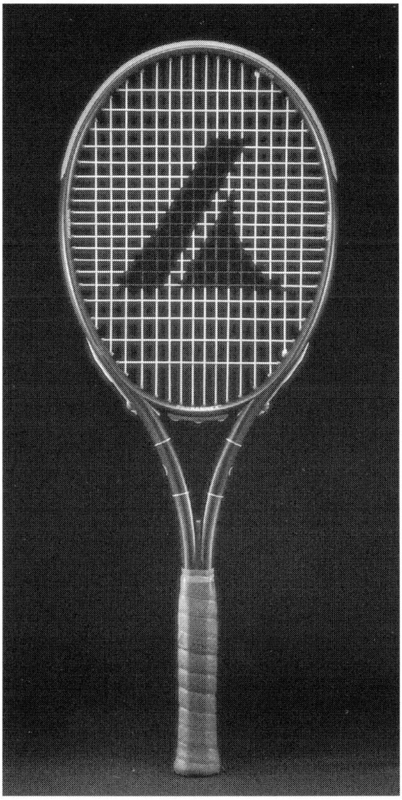

Graphite Destiny von Pro Kennex

Tennisschläger

Der Mann liegt nahe, wenn man nach dem besten Tennisschläger der Welt Ausschau hält: Günther Bosch.
»Am Anfang war das Holz. Zumindest in der Welt der Tennisschläger. Auch mein allererster stammte aus dem Wald. Er besaß die Form einer Birne und war aus den USA in meine rumänische Heimat importiert worden. Dreizehn Jahre war ich damals: 1950. Mit dieser Holzbirne spielte ich sogar noch Davis-Cup – bis Mitte der sechziger Jahre die ersten Stahlschläger auftauchten, von ›Head‹. Ich zog mir damit, wie viele andere, einen Tennisarm zu. Bedauerlicherweise kamen die wunderbaren Kunststoff-Kreationen erst in dem Moment auf den Markt, als ich gerade meine Karriere als Spieler beendete: 1969. Seitdem werden so fabelhafte Materialien wie Glasfiber, Graphit, Keramik, Kevlar, Boron und vieles mehr eingesetzt – ein ungeheurer Fortschritt. Alle diese feinen Zutaten kommen mir dafür nun als Trainer zugute. Am liebsten verwende ich dabei den ›Graphite Destiny‹ von ›Pro Kennex‹. Er ist meines Erachtens der weltbeste Profischläger wegen seiner Beschleunigungsfähigkeit, seiner Härte im Herz und seines aerodynamischen Griffes.«

Theater

Man gestatte uns eine längere, aber bildende Einleitung.
»Meyers Konversations-Lexikon« von 1896 schreibt: »Lauchstädt, Stadt im preuß. Regbez. und Kreis Merseburg, an der Laucha, hat eine evang. Kirche, ein Schloß, ein Theater, eine Dampfbierbrauerei, Mälzerei, eine erdig-salinische Eisenquelle nebst Badeanstalt u. (1890) 2106 Einw., davon 28 Katholiken. – L. war früher die Sommerresidenz der Herzöge von Sachsen-Merseburg, von denen Herzog

Christian I. um 1660 das Schloß erbaute. Zu einer vorübergehenden Blüte gelangte der Badeort zu Anfang des 19. Jahrh., als der weimarische Hof unter Karl August, begleitet von der weimarischen Schauspielergesellschaft, öfters seinen Sommeraufenthalt daselbst nahm.«
»Der Große Brockhaus« liefert Ergänzungen: »... 120 m.ü.M., mit (1964) 5700 Einw. ... 1802 ließ Goethe das Theater errichten ...«
Damit sind wir beim Punkt: In Bad Lauchstädt steht das einzige Theater, das Goethe je baute und das seit 1802 fast unverändert blieb – im Bühnenbereich ebenso wie im Zuschauerraum und von außen. Es ist das schnuckeligste aller Theater, die wir kennen, in dieser Art auch das älteste – und damit das beste.

Tier

Die Rätselhaftigkeit dieses Stichwortes löst sich in seiner Beantwortung auf – und wer je am Großen St. Bernhard unter einer Lawine begraben lag, kennt die Antwort sowieso.
Wir meinen heroische (Haus-) Tiere, die sich im Laufe ihrer Leben vermenschlichten und dabei Dinge taten, die man von ihnen nicht erwarten konnte. Nennen wir's mal »Lassie live«.
Der beste Vertreter dieser vierbeinigen, gefiederten, schwimmenden Samariter war der Bernhardiner Barry (1800-1814), der mehr als vierzig Menschen aus Schnee und Eis rettete, Lawinen vorausahnen konnte und die Mönche des Hospizes mit sicherer Nase zu den Opfern führte.
Zum Dank wurde Barry ausgestopft und ist im Nationalmuseum in Bern zu besichtigen. Die Mönche nennen seitdem ihre Leithunde Barry.

Tischleuchte

Manchmal ist die Schönheit so klassisch, daß das Gerät seine Wärme verliert und nach Meinung der Autoren eher ins Labor als in den menschlichen Lebensbereich gehört.
Der Titel »The Best« geht dennoch an die Tischleuchte »Tizio« von Richard Sapper aus dem Jahre 1970.
Es ist eine allseitig bewegliche, zweistufige Halogenlampe aus schwarzem Metall und einem Gelenkarm aus Kunstharz.
Maße: 113 (Höhe) mal 11 (Sockel-Durchmesser) mal 108 (Maximal-Länge) Zentimeter. Hersteller: die Firma »Artemide«, Pregnana Milanese (Italien).
Es gibt keine bessere, behaupten die Designer und Museumsleute, und das überraschende ist: »Tizio« wurde in erheblichen Auflagen produziert und steht in mehr Haushalten, als man ahnt – als Massenmuseumsstück für den gehobensten Anspruch.

Tischleuchte »Tizio« von Artemide

Toilette

Die beste Toilette, hat mal ein Ästhet behauptet, ist ein geschütztes Plätzchen am Ostufer des Lake Turkana im Norden Kenias. Mit Blick auf die geheimnisumwitterte mittlere Insel und das gegenüberliegende Ufer bei Sonnenuntergang.
Andere schwören, die beste Toilette befinde sich entweder in Münchens Trend-Café »Extrablatt« an der Leopoldstraße, auf der ersten Etage des Feinkost-Tempels Käfer in derselben Stadt oder sei jenes mysteriöse WC in der Londoner Innenstadt, über das der Schriftsteller Egon Jameson so gerne berichtet hat: weil es anstelle der Spülkästen richtige Aquarien mit lebenden Fischen besitzt; was allerdings unweigerlich bedeutet, daß die Tierchen kurzzeitig auf dem Trockenen sitzen, wenn gezogen wird …
Wir meinen, zur besten Toilette der Welt gehört eine erstklassige Bedienung. (Nach dem alten Spruch: »Waren Sie schon im gekachelten Zimmer? Nein? Na, da sollten Sie mal hingehen. So eine scheißfreundliche Klofrau haben Sie noch nie kennengelernt …«)
Und deshalb empfehlen wir das öffentliche Etablissement, das fünf Meter unter der Wiener Einkaufsstraße Graben liegt (in der Nähe des Stephansdoms oder, um ganz präzise zu sein, unterhalb des Josephbrunnens).
Zitieren wir eine Eloge aus der Zeitschrift »Pan«: »Das konnte es nur in Österreich zu seligen k. u. k. Zeiten geben. Da hatte der Unternehmer Wilhelm Beetz ein Imperium aufgebaut, das seinesgleichen wohl auf der Welt suchte. Er gebot nämlich im Jahre 1905 über 1005 Bedürfnisanstalten in der Monarchie.
Allein in Wien betrieb er gegen Umsatzbeteiligung 70 öffentliche Toiletten mit 500 WCs und 388 Ölpissoirständen. Die innenarchitektonische Gestaltung der Etablissements übernahm das Architektur- und Ingenieurbüro Beetz selbst. (Vor wenigen Monaten) wurde nach etwa zweijähriger Restaurierung unter der Leitung von Prof. Manfred Wehdorn ein Prunkstück im Beetz-Reich wiedereröffnet: die erste unterirdische Bedürfnisanstalt Österreichs …
Sie bot auch 1905 schon allen Komfort und die Luxusausstattung der Belle Époque: elektrisches Licht, Gasheizung, Fliesen, Majolika, Messingappliken, Eichenholz, polierte Schieferplatten und facettierte Scheiben. Die stattliche Summe von 72 000 Kronen kostete dies damals – die Restaurierung etwa 4 Millionen Schilling (das sind zwischen 500 000 und 600 000 Mark). Allerdings wurden die Gucklöcher verschlossen, wodurch seinerzeit die Toilettenfrau beobachten konnte, ob die Herren sich der ersten Klasse (Porzellanschüsseln) oder der zweiten Klasse bedienten.«
Soweit »Pan«.

Nach einem Bericht der Münchner »Abendzeitung« kostete die Renovierung sogar 1,7 Millionen Mark – was diese Toilette mit Sicherheit zur teuersten der Welt machen würde. Nur, und jetzt kommen wir zum Ausgangspunkt unserer Betrachtung zurück, die beste Toilette ist dieses Etablissement durch die vorzügliche Bedienung. Und für die sorgt (bei Redaktionsschluß dieses Buches) eine gewisse Paula Krug, eine ehemalige Artistin. Sie hat in Beirut und Ägypten gelebt, war auch mal Tournee-Tänzerin im Ballett und spricht neben Deutsch, Englisch und Französisch auch noch Arabisch (Italienisch paukt sie gerade).
Paula Krug ist es gewohnt, die obligaten fünf Schilling nicht von Benützern, sondern Betrachtern dieses WC zu kassieren; weshalb sie sich weniger als Klofrau versteht denn als »Fremdenführerin«.

PS: Im normalen Leben hat man üblicherweise wenig Gelegenheit, mit Anstand über Toiletten zu sprechen. Deshalb sei den Autoren erlaubt, an dieser Stelle eine Warnung unseres bereits mehrfach zitierten Freundes Charles Bukowski anzubringen: »Macht einen Bogen um Lokale, bei denen das Männerklo im Keller ist!«
Wer jetzt nach dem Warum fragt, war bisher entweder selten in Bars dieser Art oder immer auf den falschen Toiletten.
Paula Krug jedenfalls versorgt ihre Kunden im Keller, sie schenkt allerdings nichts Lokalhaftes aus. Deshalb gilt Bukowskis Warnung für sie nicht.

Tonbandgerät

Unter Zeitungsjournalisten, Rundfunkreportern und Fernsehredakteuren blüht die Legende. Sie hat nur fünf Buchstaben, ist unbezahlbar und stammt aus der Schweiz. Ihr Name: »Nagra«. Nie gehört? Kein Wunder.
Die »Nagra« ist ... nein, nicht nur der Rolls-Royce unter den Tonbandgeräten. Es ist »RR«, »Concorde«, »Burberrys« und »Montblanc« zusammengenommen.
»Nagra« ist Studioqualität in der Westentasche, durch »Nagra« bekommt der größte gesprochene Unsinn Würde, mit Nagra darf sich Reporter Meier sofort von Meier nennen.
So etwas hat natürlich seinen Preis, und deshalb kostet das billigste Gerät – ein Zwerg mit Studioqualität von nur 14,7 mal 10 mal 2,6 Zentimetern Größe – 7280 Mark (die »Nagra SN«). Neun Typen gibt es insgesamt. Das teuerste Gerät (die »Nagra TA. 3-TCR«) kommt in der Grundausstattung auf 36270 Mark, und *die* »Nagra« – wie es im Prospekt der Firma aus dem kleinen Schweizer Ort Cheseaux heißt – ist die »Nagra« 4.2 (33,3 mal 24,2 mal 11,3 Zentimeter) ab 13260 Mark. Im übrigen gehört die Firma zum Agfa-Konzern.

Transistorradio »Ls 502« der Firma Brionvega

Transistorradio

Der Zwang, möglichst viel Musik in einem möglichst leichten Kistchen zu einem möglichst niedrigen Preis unterzubringen, hat das Radio pervertiert, denn als Design-Center war Hongkong noch nie berühmt. Das beste Transistorradio, der Klassiker unter den Tragbaren, kommt deshalb aus Italien und existiert seit 1964: das »Ls 502« von Richard Sapper und Marco Zanuso.

Das Grundmodell wird von der Firma »Brionvega« in Mailand ständig weiterentwickelt und ist 13 Zentimeter hoch, 22 Zentimeter breit und 13 Zentimeter tief.
Ein rotes, aufklappbares Kunststoffgehäuse enthält die Technik, eine Teleskopantenne und die Batterien.
Das »Ls 502« ist nicht nur das meistzitierte Transistorradio der Fachliteratur, es arbeitet tatsächlich einwandfrei und erhielt 1969 den Bundespreis »Gute Form«.

Trinkgeld

Seit König Ibn Saud nach seiner Kur in Baden-Baden goldene Uhren an die Hotelangestellten verteilte, scheint das üppige Trinkgeldgeben eine arabische Spezialität zu sein. Eine zweifelhafte Regel, die jedoch von seinem Nachfolger Fahd bestätigt wird.
Er ließ den Mitarbeitern der dänischen Werft, die seine Privatjacht (vgl. JACHT) bauten, insgesamt 1,1 Millionen Mark an Trinkgeld überreichen – ein Bruchteil dessen, was das Schiff (mit eigenem Operationssaal und Raktenabwehrsystem) gekostet hat.

Trinkglas

Egal, ob Rot- oder Weißwein, Champagner, Cocktails, Sherry oder Schnaps – das beste Glas für alle und von allen produziert der österreichische Professor Claus J. Riedel aus Kufstein in Tirol.
Riedel ist Spezialist im Entwickeln von »Maß-Gläsern«, das sind spezielle Gläser für jede Alkoholsorte und für alle Gelegenheiten.
Deshalb gibt es ein Riedel-Glas für Sekt, eins für Champagner, für Jahrgangschampagner und für Spumante. Oder für Bordeaux, Burgunder und Barolo.
Jedes Stück ist exakt auf die Besonderheiten des Getränks zugeschnitten, berücksichtigt die Entfaltung des Bouquets ebenso wie die unterschiedlichen Geschmackszonen des Gaumens, die Bedeutung der Nase beim Trinken und die richtige Wein-Luft-Komponente.

Trinkspruch

Eine Nation ohne Trinksprüche ist eine Nation ohne Kultur.
»Auf deinen Sarg«, heißt es in der UdSSR. »Möge er aus dem Baum gezimmert sein, den ich morgen pflanzen werde!«
Aus England kommt: »Auf unsere Ehefrauen und unsere Geliebten. Mögen sie sich niemals begegnen!«
Und manchmal kann das total danebengehen: Eine Delegation aus Botswana dinierte in Rumänien. Die Gastgeber brachten ein herzliches »Prost« auf rumänisch aus, worauf die Gäste aus dem südlichen Afrika mit dem bei ihnen üblichen »Pula« antworteten.
In Botswana bedeutet das Regen, in Rumänien Penis ...
Gut anwendbar bei fast allen Gelegenheiten ist ein Trinkspruch, mit dem Papst Benedikt XIV. der österreichischen Kaiserin Maria Theresia für einen besonders kostbaren Tropfen dankte:
»Gesegnet ist der Boden, der dich hervorbrachte, gesegnet die Fürstin, die dich schenkte, und gesegnet bin ich, der dich genießen darf.«
Was uns zurückbringt zu der Frage, was denn nun der beste Trinkspruch ist – ein doppelbödiger, leicht maskuliner Toast, den viele

selbst beim dritten Mal noch nicht kapieren. Er lautet: »Auf unsere Frauen. Mögen Sie nie Witwen werden ...«

Trockenrasierer

Die Idee, sich den Schaum vom Munde abzusparen, kam deutschen Erfindern zwar schon um die Jahrhundertwende, als beim »Kaiserlichen Patentamt« eine »Rasiervorrichtung« angemeldet wurde. Es dauerte jedoch noch fünfzig Jahre, bis eine kleine Firma aus dem Ort Kronenberg im Taunus diese Variante des allmorgendlichen Bartstutzens auch wirklich praktikabel in den Griff bekam. Seit 1950 stellt die Firma »Braun« Trockenrasierer her, und diese gelten auch heute noch als das Höchste in Sachen Präzision, Hautverträglichkeit und Komfort. Der beste »Braun«-Rasierer ist der »micron vario 3«, der neben seiner technischen Ausstattung mit Langhaarschneider, Akkuspeicher und LCD-Anzeige auch durch das klassisch elegante und »funktionale« Design aus der Werkstatt des deutschen Design-Meisters Dieter Rams besticht.

Der Braun micron vario 3

PS: Einer der Autoren ist mit der Meinung seiner Kollegen nicht einverstanden. Er rasiert sich seit sechzehn Jahren tagtäglich mindestens einmal – und somit bisher etwa 5840mal – mit einem kleinen »Philishave« der Firma »Philips«, der noch nie repariert werden mußte und genau das tut, was er soll – babypopoartig entstoppeln. Und das auf fünf Kontinenten, in arktischer Kälte ebenso wie in tropischer Hitze, im Monsun wie im Samum.

Trödelmarkt

Der Unterschied zwischen Floh- und Trödelmarkt ist gleichbedeutend mit dem Unterschied zwischen Altwaren und Antiquitäten.
Was für das eine der Rastro in Madrid, ist für das andere der

Markt in der alten toskanischen Stadt Arezzo, der an jedem ersten Wochenende im Monat stattfindet: die »Feria Antiquaria d'Arezzo«. Schauplatz ist die Piazza Grande im Zentrum der Stadt, und es erscheinen meist zwischen sechs- und siebenhundert Händler, die neben Barockkommoden und Renaissanceleuchtern edle Kochtöpfe aus klassischen (aber auslaufenden) Produktionen anbieten, daneben alles, was selbst bei kleinlichster Auslegung noch als Antiquität gelten muß.
Darunter sind eine Menge Dinge, deren Wert man in gewissen Gegenden noch gar nicht begriffen hat. Also wirklich eine wahre Fundgrube für Leute, die Kuriositäten und noch unentdeckte Kleinode suchen. Ein Abstecher nach Arezzo lohnt sich.

Tugend

Der Glaube an die eigene Tugend ist weit gefährlicher als zum Beispiel der Glaube an die eigene Intelligenz.
Nur – kaum ein Mensch weiß überhaupt noch, was Tugenden sind. Deshalb bestimmen wir hier nicht die beste, sondern zählen einfach mal die wichtigsten auf ...
Mut, Weisheit, Ehrfurcht, Ausdauer, Demut, Sorgfalt, Fleiß, Gehorsam, Pünktlichkeit, Loyalität, Ehrenhaftigkeit.

U und V

U-Bahn

Es gibt Leute, die Erstausgaben sammeln, andere sind verrückt nach Achttausendern, und ganz andere wiederum reisen den U-Bahnen dieser Erde hinterher. Wunderschöne Metros entstanden, seit dieses Verkehrssystem am 10. Januar 1883 um 6 Uhr morgens, in Zentral-London erstmals in Betrieb genommen wurde.
Die beste U-Bahn?
Immer noch Moskau.
Das »busieste« Untergrundsystem der Welt zwar, mit 6500000 Passagieren pro Tag – aber die 130 Stationen entlang der 200-Kilometer-Strecke ähneln eher Ballsälen als Haltestellen, sind oft marmorverbrämte Art-deco-Meisterwerke und überraschen den im Dunkeln Reisenden immer wieder mit Bronzeplastiken, Mosaiken, Bleiglas-Durchblicken, gigantischen Kandelabern und einer sozialistischen Sauberkeit. Preise: nur Kopeken. Sicherheit: besser als in der Ljubljanka. Schönheit: wie Leningrad über der Erde. Nur eins sollte man nie vergessen: Die Moskauer Metro ist das zwölfjährige Werk Tausender von Zwangsarbeitern und war, zumindest bis zu ihrer Fertigstellung im Jahre 1943, die Alternative zu Sibirien ...

Überraschung

I no come,
she no come,
Baby come
– how come?

Unbekanntes Urlaubsziel

Das beste unbekannte Urlaubsziel liegt in Zentralafrika (weshalb es sich den touristischen Slogan »The warm heart of Africa« erkoren hat). Deutsche benötigen kein Visum, und es ist dort ebenso schön wie einsam: die prowestliche Präsidialdemokratie Malawi.
Dem Land fehlt es weder an Nationalparks voller Tiere noch an erstklassigen Golfplätzen, Hotels, Straßen und Verkehrsverbindungen. Hunger ist unbekannt, Unordnung gleichermaßen, und die Menschen in Malawi sind ohne Minderwertigkeitskomplexe und daher von angenehmen Umgangsformen ohne Hochmut oder Unterwürfigkeit.
Das Klima entspricht dem eines heißen Sommers im Tessin, und je länger wir jetzt weitererzählen, desto unverständlicher wird es, wieso Malawi nicht jedes Jahr von Hunderttausenden Deutschen besucht wird.

Universität

Bei der Frage nach der besten Universität kollidieren Alte und Neue Welt. Traditionell sind die besten Universitäten natürlich Oxford und Cambridge – Oxford für Geisteswissenschaften und Cambridge für Naturwissenschaften. In Frankreich außerdem Fontainebleau und Sorbonne.
Doch was das Studium der Betriebswirtschaft anbelangt, sind

die USA uns Europäern voraus: mit Harvard und Stanford.
Wer auf einer der renommierten Business Schools studiert hat, braucht sich um seine Zukunft keine Gedanken mehr zu machen – die Wirtschaft überbietet sich mit Angeboten an die Absolventen dieser Schulen. Harvard-Abgänger sind berüchtigte Krisenmanager und Unternehmensberater. Die University of Chicago – sie brachte bisher die meisten Nobelpreisträger hervor – ist bekannt für ihre wissenschaftliche Methodik. Noch zu nennen sind die Sloan School in Massachusetts und die Wharton School in Pennsylvania.
Wollte man die Qualität einer amerikanischen Universität daran messen, wieviel Präsidenten sie hervorgebracht hat, stünde Harvard an der Spitze: John Adams, John Quiny Adams, Theodore Roosevelt, Franklin D. Roosevelt und Rutherford B. Hayes.
Herbert Hoover war in Stanford, James Madison und Woodrow Wilson Princeton, William Taft und Gerald R. Ford besuchten Yale.
Aber das sollte kein Maßstab sein. Immerhin erwies sich als verhängnisvoller Nachteil für Michael Dukakis die Tatsache, daß er als Intellektueller, als Harvardianer von der Ostküste, galt. Was für den einen ein Kompliment, ist für den anderen ein Handicap.
Was ist also die beste Universität? Wahrscheinlich die, die über Jahrhunderte hinweg ihren Standard halten konnte, unbeeinflußt von allen Krisen: Die traditionellen Universitäten Oxford und Cambridge stehen wie der Fels von Gibraltar unbeeindruckt von modernistischen Tendenzen.
Und noch eines: Beide, der Fels von Gibraltar und die beiden britischen Eliteuniversitäten, stehen unter der persönlichen Protektion der britischen Krone.

Unterhose

»Unterwäsche«, sagt das englische Handbuch »Men's Wear« aus dem Jahr 1935, »sollte die Grazie von Apollo, die Romantik von Lord Byron, die Zurückhaltung von Lord Chesterfield und die Leichtigkeit von Mahatma Gandhi aufweisen.«
Somit ist auch schon die Frage ganz klar entschieden, ob die beste Unterhose kurz oder knapp (ein Slip) oder weich und weit (Boxer-Shorts) sein soll. Demnach: Boxer-Shorts.
Die Geschichte dieses meist unsichtbaren Elements männlichen Modebewußtseins geht zurück auf die Schwergewichtsboxer Jim Corbett und Bob Fitzsimmons, die um die Jahrhundertwende erstmals statt der damals üblichen Anzüge kurze, weite Hosen im Ring trugen. Nachdem die amerikanischen Soldaten diese Mode aus dem Ersten Weltkrieg nach Hause und damit ins Zivilleben brachten, traten die Boxer-Shorts ihren Siegeszug an.

Die besten Boxer-Shorts sind natürlich aus feiner Seide gewebt, und diese Machart bevorzugte ein Mann, von dem man es wohl am wenigsten erwartet hätte: Winston Churchill.
Angeblich war es seine Frau Clementine, die in der Hochzeitsnacht die Vorliebe ihres Gatten für maßgefertigte rosa Seiden-Shorts entdeckte und dies, unter dem Siegel der Verschwiegenheit, der Tochter des damaligen Premierministers, Violet Asquith, erzählte. Miss Asquith sorgte für eine diskrete Verbreitung dieser Neuigkeit unter Englands Feinen.
Wie auch immer, die besten Boxer-Shorts in weißer Seide findet man heute in den USA bei »Brooks Brothers« in der New Yorker Madison Avenue.
Den Begriff der besten Unaussprechlichen könnte man natürlich noch etwas enger auslegen. Dann ist die begehrteste Unterhose sicher jene, die der Pop-Künstler Keith Haring als handbemalte Einladung für seine »Party of Life« am 12. Mai 1986 verschickte. Dieses ungewöhnliche Exemplar zeigte sein Strichmännchen in verschiedenen Phasen der Ekstase, sein Markenzeichen (»Target« oder »Tatort-Kreuz«) und die Signatur »K. Haring 86«. Es gibt von dem guten Stück rund hundert Exemplare, die von den glücklichen Besitzern (und cleveren Kunsthändlern, die sie ihnen abschwatzten) längst hinter Glas gehängt wurden.

Unverschämtheit

Zu Unverschämtheiten gehört Gesellschaft, und die beste aller Unverschämtheiten läßt sich anwenden, wenn man allzu Aufdringlichen begegnet.
Fall 1: Jemand sitzt neben Ihnen am Tisch und dreht Ihnen den Rücken zu, weil er mit dem Nachbarn auf der anderen Seite redet. Schließlich wendet er sich Ihnen zu und entschuldigt sich dafür, Ihnen seine Kehrseite zugewandt zu haben. Jetzt sagen Sie laut und allgemein vernehmlich: »Entschuldigen Sie sich nicht bei mir für Ihren Rücken, sondern bei Ihrem Gegenüber für Ihr Gesicht.«
Fall 2: Sie haben das Unglück, eine Gesellschaft zu verlassen, als jemand zu Ihnen stößt, der ganz offensichtlich den Heimweg mit Ihnen teilen möchte. Er wird Sie fragen: »Wohin gehen Sie?« Worauf Sie antworten: »In die andere Richtung!« Und losmarschieren. Alleine ...*

Urlaubsland

Frage an Richard Bangs, Präsident des größten und erfahrensten Reiseabenteuer- und Expeditionsunternehmens der Welt (»Sobek« in Angel Camp, Kalifornien): »Was ist Ihrer Meinung nach das beste Urlaubsland der Welt?«

*Für beide Unverschämtheiten besitzt angeblich der Kritiker Alfred Kerr das alleinige Copyright.

Antwort: »Indonesien. Ich glaube nicht, daß irgendein anderes Land mit derart vielen unterschiedlichen Möglichkeiten, seine Ferien zu gestalten, aufwarten kann.«
Von Bali bis Irian Jaya, von Sumatra bis Java, von Borneo bis Sulawesi. Strände, Vulkane, Dschungel, Zivilisation, Steinzeit, Bootstrips, Inselpisten, Reisterrassen, Riesenberge, Golfplätze, tierische und menschliche Raritäten ...
Indonesien.
Aber Achtung: Das Stichwort URLAUBSLAND ist nicht zu verwechseln mit UNBEKANNTES URLAUBSZIEL, INSEL und FERIENINSEL.

Verführung

Der beste Spruch, mit einer Unbekannten ins Gerede zu kommen, stammt aus William Friedkins Filmkomödie »Die Nacht, als Minsky aufflog« (1968).
Jason Robards möchte Britt Eklund kennenlernen und flüstert ihr folgendes ins Ohr: »Ich habe da bei Freunden gesessen und über Sie nachgedacht. Wie überaus anziehend Sie sind. Ich weiß, das ist sehr unkonventionell, und vielleicht werden Sie's mir verübeln.
Aber wenn es mich nicht dazu getrieben hätte, Ihnen zu sagen, wie aufregend ich Sie finde, hätten Sie's nie erfahren! Ist das nicht so? Natürlich ist es so. Nun – wir haben zwei Möglichkeiten:
Wir können entweder der Konvention gehorchen, in dem Fall würde ich noch in dieser Minute gehen, ohne daß Sie erfahren, welch hohes Maß an Schönheit und Fraulichkeit mich zu Ihnen hingezogen hat. Oder wir könnten ein wenig Zeit miteinander verbringen – und Sie werden dabei entdecken, was mich dazu inspiriert hat ...«
Nur der Ordnung halber: Dieser Spruch stammt von den Drehbuchautoren Arnold Schulman, Sidney Michaels und Norman Lear.
Wir möchten den Lesern jedoch den Versuch einer Verführung ganz besonderer Art nicht vorenthalten, die von Amts wegen als beinahe unwiderstehlich gelten muß – auch wenn sie, der Moral wegen, nicht geklappt hat.
Der US-Präsident Lyndon B. Johnson, so schreibt die amerikanische Historikerin Shalley Ross in ihrem Buch »Präsidenten und Affären«, hatte eines Tages seine Mitarbeiter auf die Johnson-Ranch in Texas eingeladen. Und eines Nachts wachte eine Sekretärin auf, weil ihr eine dunkle Gestalt im Nachthemd mit der Taschenlampe ins Gesicht leuchtete und sagte: »Move over, this is your President!« – »Rutsch rüber, hier ist dein Präsident ...«

Verkehrsschild

Was könnte es für ein besseres Verkehrszeichen geben als jenes, das signalisiert: Alles, was du bis jetzt nicht durftest, ist dir ab sofort gestattet ...

Das beste aller Verkehrsschilder ist demnach die weiße runde Scheibe mit den fünf diagonalen Parallelstreifen, das offiziell besagt: »Ende sämtlicher Streckenverbote«.

Versandhaus

Man braucht sie nicht und will sie doch ...
Wer sich den Katalog des Versandhauses »Hammacher & Schlemmer« in New York (147 East, 57th Street) ins Haus holt, weiß auf einmal, was es alles gibt, das man noch nicht hat. Ein handliches Laub-Wegblase-Gerät zum Beispiel oder einen Feuerholz-Transportier-Handwagen. Es gibt auch ein Ultraschall-Juwelen-Reinigungsgerät genauso wie einen automatischen Apfel-Schäl-und-Entkern-Apparat. Kurz: Alle technischen Raffinessen und Spielereien hat »Hammacher & Schlemmer« als erster im Repertoire und liefert sie weltweit nach Hause.
Darunter findet man tausenderlei Geschenkideen für Leute, die eigentlich schon alles haben, aber vielleicht doch für das eine oder andere noch Verwendung finden.
Ausnahmsweise sehr nützlich sind bei dieser Firma die ständigen Testreihen, in denen viele Alltagsprodukte auf ihre Zuverlässigkeit und Funktion überprüft werden.
Man hat mit einem Katalog der 140 Jahre alten Firma also gleichzeitig eine sehr nützliche Kaufanleitung an der Hand.

Versteck

Wohnungen sind voller toller Winkel, und je unverdächtiger ein Versteck ist, desto sicherer ist es selbstverständlich. Hier zwei erprobte Methoden, Gegenstände ganz verschiedener Art und Größe vor fremdem Zugriff zu bewahren ...
Lang und dünn: Entfernen Sie den Gummipfropfen vom Fuß einer Krücke à la Beinbruch, und benützen Sie das Innere als Versteck. Nur ein pathologisch mißtrauischer Fahnder wird Ihnen auf die Schliche kommen.
Groß und flach: in einem Bild, das heißt zwischen einer Grafik und der Pappe auf der Rückseite. Ein idealer Platz und so unverdächtig wie der Unterrock eines Kurienkardinals.

Versteigerung

Nein, nicht »Sotheby's« oder »Christie's«, »Hotel Druot« oder »Parke-Bernet«. Die besten Versteigerungen der Welt finden in Wien statt, und zwar im »Dorotheum«. An der vom Graben kommenden Dorotheergasse.
Eigentlich ein Pfandhaus, ist das »Dorotheum« zugleich das größte Auktionshaus auf dem europäischen Kontinent. Pro Jahr finden bis zu 2500 Auktionen statt, etwa 600 000 Objekte kommen unter den Hammer, und der Umsatz beträgt über 100 Millionen Mark.
Es gibt nichts, was es im »Doro-

Videorecorder NV-FS 1 von Panasonic

theum« nicht zu haben gibt – »sogar Hubschrauber und ausgestopfte Känguruhs« (wie die Züricher »Weltwoche« schrieb). Interessant für Sammler wird es jedoch vor allem bei alter Kunst, Möbeln, Teppichen, Büchern, Münzen und Briefmarken.
Die Auktionen finden montags bis freitags ab 14 Uhr und am Samstag ab 10 Uhr statt.

Videorecorder

Der »Panasonic NV-FS 1«.
Es ist ein Super-VHS-Recorder, also zwei Geräte in einem, arbeitet mit Lesestift und ermöglicht Bild- und Tonaufnahmen von sechs bzw. acht Stunden Länge.
Qualität: besser als das Fernsehen ...

Visitenkarte

Wer sich je gefragt hat, wo fast alle Königshäuser dieser Welt ihre Visitenkarten herstellen und drucken lassen, dem sei jetzt gesagt, daß die besten Visitenkarten der Welt aus Paris kommen.
Unter dem Kürzel »Les G4« sitzen dort in der Allée Verte die vier Herren Desquant, Dorange, Lesauter und Seigneur. Jeder von ihnen ist ein Meister seines Fachs und trägt den Titel MOF (»Meilleurs Ouvriers de France«) als höchste Auszeichnung seiner Innung.
Bei »Les G4« wird noch mit Prägetechniken gearbeitet, die schon Gutenberg und Dürer kannten: mit handgestichelten Kupferdruckvorlagen auf feinstem handgeschöpftem Papier.

W

Victoriafälle – ein beeindruckendes Schauspiel der Natur

Wasserfall

Die relative Einsamkeit, die einen umgibt, wenn man dem aus über einem Kilometer Höhe schmal herunterstürzenden »Angel Fall« in Venezuela gegenübertritt, ist atemberaubend. Und wer einmal das Donnern der »Niagarafälle« aus nächster Nähe, nämlich vom Boot aus, tief drin im »Hufeisen«, gehört hat, vergißt dieses Geräusch nie mehr. Und kein Fall ist paradiesischer als jene Tausende von Wasserklippen, die den »Iguaçu« in Brasilien bilden.
Wasserfälle sind die Poesie der Natur, und die Menschen gingen sehr bald daran, diesen Nervenbalsam in ihren Gärten künstlich zu schaffen, und erfanden zugleich einen Wortschatz, um die feuchten Spiele zu beschreiben: plätschernd, murmelnd.
Nichts davon trifft auf den besten Wasserfall auf Erden zu: die »Victoria Falls« zwischen Sambia und Zimbabwe.
Warum gerade die »Victoria Falls«? Weil der Sambesi abrupt im rechten Winkel zur Fallrichtung weiterfließt; weil der Spalt, in den er dabei stürzt, nur knapp hundert Meter weit ist; und weil der Betrachter der Victoriafälle mit dem Abbruch auf gleicher Höhe steht und dem Strom mit den Augen in die Tiefe folgt.

Noch etwas: Der merkwürdige Verlauf der Fälle führt zu einer permanenten Tauwolke, und die verursacht am Gegenufer – dort, wo der Betrachter steht – eine der üppigsten, seltsamsten Vegetationen Afrikas, einen dichten botanischen Naturgarten, durch den man sich zwängen muß, um zur Kante der Schlucht zu gelangen. Die Victoriafälle sind die besten, und dabei haben wir die vielen Regenbogen und das Donnern, die Farben der Kaskaden und die historische Bedeutung noch gar nicht erwähnt ...
Dafür ein paar statistische Angaben: Höhe der Wasserfälle – 110 Meter. Breite 1,7 Kilometer. Sichtweite der Tauwolke: 30 Kilometer.

Weihnachtsgruß

Vor einigen Jahren ging eine seltsame, weil kostspielige Seuche um: Erfindungsreiche Angehörige der höheren Stände erwarben in Autographenhandlungen alte Weihnachtsgrüße von Prominenten, setzten ihren eigenen Namen unter die bereits bestehende Signatur – und so bekam man plötzlich alle guten Wünsche zum Fest »von Königin Elizabeth und Nepomuk Unterholzner«.
Übrigens: Solche Karten koste(te)n zwischen 200 und 1500 Mark.
Es muß ja nicht gerade die Queen sein, manchmal genügt auch ein Genscher.

Der wahrhaft beste Weihnachtsgruß gelang jedoch 1987 dem spanischen Popstar Julio Iglesias. Er verschickte chinesische »Fortune Cookies« in winzigen kirschroten Kartons, und wenn man sie knackte, fand sich statt eines Horoskops oder einer Weissagung das »Marry X-mas, Dein Julio«.

Wein

Der Spruch erschien Ernest Hemingway derart bedeutend, daß er ihn in seiner Nick-Adams-Story »Drei Tage Sturm« zitierte. Er stammt von G. K. Chesterton und steht in »Das fliegende Wirtshaus«:
»Wenn ein Engel aus dem Himmel
Dir was andres gibt als Wein,
Dank ihm für die gute Absicht,
Schütt es in den Ausguß rein.«
In der Roald-Dahl-Geschichte »Taste« dagegen beschreibt der Weinkenner Richard Pratt den Geschmack der Weine, als ob sie lebende Wesen wären. Die Adjektive, die er benützt, variieren von aggressiv, witzig, arrogant bis schüchtern. Da heißt es: »... ein intelligenter Wein, ein wenig ausweichend, jedoch recht klug«. Oder: »Ein humorvoller Wein, wohlwollend und fröhlich, ein bißchen obszön vielleicht ...«
Ganz aus der Luft gegriffen ist dies nicht, denn in der Tat ist es nicht immer leicht, Weine, die etwas außergewöhnlicher sind, mit dem herkömmlichen Vokabular zu umschreiben.

Trockene weiße Burgunder können tatsächlich »aggressiv« schmecken, auch wenn der Weinkenner schlicht »tanninhaltig« hinzufügen wird. Auch witzig und humorvoll können Weine sein, besonders jüngere. So ist der 1983er »Bâtard Montrachet« zum Beispiel »verspielt«. Es gibt immer wieder Weinkenner oder Weinsnobs, die versuchen, Hitlisten von guten Weinen aufzustellen. Leonard S. Bernstein, ein Brite, versuchte sogar, eine In-and-Out-Liste zusammenzustellen. Wie sinnlos das ist, sieht man am Ergebnis: Die Nr. 1 der »In«-Weine ist bei ihm – wer sonst – der »Château Lafite«, obwohl gerade »Lafite« ein paar besonders schwache Jahrgänge hat, denn die Familie Rothschild kümmerte sich kaum um den Wein, und der Kellermeister verfuhr nach eigenem Gutdünken. Die Weinsnobs, auch Etikettentrinker genannt, schlürften andächtigen Blickes einen schlechten »Lafite« und ließen sich täuschen.

Wer beispielsweise einen 1968er »Lafite« probiert, muß diese Etikettentrinker belächeln. Schon allein die Farbe ist die eines äußerst schwachen Beaujolais, vom faden Geschmack ganz zu schweigen. Trinkbarer ist »Lafite« bereits ein Jahr später – 1969 –, aber der beste stammt aus dem Jahre 1959. Das ist wirklich ein Spitzentropfen. Doch genügt dies nicht, den »Lafite« als »Wein Nr. 1« hervorzuheben. Denn vergleicht man den 59er »Lafite« mit dem 61er »Château Palmer«, stellt man fest, daß der »Palmer« dem »Lafite« überlegen ist.

Es macht eben wenig Sinn, Hitlisten aufzustellen, weshalb wir einige hervorragende Kenner fragten, die uns ihren Lieblingswein verrieten. Darunter der Weinpapst Michael Broadbent (obwohl ihm eine zu enge »Freundschaft« zum Hause »Lafite« nachgesagt wird) und der deutsche Weinsammler Hardy Rodenstock.

Interessant ist, daß bei allen, die wir fragten, immer wieder die gleichen Namen und Jahrgänge auftauchten. Und nachdem die Punkte zusammengezählt waren, fragten wir sie erneut wieder, ob sie mit der Gesamtwertung einverstanden seien. Sie waren es, und hier ist die Liste der Listen:

Die besten roten Bordeaux sind: »Château Mouton Rothschild« 1945, »Château Cheval Blanc« 1947 und »Château Palmer« 1961. Der beste (trockene) weiße Bordeaux kommt aus der »Domaine Chevalier«: »La Ville Haut Brion«. Die besten Jahre: 1947, 1964 und 1970. Der beste süße Wein ist natürlich ebenfalls Bordeaux, das bestreitet niemand, und auch das Jahr kann nicht Gegenstand einer Diskussion sein: »Château d' Yquem« 1847.

Nun, die Burgunder liegen – wie gewohnt – eine Nasenlänge hinter den Bordeaux. Die besten Roten sind: »Romanee Conti« 1937 oder »Richebourg« aus dem gleichen Jahr.

Weiße Burgunder sind meist sehr gut aus den Domänen »Ramonet« und »Leflaive«.
Ja richtig, bisher ist nur von französischem Wein die Rede. Und das aus gutem Grund, denn kein anderes Land kann diese vollen Körper bieten wie die Franzosen: Ein 1a-Franzose ist jedem anderen überlegen.
Aus Spanien kommt Konkurrenz lediglich durch den »Vega Sicilia« aus dem Jahre 1964. Ein Spitzenwein.
Beim Portwein einigten sich die Spezialisten auf den »Taylor« von 1912.
Noch zu den Jahrgängen: Es wäre peinlich, in Gegenwart von Weinexperten zu behaupten, daß 1961 ein guter Jahrgang für Bordeaux gewesen wäre. Das wäre genauso schlimm, wie festzustellen, daß die »Mona Lisa« von Leonardo gemalt wurde.
Doch es gibt einige Jahre, die lange unterschätzt, und andere, die überschätzt wurden.
1969 wurde zum Beispiel für geraume Zeit als schlechtes Jahr für Bordeaux klassifiziert. Mittlerweile heißt es vermehrt, daß dies sogar ein recht gutes Jahr war für manche Châteaux.
Wichtige Jahre sind auch 1952/53. Die 52er begannen als sehr harte Weine, schwer an Tannin. Doch in den 60ern fingen sie an zu blühen, waren in den 70ern die Spitzenweine überhaupt und verloren dann bis zum Anfang der 80er ihre Blüte. Die 53er hingegen waren von Anfang an sehr samtene Weine, doch in den späten 50ern und frühen 60ern schmeckten die meisten bereits recht fade.
Jahrgänge sind eine gefährliche Sache. Wer sich nicht ständig damit beschäftigt, verliert den Anschluß. Stellen Sie sich die Alptraumsituation vor, Sie säßen im Restaurant, hätten die Wahl zwischen 64er und 66er Bordeaux und wüßten nicht mehr, welcher Jahrgang der gute und welcher der schlechte ist. Wenn Sie sich nicht daran erinnern, daß 64 besonders schlecht und 66 besonders gut ist (zum Beispiel für »Palmer«), dann zücken Sie einfach ihre »Taillevent Vintage Chart«.
Ein Utensil, das jeder dabeihaben sollte, der sein Gedächtnis nicht mit Daten und Jahren belasten will. Anfordern bei:
Taillevent, 15 rue Lamenais,
F-75008 Paris.

Weste

Es war um 1666, als der englische König Charles II. beschloß, an seinem Hof sollten sich seine Untertanen weniger nach der französischen Mode kleiden und ein einheitliches und schlichtes Gewand unter dem Mantel tragen: die Weste.
Der französische Hof reagierte sofort, und unter Louis XIV. führte man die Weste bei den einfachen Soldaten ein: als Affront gegen England.

Trotzdem kam das Kleidungsstück nie mehr aus der Mode, und von George IV. wird sogar berichtet, daß er dreihundert Stück davon besaß.
Edward VII., der Prince of Wales, trug noch das Seine dazu bei, indem er an seinen Westen immer den untersten Knopf offenließ, bis dies zur Mode geriet.*
Wer heute nach den klassisch besten Westen Ausschau hält, die je nach Anlaß aus Kaschmir, Baumwolle oder handbestickter Seide gefertigt sind, findet sie bei der Firma »Fisher« in der Londoner Burlington Arcade. Es ist dies das einzige Geschäft der Welt, das ausschließlich auf Westen spezialisiert ist.

Western

Die Autoren sind der Meinung, daß es keinen besser getimten, saubereren Western als »12 Uhr mittags« gibt. Damit liegen sie, gemessen an der Expertenmeinung, völlig falsch.
Der amerikanische Autor Phil Hardy befragte für seine »Encyclopedia of Western Movies« Filmkritiker, Universitätsprofessoren mit Fachgebiet Film und Fachschriftsteller nach ihrem besten Western – und das Ergebnis ist eine Liste von dreiundsechzig Filmen

* In einigen britischen Geschichtsbüchern liest man das anders. Da ließ er den Knopf nicht offen, sondern vergaß, ihn zu schließen.

und faustdicken Überraschungen. Entschlüsseln wir sie, der Spannung halber, von hinten: ...
1 Punkt: The Wild Bunch, Der Mann aus dem Westen, Über den Todespaß, Trommeln am Mohawk, Heavens Gate, Der Planwagen, Union Pacific, Cheyenne, Der Marshal, Stadt in Angst, J. W. Coop, Terror in a Texas Town, Die gefürchteten Vier, Abgerechnet wird zum Schluß, Der Shootist, The Last Movie, Vierzig Gewehre, Fury at Showdown, Zeit zum Sterben, Vera Cruz, Ein Fremder ohne Namen, Der Galgenbaum, Der Mann aus Laramie, Auch ein Sheriff braucht mal Hilfe, Um Kopf und Kragen, Die glorreichen Sieben, Drei Halunken, Sein letztes Kommando, Little Big Man, Der gebrochene Pfeil, Der Scharfschütze, Spuren im Sand.
2 Punkte: Höllenfahrt nach Santa Fé, Westlich St. Louis, Duell in der Sonne, Die Dame und der Killer, Einer gibt nicht auf, Der Besessene, Meuterei am Schlangenfluß, Verfolgt, Wenn Frauen hassen, Once upon a Time in the West, McCabe und Mrs. Miller, Keine Gnade für Ulzana, Duell am Missouri, Das Schießen, Winchester 73, Pat Garrett jagt Billy the Kid, In die Falle gelockt, Einsam sind die Tapferen, Bis zum letzten Mann.
3 Punkte: Red River, Der Mann aus dem Westen, Shane, *12 Uhr mittags,* Engel der Gejagten, Der Mann, der Liberty Valance erschoß.
4 Punkte: Hölle der 1000 Martern, Faustrecht der Prärie.

5 Punkte: Der schwarze Falke, Der Teufelshauptmann, Sacramento.
6 Punkte: Rio Bravo (1959; Regie Howard Hawks; Darsteller: John Wayne, Dean Martin, Ricky Nelson, Angie Dickinson, Walter Brennan, Claude Akins, John Russell; Musik: Dmitri Tiomkin).

Whisky

Die Frage nach dem besten Whisky führte die Autoren zunächst erst einmal so weit weg wie möglich von Amerika. Was dort unter dem Namen »Bourbon« mit viel Eis und womöglich noch mit Cola in die Gläser kommt, hat mit dem rauchigen und milden, mit dem öligen und klaren, mit dem bernsteinfarbenen bis goldenen Erlebnis eines Scotch soviel zu tun wie Witzigmann mit McDonald's.
Unter den Scotchs ist der Malt, der aus reinem Malz gebrannte Whisky, der König. Und diese Könige wohnen fast alle an den Ufern des kleinen Flüßchens Spey in den schottischen Highlands. Seltener und noch besser allerdings sind die Malts der sturmgepeitschten Hebrideninsel Islay.
Die winzige Islay-Brennerei »Bowmore« feierte 1979 ihr zweihundertjähriges Jubiläum standesgemäß mit einem Blend (einer Mischung) aus Malts der Jahrgänge 1950 bis 1966, die in alten Sherryfässern gelagert waren. Von den 20000 numerierten und einzeln in Holzkisten verpackten Flaschen des »Bowmore Bicentenary« sind inzwischen nur noch wenige Flaschen zu haben.
Ein echter Kenner trinkt seinen Whisky übrigens am liebsten handwarm, immer ohne Eis und selten mit einem Schuß klaren Quellwassers.
Auf die verwunderte Nachfrage der Autoren bei der Firma »Tullamore Dew«, warum deren irischer Whiskey auf Werbeplakaten immer mit jeder Menge Eiswürfel im Glas zu sehen sei, kam die Antwort: »Es sieht einfach besser aus.«

Who is Who

Nicht jeder ist drin, im »Who is Who«, aber wer will – und zahlt –, kann sich in einem der zahlreichen Bücher für »Namedropping«, die in Deutschland auf dem Markt sind, wiederfinden.
Oder gibt's eins, wo wirklich nur der drin ist, der auch was ist?
Wir fragten Dr. Andreas von Ferenczy, Adliger mit ungarischem Stammbaum und Medienmanager in München.
»Es gibt für mich einen ›Who is Who‹, der der endgültige ist.
Der nämlich, der vor 223 Jahren als ›Gothaischer Kalender zum Nutzen und Vergnügen‹ auf den Markt kam. Ein Werk von heute 94 Bänden der neuen Reihe mit insgesamt 56400 Seiten, auf denen, fein auseinanderklamüsert, die uradeligen Häuser stehen, bis zu denen von der Maxhütte oder

derer von Schweinsberg; wo man angeheiratete Allerweltsnamen wie derer von Asch und Biedermann und einen Haufen Meier mit ›e‹ und ›a‹, mit ›i‹ und ›y‹ vorfindet; wo Schmid genauso vorkommen wie Schmidt und herrliche Namensschöpfungen selig ausgestorbener Edelmänner wie ›Pförtner von der Hölle‹ (was mag der angerichtet haben!) oder ›Decken zu Himmelreich‹.
Es ist ein Vergnügen, in diesen Werken zu blättern (die ersten zehn Bände sind vergriffen, die späteren kosten 84 Mark das Stück) und zu schmökern: Und siehe da, es gibt einen Engel und einen Teufel im ›Genealogischen Taschenbuch‹ (so der heutige korrekte Name, nachdem der ›Gotha‹ der alten Art 1944 sein Erscheinen einstellte und 1950 das ›Handbuch des Adels‹ erschien, das die Aufgaben des ›Gotha‹ fortführte).
Die adligen Herrschaften haben sich vor zweihundert Jahren den ›Gotha‹ nicht ausgedacht, um den Stammbaum des Nachbarn bis ins letzte Glied nachzuverfolgen; es war vielmehr ein amüsanter Kalender mit Runduminformationen, ›die der Bildung und dem Ergötzen der Bevölkerung dienten‹, wie es in alten Aufzeichnungen so schön heißt.
Wie man weiß, gab es im Mittelalter und auch lange danach keine Tageszeitungen. ›Kalender‹ ersetzten ein wenig die Boulevardpresse unserer Altvorderen, und Johannes de Gamundia hat 1439 bereits einen drucken lassen: mit Zeiteinteilung auf astronomischer Grundlage. Darin stand, wann Märkte stattfanden und zu welcher Zeit sich der Herr Graf am besten zur Ader lassen sollte. Der ›Gotha‹ war, genaugenommen, ein Klatschblatt für die, die lesen konnten. 1779 hatten die Herausgeber versucht, ›all das alberne Zeug‹, durch das ›das Volk hinters Licht geführt werde‹, wegzulassen, aber die Leser empörten sich, und der ›Gotha‹ blieb der alte.
Wer kann heute in den ›Gotha‹? ›Zur Aufnahme‹, lese ich, ›in die Genealogischen Handbücher der Gräflichen und Freiherrlichen Häuser ist die Vorlage des gräflichen bzw. freiherrlichen Titel begründenden, bestätigenden oder anerkennenden Diploms (Reskripts) eines deutschen Landesfürsten (ehem. Österreich-Ungarn einbegriffen) oder seiner Regierung (Ministerium, Heroldsamt, Adelsamt) erforderlich.‹
Paß und Taufschein, sonst überall gültiger Ausweis, wird von den Genealogen negiert.
In Teil A ist dann der ganz feine Adel zusammengefaßt, wobei – wie es heißt – ›die Einteilung so getroffen ist, daß die Gräflichen bzw. Freiherrlichen Häuser des spätestens um 1400 nachgewiesenen ritterbürtigen deutschen Landadels und ihm gleichartiger Geschlechter (Deutscher Uradel) enthalten sind.‹
Teil B fängt im 15. Jahrhundert an und geht bis heute.

Wer aufgenommen werden will, zahlt nichts, allerdings lese ich, daß im ›allgemeinen eine entsprechende Vorausbestellung auf die fraglichen Bände erbeten wird‹.«

Wimperntusche

Eines der unscheinbarsten und doch augenfälligsten Verschönerungsmittel einer Frau ist die Wimperntusche oder Mascara. Um so wichtiger ist bei dieser Kosmetik, daß sie möglichst lange hält, natürlich in der Wirkung ist und vor allem in Verbindung mit Wasser nicht verläuft.
Die beste Wimperntusche von allen ist deshalb der »Waterproof Mascara« von »Ellen Betrix«, weil man damit sowohl im Regen wie in der Traufe stehen kann, keine Probleme am Strand und im Bad hat und einen weder Tränen noch Tropfen verunstalten.

Windlicht

Je aushäusiger die Deutschen wurden, desto dringender war ihr Bedarf an Windlichtern. Es dauerte jedoch bis 1958, ehe der Designer Egon Eiermann ein Produkt vorstellte, das die Bezeichnung »das beste ...« verdiente: das Windlicht mit dem schlichten Namen »WL«. Es besteht aus einem Fuß von 10,5 Zentimetern Höhe und 7 Zentimetern Durchmesser und einem Zylinder von 19 Zentimetern Höhe und ebenfalls 7 Zentimetern Durchmesser. Das Material ist eine mundgeblasene, farblose Glasmasse.
Hersteller: Richard Süßmuth, Glashütte Immenhausen.

Wintermantel

Es gibt kaum eine Nick-Adams-Story von Ernest Hemingway, in der der Held (oder eine andere Person) nicht einen »Mackinaw« anzieht, bevor er ins Freie geht. Kaum ein Leser weiß, was ein Bekleidungsstück dieses Namens ist – der beste Wintermantel der Welt. Mit einer winzigen Einschränkung: Der Mantel ist eigentlich eine längere Jacke und taucht deshalb auch unter den Namen »Cruiser« oder »Cape Jacket« auf.
Der »Mackinaw« wird von der Firma »C. C. Filson Co.« in Seattle (US-Bundesstaat Washington) produziert, entstand während des Goldrauschs am Klondike (als Tausende nordwärts ziehender Abenteurer schnell und preiswert eine unverwüstliche Bekleidung benötigten) und besteht, wie der Katalog sichtlich stolz vermerkt, aus 100 Prozent »Virgin Wool« bei einem Stoff, der »24 Unzen« wiegt.
»Filson« hält seit Jahren an den altmodischen Knöpfen fest und schneidert die vorderen Taschen – die für die Hände – wahlweise als Muff oder als »Cargo«.

Die Farben: Forstgrün, Rot und Schwarz sowie Blau und Schwarz kariert.
Nick, alias Hem, wußte also, wovon er sprach ... (Und »Filsons« Firmenmotto lautet dementsprechend: »Warum leisten Sie sich nicht gleich das Beste?«)

Witz

Bei kaum einem Stichwort haben wir uns schwerer getan, und der einzige Ausweg war, sich in einen – Witz zu flüchten.
Unserer Meinung nach ist das am komischsten, was aus der Situation entsteht, und deshalb zitieren wir hier den polnischen Kabarettisten und – natürlich – Regimekritiker Jan Pietrzak.
Einer seiner schönsten und unser bester Witz geht so: »Ein Arbeiter steht in Warschau fünf Stunden nach Brot an und kann sich schließlich nicht mehr beherrschen. ›Zum Teufel!‹ brüllt er wütend. ›Ich habe die Schnauze endgültig voll. Ich geh' jetzt rüber zur Regierung und erschieße den Ministerpräsidenten.‹ Nach einer halben Stunde kommt er frustriert zurück. ›Keine Chance‹, sagt er zu den anderen Wartenden. ›Da muß man mindestens acht Stunden anstehen.‹«
Wir vermuten allerdings, daß einer der besten Witze nur deshalb unbekannt geblieben ist, weil er nie erzählt wurde: der mit dem »einbeinigen Jockey« aus dem Film »Manche mögen's heiß«. Erinnern Sie sich an die Szene? Im Bett von Jack Lemmon findet eine Party statt, und eines der Mädchen (nicht MM!) nennt nur die Pointe, nicht die Vorgeschichte: »... da sagte der einbeinige Jockey: Sei unbesorgt, Baby, ich reite Damensattel.«
Das allein klingt schon reichlich komisch, aber wir wollten es genau wissen und haben den Co-Autor und Regisseur des Films, Billy Wilder, gefragt.
Er kennt auch nur die Pointe.

Wodka

Es ist ungebührlich, in Zeiten von Glasnost den Russen abstreiten zu wollen, was ihr Liebstes ist: Wodka. Aber gibt es einen besseren Kronzeugen als einen sowjetischen Schriftsteller, der ausgebürgert wurde und als Trinker im Westen endete? Gibt es etwas Authentischeres als eine literarische Größe, die sich zugrunde richtete, weil sie entdeckte, vierzig Jahre lang das Falsche getrunken zu haben?
Anatoli Kusnezow, Autor des erschütternden Dokumentarromans »Babi Jar«, schrieb im deutschen »Playboy« über Wodka, und der Artikel gilt in Fachkreisen immer noch als Standardwerk slawischer Trinkkultur. Hier das für unser Buch wesentliche Zitat:
»Laßt uns also von unten beginnen. Am billigsten ist in der UdSSR einfach ›Wodka‹ – das ist schlechtes

Zeug und Gift. ›Wodka extra‹ ist bereits reiner. Aber exportiert wird weder die eine Sorte noch die andere – den internationalen Bestimmungen zum Gesundheitsschutz halten sie nicht stand.
Exportiert werden die allerorts bekannten ›Moskowskaja Wodka‹ (Moskauer Wodka) und ›Stolitschnaja Wodka‹ (Wodka aus der Hauptstadt). Sie lassen sich trinken, man destilliert sie gut, denn das bringt Devisen.
Das Ausland kennt beide Sorten, das Sowjetvolk bekommt sie weder zu trinken noch zu sehen.
In den vierzig Jahren meines Sowjetlebens habe ich nicht einmal geahnt, daß es so etwas gibt.
Man kann sie durchaus trinken, aber unvergleichlich viel reiner sind meiner Meinung nach die westlichen Wodkas: ›Smirnoff‹, ›Gordon's‹, ›Cossack‹ und ›Gilbey's‹. Sogar der sozialistische polnische ›Wódka wyborowa‹ ist viel besser als der sowjetische.
Warum das so ist?
Ich denke, es liegt, wenn ich mich mal sozialistisch ausdrücken darf, ›am mangelnden Niveau der Produktionskultur‹. Doch Stopp.
Ich merke, daß ich ein Verbrechen begehe. Ich verletze den Ehrenkodex. Über Wodka darf man, wie von einem Toten, nur Gutes sagen oder gar nichts. Wenn Sie zum Beispiel in Rußland nach dem ersten Glas die Stirn runzeln und meinen, dieser betreffende Wodka sei schlecht, wird jeder echte Trinker hochfahren und empört ausrufen: ›Es gibt keinen schlechten Wodka. Sagen Sie so etwas nie wieder. Merken Sie sich: Es gibt guten Wodka, besseren und noch besseren …«
Es war Kusnezows letzter Artikel.
Wenig später starb er an seiner Entdeckung.

Wohngegend

Die beste Wohngegend der Welt, nach Nachbarschaft, Investment und Status, ist die exklusive Enklave des teuersten Viertels der Welt: Beverly Hills.
Die Gegend heißt »Trousdale Estates« und liegt in den Hügeln oberhalb dieses weltberühmten Siedlungsgebietes von Hollywood.
Daß sie sich als beste Wohngegend ausweisen kann, belegt ein Zitat aus dem US-Buch »Life at the Marmont« von Raymond Sarlot und Fred E. Basten: »… sie wurde immer schweigsamer, als das Auto die steilen Kurven durch die Straßen von Trousdale nahm und immer mehr großartige, moderne Herrenhäuser aus blendend weißem Marmor und spektakulären Glasflächen vorbeiglitten.
Viele dieser Anwesen leisten sich Marmorsäulen im aberwitzigen Design, Felsbrocken ähnlicher als jene Zylinderformen, die wir von Säulen gewöhnt sind. Als das Auto hielt und die Gastgeber vor ihre Tür traten, um die Gäste zu begrüßen, stammelte sie nur: ›Und wann beginnt das Begräbnis …?‹«

Z

Zahnbürste

Wann immer man sich kundig zu machen versucht mit der besten aller möglichen Zahnbürsten, stößt man auf ein Gerät mit dem seltsamen Namen »Interplak, The Home Plaque Removal Instrument«.
Nie gehört?
Dann kann es um Ihre Zähne nicht besonders gut bestellt sein.
Rund 98 Prozent der Bundesbürger haben Karies, mehr als 80 Prozent leiden an Parodontose. Ursache beider Krankheiten ist die Plaque (daher die Bürstensilbe »plak«) – der schleimige Belag der Zähne.
Der kleine, aber entscheidende Unterschied zwischen Bürste und Bürste liegt bei »Interplak« in zwei Reihen von fünf spitz zulaufenden Borstenbüscheln (jede Borste hat einen Durchmesser von 0,13 Millimetern), die sich jeweils entgegengesetzt zum Nachbarbüschel drehen, und zwar einmal mit dem und einmal gegen den Uhrzeigersinn – jeweils sechsundvierzigmal pro Sekunde.
Bei jeder Richtungsänderung werden die Borsten für einen Sekundenbruchteil länger, so daß sie zwischen die Zähne dringen können.
Ein Vergleich zur Handbürste: Mit ihr schafft man im Schnitt 160 Bewegungen pro Minute, die »Interplak« bringt es auf 4200 Umdrehungen.
Wie fast jeder gesundheitliche Schnickschnack der Superlative stammt auch diese beste aller Zahnbürsten aus den USA (und zwar von der »Dental Research Corporation« in Tucker, Georgia) und wird in der Bundesrepublik von der Firma »Techmeda« in Gummersbach vertrieben.
Zahnweh bereitet bei diesem Instrument eigentlich nur der Preis: Die »Interplak« kommt auf satte 269 Mark. Wofür man dann allerdings nicht nur das Beste in der Hand hat, sondern auch einen jungen Klassiker: 1987 wurde die Bürste in den USA zu einem von nur zehn »Produkten des Jahres« gekürt.

Zeitmaschine

»Wenn Sie nicht als Karawane mit zwanzig Kamelen oder in einem alten Rolls-Royce durch Radschastan unterwegs sind, dann ist die beste Art zu reisen die schnellste.« Eine schlichte Bemerkung des internationalen Reisefachmannes René Lecler aus Belgien – und so wahr.
Deshalb ist die beste Zeitmaschine außer Ihrer Phantasie immer noch die »Concorde«, auch wenn man alle, die noch nie an Bord waren, warnen muß: Eng ist es, sehr eng (weil bei Flugzeugen gilt: je schneller, desto schmaler), es werden nur wenige Ziele angeflogen, und wer auf diese Weise fliegt, muß schon ein üppiges Spesenkonto zur Verfügung haben.
Die Lösung des Problems Enge erfordert ein noch üppigeres Spesen-

konto: Als einer der Autoren mit der »Concorde« von London nach Bahrain unterwegs war, entdeckte er einen am Fenster eingeklemmten arabischen Gentleman. Es war Scheich Khalifa bin Hamad al-Thani, Ruler von Katar. Um ihn herum gähnte die Leere: die Plätze neben ihm, die Reihen vor und hinter ihm. »Your Highness ...«, wollten wir gerade sagen, da winkte er ab: »Ich buche immer so. Davon wird mein Sitz zwar nicht weiter, aber ich habe wenigstens keine Menschen um mich herum ...«

Zeitplaner

Kein richtiger Manager kommt heute mehr ohne Zeitplaner aus. Denn Planbarkeit ist gleich Machbarkeit, und die Zeitplaner sind deshalb bereits in der dritten Generation. Der Managerberater Dr. Reimer Hintzpeter: »Die Kompliziertheit vieler Systeme schreckt zunächst ab. Hat man diese Hemmschwelle jedoch überwunden, nützen sie. Sie machen aus einem schlechten Manager keinen guten, aber wenn man sich intensiv in ein Zeitplanersystem einarbeitet, dann sind sie sehr effektiv.« Lebenshilfe als Managementhilfe oder umgekehrt. Aber welcher Zeitplaner ist der beste? Antwort von »Esquire«-Mitarbeiter Michael Geffken: »Das ›Timesystem‹. Da wird man bestens bedient, da bleiben keine Wünsche offen.«

Zeitschrift

Als »Esquire« im Dezember 1987 den DDR-Schriftsteller Stefan Heym fragte, wen er für den geeigneten deutschsprachigen Kandidaten für den Literaturnobelpreis hielte, erwiderte er: »Ich kenne in Deutschland nur einen wirklich würdigen Kandidaten, aber meine Bescheidenheit verbietet mir, ihn zu nennen.«
Wir von »Esquire« möchten bei der Suche nach der besten Zeitschrift Stefan Heym zitieren.

Zeitung

Die »Prawda« ist die größte, die »New York Times« die einflußreichste, die »Neue Zürcher Zeitung« die sorgfältigste – aber die beste? Unserer Meinung nach gibt es eine klare Antwort auf die Frage: Diejenige Zeitung, in der täglich all das ungeschönt und unverschlechtert steht, was ein aufgeweckter Mensch wissen muß, ist die in Paris beheimatete »International Herald Tribune«. Sie ist die beste Zeitung der Welt, gefolgt von einem ehrgeizigen, relativ neuen Konkurrenten, der ebenfalls weltweit erscheinenden amerikanischen »USA Today«. Jean Monnet, einer der Väter des geeinten Europa, hat unseren Superlativ begründet: »Wissen Sie, ich glaube, die ›Tribune‹ ist eine jener Zeitungen, in denen der Standpunkt des lieben Gottes steht ...«

Zigarette

Wir bekennen: Wir sind gescheitert. Es scheint sie nicht zu geben, die beste Zigarette der Welt, bzw. ist es fast unmöglich, Kriterien für einen Superlativ zu bestimmen.
Von »Philip Morris«, Hersteller der meistverkauften Zigarette der Welt, der »Marlboro« (deshalb schon die beste?), gab es mal eine angeblich maximale Produktion nur für das Weiße Haus, das Beste vom Besten und deshalb »Number One« genannt.
Aber jetzt ist Rauchen verboten im Zentrum der westlichen Macht und damit auch die »Number One« nicht mehr existent.
Das »Guiness Book of Records« nannte bis vor ein paar Jahren die in Kairo produzierte »Royal Dragoon« zumindest als teuerste Zigarette auf Erden, das Stück zu umgerechnet 22,5 Pfennig – aber seit 1989 fehlt jeder Hinweis auf die ins Geld gehenden Ägypter. Scheinbar gibt es auch sie nicht mehr.
Natürlich fiel im Laufe unserer Recherchen immer wieder (und nicht nur von seiten der Beteiligten) der Name »Davidoff«, der exklusiven Marke von »Reemtsma«. Aber in Buchform trauen wir uns nicht, sie wirklich als beste Zigarette der Welt zu zementieren.
Wir waren deshalb gezwungen, unsere Suche auf gänzlich andere Grundlagen zu stellen: Ist nicht jene die beste Zigarette, die es am längsten gibt? Dann müßten wir die britische »Wills Woodbine« nennen, seit 1888 auf dem Markt – das bedeutet: mehr als hundert Jahre.
Oder ist es nicht doch so, daß die beste Zigarette die leichteste ist? Eine, die der menschlichen Gesundheit am wenigsten schadet? Ginge es danach, würden die »Silk Cut« (»Ultra Low King Size«), die »Embassy« (»Ultra Mild King Size«) und die »John Player« (»King Size Ultra Mild«) das letzte Wort haben …
Aber, wie gesagt, eine klare Antwort ist auch das nicht.

Eine wahrhaft endlose Geschichte: Es soll nur in London eine Zigarette noch aus weißrussischer Zeit geben, mit geknicktem Goldmundstück und einem Tabakchen …
Aber als wir das Zarenkraut suchten, stießen wir auf die »Sullivan & Powell«, eine britische Kleinstmarke, der Wunderdinge nachgesagt werden.
100 Stück kosten 12 Pfund und 20 Pence, das sind umgerechnet etwa 39 Mark oder 39 Pfennig pro Stück. Ist's vielleicht die?

Zigarre

Den Tip vorweg: Wer exzellente Havanna-Zigarren liebt, nicht aber deren Preis, sollte sich bei seinem nächsten Moskau-Besuch in die Lobby des Hotels »Ukraina« begeben. Auf den Beistelltischen im Foyer liegen die guten Stücke

massenweise umsonst aus – vom Genossen Castro exportiert, von den Russen ignoriert.
Einen Landsmann des »Maximo Líder«, den Schriftsteller und anerkannten Zigarrenexperten Guillermo Cabrera Infante, befragten wir denn auch, als wir wissen wollten, welches Tabakprodukt der sozialistischen Karibikinsel denn das absolut beste sei.
Infantes Antwort: »Die Antwort Kubas auf die Herausforderung der Konkurrenz ist die ›Cohiba‹. Der Name bedeutet Tabak in der Sprache der Taino-Indianer und ist eine der vielen Bezeichnungen der Tabakpflanze aus der Zeit, bevor Kolumbus die Insel entdeckte.
Für Raucher, die auf Prädikate Wert legen, ist die ›Cohiba‹ die beste Zigarre der Welt. Davon bin ich überzeugt. Ihre Maserung ist ein leuchtendes Rosado, ein seltener Farbton bei Zigarren. Die Tönung deutet auf eine äußerst sorgfältige Auswahl des Deckblattes hin.
Aus der Sicht des Herstellers ist sie das Nonplusultra unter den handgerollten Zigarren, eine neue Havanna mit einem alten, ehrwürdigen Namen. Eine der teuersten überhaupt, aber ihren Preis wert.«
Das amerikanische Genußmagazin »Connaisseur« ist da ganz anderer Meinung und bewertet die »Excalibur« aus Honduras am höchsten. Ein Produkt, das von exilkubanischen Pflanzern in Mittelamerika hergestellt wird und den Firmennamen »Hoyo de Monterrey« trägt. Benannt nach dem Tal in der Provinz Pinar del Rio auf Kuba, in dem die besten Tabakblätter der Welt wachsen.
Die amerikanische Bewertung wird allerdings ein bißchen einleuchtender, wenn man bedenkt, daß die Einfuhr sämtlicher Waren aus dem sozialistischen Kuba in die USA unter hoher Strafe steht.

Zigeunerkapelle

Die beste Zigeunerkapelle ist die, bei der der Primas seinen Leuten beim Stimmen ein D vorgeigt – und nicht das A, wie es bei den unechten verwestlichten Zigeunern in den Lokalen von München, Frankfurt oder Hamburg üblich ist.

Zoo

Der beste Zoo ist der an Tieren kompletteste, sofern sie gut sichtbar und dennoch taktvoll gezeigt werden. Die Nr. 1 der Welt: der »Zoologische Garten« in West-Berlin mit seinen weit über 10000 Tieren aus über 1500 Arten. Der Lieblingstierpark der Autoren liegt jedoch in der Karibik, in Trinidads Hauptstadt Port-of-Spain. Was uns dort so gefällt, ist die Chuzpe, mit der die Käfige und Gehege beschriftet sind. Da steht zum Beispiel unter »Vorkommen« bei den Löwen: »Afrika und Trinidad«. Bei den Tigern: »Asien und Trinidad«. Bei den Känguruhs: »Australien und Trinidad«.

Als wir einen Wärter fragten, was das zu bedeuten habe, mochte er uns nicht und antwortete schließlich: »Sehen Sie das nicht, daß die Tiere jetzt auch auf Trinidad leben …?«
Noch ein Tip für Ostasienreisende: Jeden Tag, außer Sonntag, bittet einer der neunzehn Orang-Utans im Zoo von Singapur um 11 und 15.30 Uhr zu einem informellen Frühstück oder zu einem Nachmittagstee. Mit etwas Glück bekommen Sie Ah Meng zum Gastgeber, den angeblich hübschesten und höflichsten Orang in Gefangenschaft.

Deshalb die Hitparade der Welt-Zoos:
1. West-Berlin;
2. Singapur.

Literaturverzeichnis

Alessi, Alberto, und Gozzi, Alberto,
La Cucina Alessi,
Düsseldorf 1988

Arts de Vivre en France,
Paris/München 1987

Keers, Paul,
A Gentleman's Wardrobe,
London 1987

Bollweg, Erika,
Budapest,
Köln 1988

Brandreth, Gyles,
Bedroom Books,
London 1973

Campbell, J. Duncan,
New Belt Buckles of the Old West,
o. O. 1973

Campbell, J. Duncan, und Howell, Edgar M.,
American Military Insignia 1800 - 1851,
Smithsonian Institution, Bulletin 235,
Washington 1963

Caufield, Catherine,
The Emperor of the United States ...,
New York 1981

Cornfeld, Betty, und Edwards, Owen,
Quintessenz,
München 1983

Deutsches Ledermuseum,
Katalog,
Offenbach 1956

Form Beständigkeit,
Design Center Stuttgart,
Stuttgart 1988

ESQUIRE,
Deutsche Ausgabe,
1987 - 1989

Finkbeiner-Zellmann, Peter,
IN World Guide,
Vaduz 1982

Fischer, Klaus,
Faites Votre Jeu,
Baden-Baden 1983

FMR,
Heft 9,
München 1987

Girardet, Fredy,
La Cuisine Spontanée,
Düsseldorf 1985

Goodsell, Jane,
Not A Good Word About Anybody,
New York 1988

The Guiness Book of Records 1989,
London 1988

Halliwell, Leslie,
Film Guide,
New York 1985

Harry's ABC of Mixing Cocktails,
München, o. J.

Innes, Hammond,
Sea and Islands,
London 1970

Jacobson, Stuart E.,
Only The Best,
New York 1985

Katten, Judith,
Movie Posters,
New York 1986

Kerler, Christine und Richard,
Geheime Welt der Talismane und Amulette,
Rosenheim 1977

Krotus, Michael,
Klappentexte,
London 1970

Lang, Jennifer Harvey,
Tastings,
London 1986

Laxman, R. K.,
You Said It (1),
New Delhi 1971

Lexikon der Superlative,
München 1985

Lichfield, Lord,
Courvoisier's Book of the Best,
London 1986

McGill, Angus,
Live Wires,
London 1982

Marx, Henry,
Die Broadway Story,
Düsseldorf 1987

Die Neue Sammlung,
Katalog,
München 1987

Nimmergut, Jörg,
Orden Europas,
München 1981

Panati, Charles,
Extraordinary Origins of Everyday Things,
New York 1987

Passell, Peter,
The Best,
New York 1987

Playboy-Magazin,
Deutsche Ausgabe,
1972-1989

Reisner, Robert, und Wechsler, Lorraine,
Encyclopedia of Graffiti,
New York 1980

Robinson, Charles,
Secret Hiding Places,
Cornville 1981

Ross, Shalley,
Präsidenten und Affären,
Bonn 1989

Rovin, Jeff,
The Book of Movie Lists,
New York 1979

Sarlot, Raymond, und Basten, Fred E.,
Life at the Marmont,
Santa Monica 1987

Schönwandt, Rudolf,
Design Innovation '88,
Haus Industrieform Essen,
Essen 1988

Turner, Myles,
My Serengeti Years,
London 1987

Wallechinsky, David und Wallace,
Amy und Irving,
The book of Lists,
New York 1978

Warhol, Andy, und Hackett, Pat,
Party Book,
New York 1988

Wichmann, Hans,
Italian Design,
Die Neue Sammlung München,
München 1988

Zey, René, und Sawatzki, Dieter,
Die schönsten Cafés im Ruhrgebiet,
Dortmund 1986

Ziegler, Mel und Patricia,
Banana Republic Guide To
Travel & Safari Clothing,
New York 1986

Personen- und Sachregister

Shopping Mall
Skiabfahrt
Insel
Bar
Versandhaus
Unterhose
Kaufhaus
Einkaufsstraße
Büro
Fast Food
Hotelmanager
Golfloch
Aquarium
Schönheitsfarm
Taschenmesser
Museum
Indian Trading Post
Schuhputzer
Zahnbürste
Privatflugzeug
Fata Morgana
Zigarre
Reisesouvenir